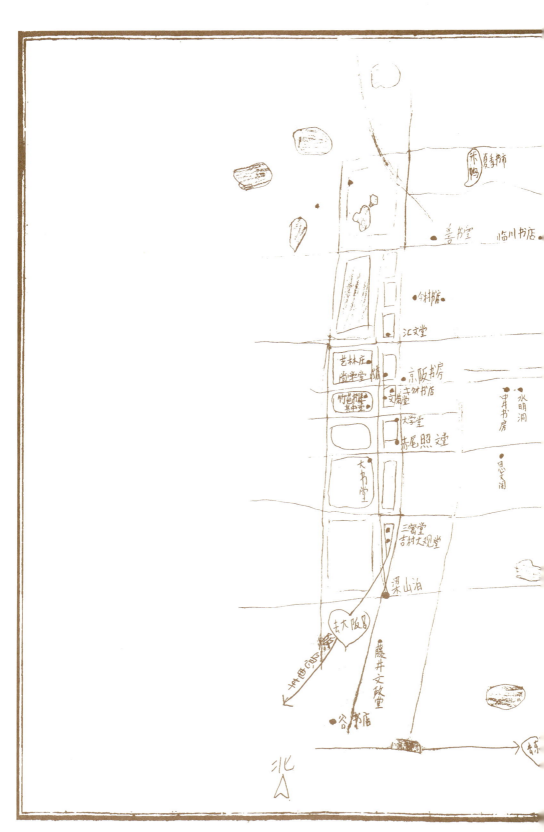

书舶录

日本访书诗纪

李小龙 著

Copyright © 2019 by SDX Joint Publishing Company.
All Rights Reserved.
本作品版权由生活·读书·新知三联书店所有。
未经许可，不得翻印。

图书在版编目（CIP）数据

书舶录：日本访书诗纪／李小龙著．—北京：
生活·读书·新知三联书店，2019.7
ISBN 978-7-108-06347-2

Ⅰ．①书… Ⅱ．①李… Ⅲ．①文献学－研究－中国
Ⅳ．① G256

中国版本图书馆 CIP 数据核字（2018）第 141018 号

责任编辑　王海燕
装帧设计　刘　洋
责任校对　安进平
责任印制　宋　家
出版发行　生活·讀書·新知三联书店
　　　　　（北京市东城区美术馆东街 22 号　100010）
网　　址　www.sdxjpc.com
经　　销　新华书店·
印　　刷　河北鹏润印刷有限公司
版　　次　2019 年 7 月北京第 1 版
　　　　　2019 年 7 月北京第 1 次印刷
开　　本　635 毫米 × 965 毫米　1/16　印张 22
字　　数　262 千字　图 143 幅
印　　数　0,001-6,000 册
定　　价　49.00 元
（印装查询：01064002715；邮购查询：01084010542）

六 吉村大观堂——东坡小品 … 039

七 三密堂——津阪东阳的稿本 … 043

八 艺林庄——最早的《女四书》 … 048

九 今村书店——大典显常和木邨嘉平 … 053

一〇 紫阳书院（二）——诗中「别裁」 … 059

一一 萩书房——《日知录》八卷本的日本影印本 … 064

一二 京阪书房——李白《静夜思》的异文 … 069

一三 「面游屋」——老明信片的证明 … 075

一四 大学堂——《欧阳论范》的临颖本 … 080

一五 水明洞——抄本《痴婆子传》 … 086

一六 中井书房——失传的《欧苏手简》 … 093

目录

"性痴则其志凝"——李小龙《书舶录：日本访书诗纪》序……郭英德……001

小引……007

一 尚学堂——搜寻和刻本的开端……014

二 思文阁——《列子》的异名……019

三 紫阳书院（一）——书痴的两难……024

四 谷书店（一）——佛典书店中的《道德经》……028

五 藤井文政堂（一）——佚失的《韵镜》……034

二八 学院书店——「雅韵欲流」的抄配本 … 161

二九 东城书店（一）——《儒林外史》申二本 … 166

三〇 书砦·梁山泊——《醉古堂剑扫》的命运 … 171

三一 新村堂——单集本《论语集解》与《管子纂诂》 … 176

三二 雅典堂——十八卷本《鹤林玉露》 … 183

三三 东城书店（二）——三种《咏物诗》 … 189

三四 中尾松泉堂梅田店（二）——《元典章校补释例》的命名 … 195

三五 善书堂——两种印谱与《石头记》佚本 … 203

三六 谷书店（二）——《菜根谭》的真伪 … 211

三七 石川古本店——赵子昂帖二种 … 218

三八 中尾松泉堂本店——《群书治要》佚存录 … 225

一七 藤井文政堂——明刊本 … 099

一八 新村堂（一）——《助语辞》的两个注本 … 104

一九 新村堂（二）——文天祥《指南录》 … 109

二〇 『龟虎文库』——失之交臂的书市 … 115

二一 『菊花』书店——失而复得的《简斋诗集》 … 121

二二 其中堂——与鲁迅先生『相遇』 … 126

二三 文荣堂——书圣『换鹅书』 … 130

二四 汇文堂——稀见印谱《秋闲戏铁》 … 136

二五 赤尾照文堂——珍贵的《真山民诗集》 … 142

二六 中尾松泉堂梅田店（一）——《王阳明出身靖乱录》的题名 … 148

二七 矢野书房——《论画诗》与《笑府》 … 154

五〇 大阪古书会馆——一代宗师王心斋 …… 298

五一 山本书店——书棚本《贾浪仙长江集》的翻刻本 …… 303

五二 松云堂书店——《臣轨》宽文本 …… 309

五三 东城书店（四）——《诗人玉屑》的书缘 …… 313

五四 日本书房——《冥报记》的几种版本 …… 318

五五 尾声——杨守敬「撕书」「上当」考 …… 326

后记 …… 335

三九 饭岛书店（一）——花开城外白香山 …… 234

四〇 大闲堂——常用书、普通本 …… 241

四一 古书ピエト——几种《史记评林》 …… 248

四二 新村堂（四）——『五杂组』与『酉阳杂俎』 …… 253

四三 诚心堂——《王昌龄诗集》与《诗薮》 …… 261

四四 古书乐人馆——两种和刻类书 …… 267

四五 天牛堺——《左传辑释》的『考验』 …… 272

四六 福部书房——『秘传』东瀛的《字府》 …… 277

四七 琳琅阁——薛益与《杜工部七言律诗分类集注》 …… 282

四八 饭岛书店（二）——两种《小学》佚注 …… 288

四九 东城书店（三）——一叶千金的《开元天宝遗事》 …… 294

"性痴则其志凝"
——李小龙《书舶录：日本访书诗纪》序

清代文学家蒲松龄在《聊斋志异》的名篇《阿宝》中，描写粤西一位名士孙子楚，"性迂讷，人诳之，辄信为真"，妻子去世后，他托媒人向"绝色"的"富二代"阿宝求婚，阿宝开玩笑地说："渠去其枝指，余当归之。"孙子楚听了媒人的传话，居然信以为真，说："不难。"媒人前脚刚走，他当即"以斧自断其指，大痛彻心，血益倾注，濒死。过数日，始能起，往见媒而示之"，人说啥他就信啥，而且还"言必信，行必果"，孙子楚可谓"天下第一痴人"。

清嘉庆间何守奇在《阿宝》篇末评语中说："孙子之痴，直是诚朴。""诚"在儒家传统文化中是为人处世的第一要务。《礼记·中庸》说："诚者天之道也，诚之者人之道也。"《孟子·离娄上》也说："是故诚者天之道也，思诚者人之道也。"《孟子·尽心上》又说："反身而诚，乐莫大焉。"儒家认为"诚"是天的根本属性，努力求"诚"以达到合乎"诚"的境界则是做人的根本准则。常常反省自己以达到"诚"的境界,这是人生的最大快乐。

儒家提倡"修身、齐家、治国、平天下"的人生理想,而"欲修其身者,先正其心;欲正其心者,先诚其意"(《礼记·大学》)。一个人由"诚意"而"正心",就不难实现"修身、齐家、治国、平天下"的人生理想。因此,清道光间但明伦在《阿宝》篇末评语中,深有感触地说:"尝谓天下之为人臣、为人子、为人弟、为人友者,果能以至诚之心处之,天下不复有难处之事矣。痴顾可少乎!"

再进一步看,"欲诚其意者,先致其知;致知在格物"(《礼记·大学》)。古人对"格物致知"有种种解释,从最浅显的意义上看,应该是指探求、通晓万事万物,从而获得知识和智慧。像孙子楚这样的"痴人",不为外界的喧嚣所左右,不为社会的诱惑所骚扰,心静如水,专心致志地"格物致知",才能做到"诚意""正心""修身",于家、国、天下,终有所成。

所以《阿宝》篇末的"异史氏曰",蒲松龄评论孙子楚之"痴",说:"性痴则其志凝。故书痴者文必工,艺痴者技必良。世之落拓而无成者,皆自谓不痴者也。""书痴者文必工",这大约是蒲松龄的"夫子自道"。他一生与书为伴,读书、教书、写书,乐此不疲,果然为我们留下绝世名著《聊斋志异》。

在我的心目中,李小龙博士也是这么一位"书痴者",而且是一位"性痴则其志凝"的"书痴者"。

2012年仲春,小龙博士受教育部委派,到日本京都外国语大学任教。日本是一个旅游胜地,仲春繁樱,深秋红枫,碧海朝霞,古寺晚钟,真是"好山好水好风光"。可是小龙博士却天生是一位"书痴",不仅"嗜书如命",博览群籍,而且多年来养成"淘书""藏书"的积习,家中弆藏颇富,堪称"坐拥书城"。他像明代藏书家高濂那样认定:"藏书以资博洽,为丈夫子生平第一要事。""故积书充栋,类聚分门,时乎开函摊几,俾长日深更,沉潜玩索,恍对圣贤,面谈千古,悦心快目,何乐可胜?"(《遵生八笺·燕闲清赏笺上·论藏书》)这次东渡日本,小龙博士并不钟情于游山玩水,而是抱定"执念",要效仿清光绪间杨守敬东瀛访书之举,以搜访中国古籍为职志,真可谓"性痴则其志凝"。

时隔一百多年,要再像杨守敬那样在日本大量搜购"唐本",无疑已是"天方夜谭"。不仅书源稀缺,"奇货可居",即使偶有"唐本"流入市场,也标价昂贵,若非"一掷千金"者,也不敢贸然问津。无论小龙博士多么"性痴",甚至不惜像孙子楚那样"自断其指",恐怕也难有所得。

既然难以购求"唐本",小龙博士便退而求其次,专以和刻汉籍为搜求对象。他遍访京都近百家古书店,还旁及大阪、神户等地,后来更利用网上旧书店联盟"日本古本屋",留心搜访。"功夫不负有心人",在几年的时间里,他居然购求约五百余种、二千余册和刻汉籍,其中颇不乏珍秘之本,满载而归。

访求故籍,并非常人可为,的确需要有学识、有眼光的"有心人"。当然也有赖于"可遇不可求"的机缘,正所谓"有意栽花花不开,无心插柳柳成荫"。在多年的访书、购书的经历中,小龙博士对此颇有心得,学识更为精深,眼界也更加开阔。所以回国后,他摹仿杨守敬《日本访书志》和叶昌炽《藏书纪事诗》的体裁,先后撰写《书舶录:日本访书诗纪》五十五则,记录东瀛访书、购书的艰辛、失望与喜悦。

清嘉庆间洪亮吉撰《北江诗话》,在卷三中将藏书家依次分为考订家、校雠家、收藏家、赏鉴家、掠贩家五等。清末杨守敬撰《藏书绝句序》、叶德辉撰《书林清话》，都基本赞同洪亮吉对藏书家的分类，而有所订正。他们几位一致认为，考订家、校雠家"得一书必推寻本原，是正缺失"，"辨其板片，正其讹谬"，于学问大有助益，因此较之收藏家、赏鉴家、掠贩家要略高一筹。

　　小龙博士就是这样的考订家、校雠家。他"沉迷"于藏书，既非满足于广搜异本，也非仅止于专嗜精刻，而是在摩挲赏鉴古椠良工的同时，追溯源流，考究版本，校勘异同，厘定篇章，考订字句，判断良莠，先后撰写了数十万字的学术文章。2017年9月，他申请获批国家社科基金后期资助项目《和本汉籍善本考录》，近一两年内即将出版。

　　我很好奇，在小龙博士家居仅五十平方米的"斗室"之中，藏书早已"充栋宇"，那五百余种、二千余册和刻汉籍的"战利品"，又是如何收藏呢？但是我知道，这些"战利品"的确是不可多得的珍稀藏品，足以自娱，更足以自傲。

　　据说地产大佬任志强说过一句名言："历史证明房价永远都是上涨的。"这也许是因为在人口日益增长的地球上，土地是不可复生的稀缺资源。我们不妨套用此语，说："历史证明古籍价格永远都是上涨的。"因为道理很简单，存世的古籍更是不可复生的稀缺资源，随着时间的推移，古籍只会越来越少，而不会越来越多。而且，尽管现有的土地稀缺，毕竟人们还可以"填海造地"，或者"开拓宇宙"，拓展人类生存的有限空间，但是无论人们怎么想方设法地"仿真""再造"古籍，这些"新品"终究比不上货真价实的"旧货"。

　　所以，小龙博士珍藏的五百余种、二千余册和刻汉籍的确是一份不可多得的"宝藏"，它们的持续增值（不仅是金钱意义的，更是文化意义的）是可以期待的。据说任志强还有一句名言："没有买房的人都亏了。"我们同样可以套用此语，说："没有买古籍的人都亏了。"这对我来说，更有"切肤之痛"。2002年到2004年，我也曾在日本逗留整整两年，然而无论是"唐本"还是"和本"，一本也未尝购求，所谓"如入宝山空手回"，真真是"亏大发"了。看来还是蒲松龄说着了，"痴"者非"真痴"，而"自谓不痴者"才是"真痴"。

好在小龙博士将日本书肆访书的心得撰写成文，让我在阅读书稿时也得以"神游"一番"宝山"。阅读书稿，不仅可以聊补我"吃亏"的遗憾，也可以分享小龙博士访书的艰辛与得书的喜悦，还可以深度探访那些我曾经或串过门或张望过的京都书肆，更可以稍窥这些珍稀和刻汉籍的"庐山真面目"，得以"格物致知"，有助于"诚意""正心""修身"，这不是一举而四得吗？

南宋诗人叶适《送赵几道邵武司户》诗道："书多前益智，文古后垂名。功到阃深处，天教勤苦成。"我愿以此与小龙博士共勉。

郭英德
戊戌元月初六草

小引

一去陈俞此道东,宋刊元椠遍东瀛。
匆匆春换无人问,听得黄莺三两声。

记忆中,我最早拥有的藏书是上初三那年冬天父亲送我的生日礼物——一本《小说技巧辞典》(书当然是我自己选的,可见我的文青之梦是用初中作文思路来上色的)。一个多月后,我用攒的零用钱买下了自己的第一本书,人民文学出版社的《太阳照在桑干河上》,此后便一发而不可收,以迄于今。二十余年来,虽然一直在买书、读书,对自己的书亦极珍爱,视之为"藏品"(《太阳照在桑干河上》一书曾被亲戚借走,我又攒了几个星期零用钱,重买了一本,在扉页上仍写上"一九九二年三月十五日购于麟游县新华书店"的字样),却从来没有收藏古籍的奢望。

近十数年,因为研究的原因,接触了不少图书馆收藏的古籍,也给学生开设了"中国古典文献学"这样的课程,开始对古书更加关注,但仍然没有想过要收藏。之所以如此,有如下两个原因。

一是在我的生活圈中,古籍似乎只是一个传说。研究可以,只要你勤快,图书馆有的是,但收藏却不可能。因为在数十年的购书史中,从来就没有遇到过古籍,这自然会限制收藏,就好像我最初所购之书,并非我充分选择的结果——大家可以想象那时小县城新华书店的情形(其实我还是幸运的,上大学后再回县新华书店,那里已经充斥了貌似盗版的出版物)。遇不到古籍的原因很复杂。中国是古代文献最为丰富的国家,我们周围本应有很多古书的。但近代以还,或为人所劫掠,或毁于板荡之间,好不容易从殖民甚至亡国的泥潭中爬出来,却又遇到文化传统的大变动,于是或烧或禁,百不存一;加之近百年来图书如百川汇海,递入公藏,此自有利于保存与研究,然亦使古籍之流通几为绝响。

二是即使有书也不见得有相应的实力。每当想到古籍的价格,我自己也很分裂:一方面客观地说,现在古籍的价格其实还太低,每每看到拍卖场某些珍贵古籍拍出的价格,都颇感惋惜,尤其与古代书画、文物甚至房产相比的时候,更令人觉得荒谬,事实上,很多珍本的价格并不比明清时期高;但另一方面自己想买些哪怕极普通的古书来作为文献课上的辅助教具时,一看价签就只好废然而返——其实,书价没有问题,还可以再高,有问题的只是我辈羞涩之阮囊而已。

壬辰之春,余有东瀛之役,忽思杨守敬于藏书一途之功业,亦曾起访书之念。杨守敬在《日本访书志·缘起》中说:"日本维新之际,颇欲废汉学,故家旧藏,几于论斤估值。"因此,他得以回购大量善本秘籍,成为汉籍回流史上开风气的大家。现在,这些珍贵的典籍分别收藏于中国国家图书馆(下文简称"国图")、台北故宫博物院、上海图书馆(下文简称"上图")、北大图书馆、湖北省博物馆等处,使后人仍有幸得闻翰墨之香。此事颇引后世爱书者之艳羡与神往,每每叹恨不能早生百年,可与杨为伴日游东京书肆之中!然而,即便有这样的收获,杨守敬还是去晚了,他说:"今余收拾于残剩之后,不能不为来迟恨,亦不能不为书恨也。"从明治维新至杨氏赴日,已过数十载,大量典籍或早付劫灰了。而生于一个多世纪之后的我们,"不知有汉,无论魏晋",访书桃源不知可有寻处?其实,时移世易,那种机缘在一百多年前就并不易得:杨守敬只是碰巧遇到了百年难逢的机会,但他的搜购也引起了日人的警惕,不但有人"出重值而争之",更有人开始"什袭藏之,不以售外人";后来盛宣怀再赴日访书,便觉无书可

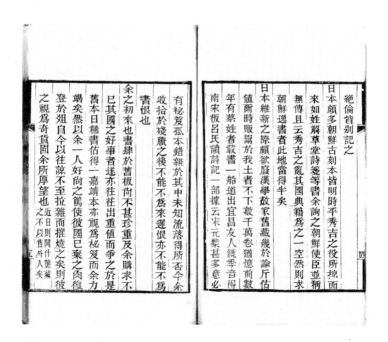

光绪二十三年(1897)邻苏园刊《日本访书志》

淘，买了二千册回国，里面大部分是普通的和刻本，何况现在又过了沧桑百年。

所以，初到日本，漫无头绪，又只好将搜访古籍的幻想抛下，现实地拾起淘旧而非访古的积习。大约到日本一个半月后，在一家旧书店偶遇和刻古籍，才忽然想到，"唐本"（日本人称中国刊行的线装书为唐本，亦可见日本人最为心仪的中国朝代）或无力购藏，但和刻本却仍是一个尚可开发的宝库。于是，在剩下的时间里，我把京都近百家古书店爬梳了无数遍，还旁及大阪、神户等地，后来又知道了网上旧书店联盟日本古本屋，更是如虎添翼，因此数年来颇有所获。检点成果，其中亦不乏珍异之本。故仿杨守敬《日本访书志》及叶昌炽《藏书纪事诗》之体而为《书舶录：日本访书诗纪》，初草近百篇，现择其稍有趣味的五十余篇汇为一集，非敢踵武前贤，不过自记其乐而已。

数年过去，搜书渐多，亦稍有甘苦，小作总结，以为芹献。

1872年8月10日《申报》有一篇《日本书籍》的短文：

> 日本文字同中国，而所刻中国书籍亦甚夥，字迹清楚，印法并佳，所用纸皆木棉所制，向来严禁出境，如中国儒士见者甚罕。今日本一切循行西法，书籍亦许出外版售，故上海、广州书肆间皆有日本书，装潢颇有可观，价亦不甚昂，藏书家要不可不售一种焉。

这段话包含了我能在日本搜购和刻本的几个因素。

一是大环境。虽然没有赶上日本"维新之际，颇欲废汉学，故家旧藏，几于论斤估值"的盛况，但也已不是"严禁出境"之时了，甚至当下与明治时亦有类似之处：彼时之日本急于"脱亚入欧"，于汉籍皆欲掷之而后快，当下亦不遑多让，不同者在于彼时急于脱手，故甚或"论斤估值"；而当下则将古籍全视为商品，待价而沽。细较而言，当下可能是更好的机会，因为明治维新时之"废汉学"，于很多浸润古学之人而言都是一种急于表现的情绪，冲动过后或有反弹，所以此后才会有人与杨争购；而当下日本之汉籍读者越来越少，几乎难有"出重值而争之"的人了，偶有所争，亦不过在利——正因如此，书价便与彼时不可同日而语，加之日本收入水平高，船随水涨，古籍腾贵，亦为自然之理。好在，贵亦非坏事，至少有些珍籍还没有被人捷足先登，则亦有此字之功劳。

二是货源。日本民间收藏汉籍者甚多，日人于藏书一道又较达观——中国古代藏书家均固执地要求"子孙永保"，甚至有人在家训中用恶毒之诅咒防止不肖子孙出售藏书，从当代观点来看，此似称怪癖：若子孙亦钟情书籍，自会"永保"，甚或增益；若全无感觉，藏书便为负累。事实上，藏书家去世，书籍散出，只要不被销毁，则当再入书肆，楚失楚得，非但促进文化发展，且将给多少新的藏书家带来快乐，与封在某栋藏书楼里让鼠啮虫蠹岂可同日而语。日本人的心态与国人不同，他们有所谓"藏书一代"的观念，加上"一切循行西法"，现在新一代的日本年轻人更是失去了对汉籍的兴趣，所以私人收藏不断流散出来，古籍市场货源颇为充足。当然，以上仅为说明中日藏书家对待藏品态度之不同，并非价值判断。其实，中国传统之藏书观念正是中华文化绵延不绝之一部分，《论语》云"父在，观其志；父没，观其行；三年无改于父之道，可谓孝矣"，《礼记·学记》云"良冶之子，必学为裘；良弓之子，必学为箕"，则文化之承袭，亦需此种坚守。但此为另一话题，这里不再枝蔓。

三是和刻汉籍本身的特点。对古籍来说，同一种书因品相、收藏过程、用纸、前印后印的差别，其价值相差不可以道里计，这在中国古籍中最为明显。简单来说，明清时代不少书有两种印本，白纸与竹纸，据科学史家研究，竹纸的寿命是"纸寿千年"的皮纸的一半，在拍卖场上，其价格也基本可以体现这一比例——有的书还会有罗纹纸、开化纸乃至公文纸的印本，那价值更是数倍于前了；即便用纸相同，初印与后印对古籍面貌的影响却更大，有的书，初印赏心悦目，可作艺术品，后印虽仍为同版同种纸，但已经断烂修补、模糊难辨，实难当作同版之书来看；有些书是最初的红印本或者蓝印本，自然也更为珍贵，更不用说还有经名家收藏甚至题跋、批校之本了。与中国古籍相比，和刻本用纸的差异很小，几乎所有的书均用皮纸，这一点倒容易理解，因为日本起初也并不了解以竹料造纸的技术，纸源亦充足，不用降格以求。另外，和刻本也很少像唐本那样有前印与后印的巨大差别，有些书我买到一些同样的复本，仔细比较，甚至与日本一些图书馆中的藏品比较，区别不大，基本没有版面断裂、笔画模糊残缺等现象。这或许有两个原因，一是和刻本面对的读者毕竟要少得多，所以印数少，则其对木板的损耗也少；同时还不得不提出第二个原因，正如现在日货成为品质的代名词一样，日本人对于产品的严谨自古皆然，所以其从雕版的选材、制作、开雕到造纸、用墨、印刷各个方面都细致认真，一丝不苟，故而成品质量的统一性很强，同一版片的先印与后印固然差别不大，就是很久后书版易主的再印本亦与原版相近。

当然，和刻汉籍作为收藏也有缺陷，那就是版面多有"反送"（即反点和送假名，反点是提示阅读顺序的符号，一般在文字的左边；送假名是指用片假名补出汉字之间日本成分的读音），这让版面看上去颇为凌乱，不如唐本之精雅。杨守敬晚年寄居上海，生活窘迫，只好售书救急，但他也很无奈地说"所得日本书大半有倭文，亦不投时好"（见《杨守敬题跋书信遗稿》），可知其亦为此所苦。不过，这一缺陷实亦可弥补，那就是和刻本独特之版本价值。由于日本刻本多亦步亦趋于中国刻本（最早的日本刻本实为流落东瀛的元代工匠所为，其最著者如陈孟荣、俞良甫等），其所据之底本多有佚于此而存于彼者，故不少和刻本从某种意义上来说，已经成为补充中国古典文献的"善本"，则其版面偶有碍目之眚亦可视为古代仕女妆容之花钿了。不过，本书主要记录笔者访书之经历，希望"以书存店"，书、店并举，故所述之书未必皆善，而对善本之考辨亦恐枯燥，笔者另有专书详论，此不赘述。

一直以来，由于条件所限，笔者虽嗜文献之学，然实未敢涉猎古籍收藏。今偶有小获，或难脱贫儿乍富之嫌，少所见，多所怪，益之以敝帚自珍之私意，故小文所言，或有不当之处，祈方家批评指正是幸。

一 尚学堂
——搜寻和刻本的开端

东君着意染樱堤,黄绿点皴次第迷。
可有殷勤旧时燕,为衔春色过山西。

我一直很喜欢素有"鬼才"之誉的日本作家芥川龙之介,国内翻译本也不计重复地买到了许多,还包括那套并不全的全集,所以初到日本,我最大的希望便是买一套岩波版的《芥川龙之介全集》。

最初的时候,我四处寻找书店,却遗憾地发现,日本不仅已不是杨守敬看到的日本,甚至也不是我想象中的日本了。这里几乎所有的书店,九成以上的书是文库本,这九成中又有八成是各种休闲娱乐性的读物,那种带有文化积累意义的出版物很难看到了。最让人感慨的是,我本以为到处都会有芥川龙之介的作品(或许外国人到中国前也以为每家书店必然摆满了鲁迅的作品吧),但转了很多家书店都没有看到,只是偶尔会发现一两本已经变成文库本的小册子,这才吃惊地发现,原来年轻人不读书不只是一国的特色,或许早已世界化了。有一天,终于在京都最大的新书店ジュンク堂看到了岩波书店新版的《芥川龙之介全集》(这是芥川龙之介最权威的全集了吧),但数月逛书店的经验已使我对日本的书价有了抵抗力,不会再像第一次在朋友书店看到八百页厚的《隋书经籍志考证》定价两万多日元(当时大致相当于一千五百元人民币)那样大惊小怪了,所以我控制着自己兴奋与激动的火苗,然后让它被近十万日元的书价扑灭。看来,还是淘旧书更可行一些。

不过,那种类似于新书店一样的旧书店中(如日本最大的连锁书店 Book-off),只不过是文库本与漫画书的天下,是不会进这类书的。所以,我又开始四处搜寻真正的旧书店。有一次,在网上看到寺町通有一家名叫尚学堂的旧书店。寺町通是江户、明治时期书坊林立之地,现在也仍是旧书店最集中的地方(当然,也可以算是京都最繁华的地方)。我已经去过很多次,却没看到这个尚学堂。

然而,真应了无心插柳柳成荫的话。2012 年 5 月 12 日,去寺町通逛了多家书店后准备回家,没想到突然在路边碰到了,很古朴低调的一个小门面,以前其实也多次从这里走过,却一直没有看到——后来我每次再访这家书店,还是要留心寻找,不然也很容易走过,日本的古书店大都如此。

那天时间已很晚了,加上当时一心想要买芥川龙之介的全集,我一进门便四处找当代出版物,没想到运气如此之好,一下子就发现了一套 20 世纪 70 年代岩波书店十二卷本的《芥川龙之介全集》,这书是超大三十二开本,比新版二十四卷本的小三十二开本更让我高兴。我喜出望外,立刻向老板询价,其书定价虽然与新版不相上下,但却有实惠的折扣,于是立刻成交。在抱了十数公斤的书激动地出来时,看到门口有个小木架子,上面堆满了线装书,随手翻了一下,都是各种常见和刻本的零本，便挑了一本作聊备一格的纪念。

回来一段时间后，忽然想到当时还买了一小本线装书，拿来翻看，这才蓦然勾起了我访求古籍的旧梦，并突然想到，唐本的搜求已成迷梦，但和刻本却颇值得研究与收藏。于是又隐约记起，这家书店有一面墙似乎全是线装的和刻本。

再找时间去拜访，发现果然没有记错——看来人们很容易在"心想事成"的喜悦中错过许多东西。我心情激动地把那面"墙"全部翻检了一遍，书架最高处实在拿不到，便向店主借了梯子，将最上面那些积满灰尘的"书们"也"请"了下来。由于书价并不便宜，便进行了数次筛选，最后选定了一些，虽然与杨、董等前贤相比还不能称为收获，但就现在而言也算有些价值；最重要的是这次邂逅让我发现，在这个年代，想搜寻珍稀汉籍，机会仍然是有的，只要你努力去找。

下面就说说我第一次的收获。

首次搜求和刻本，便买到了一套国内久佚的珍稀汉籍《唐宋千家联珠诗格》，实在是机缘凑巧。此书为于济初编，《诗林广记》的编者蔡正孙增修，选唐宋诗人的七言绝句一千多首，分为三百余格。然其成书后，在国内却久已失传，以至于国人几不知天壤间曾有此书。晚清时此书始从日本回传中国，然而一直没有引起重视。前数年，凤凰出版社出版了南京大学卞东波先生的《唐宋千家联珠诗格校证》，此书才算广为人知，据卞先生统计，此书保存了约四百首《全宋诗》未收的佚诗；另外，注中也保存了许多资料——可见其重要的文献价值了。

此书国内虽已无存，但在朝、日却版本众多：朝鲜于成化二十一年（1485）出现了徐居正的增注本；而在日本则翻刻更多，据日人长泽规矩也《和刻本汉籍分类目录》所载，和刻本自宽永年间（1624—1644）便有覆刊朝鲜古活字本，其本此后多次重印，而文化元年

（1804）、文化七年（1810）、天保二年（1831）、天保四年（1833）、弘化二年（1845）、安政三年（1856）、明治十二年（1879）、明治十五年（1882）分别出现了不同的刊本，其中安政三年和明治十二年还出现了不止一种的新刊本，在此期间，甚至还出现了日本人所作的续编（我后来曾买到其中一种），可见此书在日本的流行程度。而这种流行其实也产生了巨大的影响，谢琰兄《〈联珠诗格〉的东传与日本五山七绝——兼论中国文学经典海外传播的路径与原则》一文便指出此书对日本汉诗创作的巨大影响。

在日本流传的如此众多的版本中，最有价值的是天保二年刊本，因为此本完整地保存了徐居正的增注，徐氏增注本在韩国现在似乎也并无全帙，仅存残本。所以，虽然日本尚存有更早的五山版，又有早于天保本且刊刻精审的文化本（长泽规矩也编《和刻本汉诗集成》便选择了此本），但卞东波先生《唐宋千家联珠诗格校证》仍以天保本为底本，而仅以韩国中央图书馆藏朝鲜甲寅字残卷（存第十八、十九卷）及文化本为参校本，可见此本的重要与珍贵。

我买到的正是天保二年刊本，文化本的主持者是当时著名诗人大窪行，天保本则为日本著名汉学家、幕末三笔之一的须静主人贯名苞（海屋）校正，全书共二十卷，分十册，开本阔大，刊刻精细，很是赏心悦目。

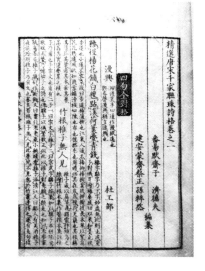

天保二年须静堂刊《唐宋千家联珠诗格》

说到贯名苞，真是无巧不成书，我同时还买到《左绣》一书的零本四册，恰为贯名苞所刊刻，即嘉永甲寅（1854）须静堂刻本。须静堂是贯名苞所立私塾，而《左绣》一书在日本亦仅此一刻。原本三十卷十六册，我买到了其中的四册。其书刊刻甚为精美，字体方正、行款疏朗，若非文中若隐若现的日文训读符号，几疑为清代刊本了。此外，贯名苞这次翻刻也在上栏增加了不少自己的意见，亦可参考。

除上所述之外，还有数种，然均为普通本，不再赘述。收获如此，并不算多，但我却十分欣喜，因为那个几乎已经放弃的梦，目前看来竟有实现的可能，于是我又开始将访书作为日本之行的重点，并陆续有了下面的收获。

二 思文阁
——《列子》的异名

人间四月正芳菲,花筏顺流入翠微。
好把鸭川云锦色,付与御风独自飞。

  思文阁其实是一家出版社。但在日本,有不少这样的公司,既是旧书店,也是出版社——或者不如简单地说,日本任何旧书店,都可以公开出版图书,也就都可以被看作潜在的出版社。比如京都大学附近有名的旧书店朋友书店,便曾为京都大学的教授出版过不少非常好的学术著作,而我也不止一次在某些旧书店翻书时看到那家书店自己的出版物。
  思文阁有一个古书部,所以便名列京都古书研究会(日本几乎每个城市都有一个旧书业联盟,一般便叫古书研究会)的联盟名单之中。而他们公司的网站上又有较详细的古籍出售目录(现在似乎没有了),我是仔细研究了目录后才决定去的。

京都古书研究会发行过一张《京都古书店绘图》，上面标出了京都近百家古书店的位置，很是方便。从那上面可以看到，思文阁位于鸭川的东岸，三条的南边。我沿着鸭川四处寻找，其时正是赏樱之时，鸭川更是赏樱胜地，不但有两岸护水的"花篱"，更重要的是樱花还会落入河水，那正是日本人最喜欢的美。但我却仿佛马二先生逛西湖一样，美景一概不看，只在各种小胡同里乱撞，最后也终于找到了。

因为这是一家公司，所以显得很气派，有一栋四层高的楼，装修沉稳大气，而在大楼一侧，有一个小店面就是古书部。不过我去的时候古书部并没有开门，在卷闸门上看到有一张纸，上面有说明文字，但我看不懂，好在上面还有指示图标，推测可能是说古书部移入主楼了。只好像刘姥姥一进贾府时那样，蹭到气势堂堂的主楼去交涉，后来出来一个会说英语的人接待。

不过，他们并不让直接看书，而是先让你提供你要的书目，他们再拿给你看，或许这是那些"后厂前店"式书店的通例（我在其他几家这样的书店也遇到过），这其实大大改变了淘书的方式，很不方便，仿佛俗谚所谓"隔着袋子买猫"一样。好在我来之前抄了下几个书名，于是写出目录让工作人员去找，这一去竟然用了一个小时左右的时间，自己也觉得太麻烦别人，取出的书也只好全部买下。好在有几本书也还不错，值得一提。

首先是宽文八年（1668）刊印的《说苑》二十卷五册，这相当于康熙七年，时代也算比较早了。书保存得很好——日本皮纸在观感上没有中国宣纸那样文秀精雅，却别有一番粗犷之韵，且亦有"纸寿千年"的效果，较之国内明清两代多用竹纸自然是强多了。此书首页署"汉沛郡刘向著，明新安程荣校"，知其底本当为明万历二十年（1592）程荣刊《汉魏丛书》本。据长泽规矩也《和刻本汉籍分类目录》可知，此本为《说苑》一书在日本的最早刻本。其末页署"宽文八戊申孟春吉旦 武村新兵卫刊行",知为初刊初印本,也还算有价值。

第二种是延享四年(1747)的《张注列子》,其底本为嘉靖十二年(1533)世德堂刻《六子书》本,此本覆刊非常精细认真,甚至将中缝"世德堂刊"四字都原封不动地摹刻了,行款更是完全相同。顾春所刊《六子书》在版刻史上向称名刻,世德堂本在《列子》的版本系统中亦颇有价值,则其书亦值得收藏。不过这部书对取书的工作人员来说肯定有些为难。因为我起初未见原书,思文阁网站上标的是《冲虚至德真经》,后来工作人员索要书目时我也只好这样抄给他,他去拿书用了很长的时间,拿来的书封面上大题"张注列子"四字,未见"冲虚至德真经"字样,正文第一页方用此题,按照文献著录的惯例,自然以正文第一页为准。可以想象,这里的工作人员去帮我拿书的时候当费了一番上下求索考证之功——当然,也能看出工作人员古籍知识还是不错的,一般人可能就只能拿着目录出来告诉我"查无此书"了。

第三部书是《笺注蒙求校本》三册,明治十七年(1884)同志出版舍刊行。《蒙求》一书我很喜欢,在国内时就想买一部好的本子阅读与收藏,但国内大的出版社都看不上这样"小儿科"的书,而坊间恶本又实在让人没有胃口,所以只能作罢——我曾经向某出版社建议出

延享四年京都梅村弥右卫门《张注列子》

此书的校注本，但至今亦无音讯。其实，近十数年来，国内的国学热经久不衰，蒙学书籍出版更是铺天盖地，但却多集中在《三字经》甚至是《弟子规》这样贫薄且带腐气的书上，还有不少学者将此二书推崇备至，汲汲乎与"四书五经"相颉颃，实在令人惊讶；而像《千字文》《蒙求》这样的蒙学杰构却甚少有人理会。没想到，在这里不但买到了这本书，而且是形制精美、有注有疏的和刻本。

此书在国内除原本李瀚自注、宋代徐子光补注之外，便再无注本了。然其流传到日本后却大放光彩，注者蜂起。我买到的是由佐佐木标疏、冈白驹增注的本子。冈白驹是日本江户时期有名的儒者，著有汉学著作多种，如《诗经毛传补义》《孔子家语笺注》等，且继其师冈岛冠山而译中国话本，译有《小说三言》，为日本江户小说开拓疆土，为功甚巨。

从此书的体例可以感受到和刻汉籍叠床架屋的认真与烦琐。书分上下两栏，下栏为正文，以李瀚原文为标目，以徐子光补注为正文，正文中插双行小字注即冈白驹氏之笺注。上栏约为下栏的六分之一，是对正文所及之词语更为细致的解释，则为佐佐木的疏。上栏之外，基本上每句正文都在此附一小方框，框中指出徐注的出处，如第一则徐注云"晋书……"，上方则标"列传十三"，指此出自《晋书》列传之十三，这是佐佐木的"标"。

当然，这个笺注本在日本是常见之书，并不珍贵，不过，在阅读余嘉锡先生《四库提要辨证》时看到他曾提到"余所藏明治十六年《笺注蒙求校本》"，知与余先生所藏当为同版（印次不同而已），感觉特别亲切。另外，《蒙求》的和刻本中，也有十分珍贵的书，如《旧注蒙求》与《标题徐状元补注蒙求》，算是国内早佚的文献。所以把冈白驹注本记录于此，算是个引子，希望能借此寻访到这个珍贵的佚本吧。

思文阁的收获大致如上。因为取书烦琐，不便挑选，本来还有几本书想考虑一下，这次之后便也打消了念头，很久鼓不起再去的勇气了。不过，后来在许多旧书店看到思文阁出版的学术著作，颇有水平，便又对它增加了好感。再后来，无意中知道，日本书论研究会在1985年举办过一次"杨守敬逝世七十周年纪念展览会"（杨守敬的书法在日本影响很大，日本书法家称其为"日本书道近代化之父"甚至是"恩人"），而举办的地点便是思文阁会馆。看来，他们对于这位访书东瀛的前驱与成果最丰者亦当抱有敬意吧。所以，也为了向他们表示敬意，我后来又从他们店里邮购过几次。

三 紫阳书院（一）
——书痴的两难

别裁古本自风雅，访鬻原来同一痴。
解道芸窗清供处，正思数卷少陵诗。

  紫阳书院是早就闻知大名且一直想去拜访的，只是其地理位置远而且偏，便总没有被提上日程。8月时，京都在下鸭神社召开2012年夏季古本祭（旧书节），我去凑热闹之前，在网上搜了一下相关情况，看到一位京大的中国女留学生记录2011年夏季书市情况的博文，她在书市上看到的、买到的书我都觉得不错，她似乎与紫阳书院的人很熟，说此书店的主人很懂行，收藏有不少中国古籍。她还发了一些照片，在数张近景里可以看到书架上的书名，其中有一套书上的标签是："重订《唐诗别裁集》，唐本"，在京都遇到唐本的机会还是很少的：一想可以买到一套原刊《唐诗别裁集》，便心潮澎湃；再想到这张照片是一年前所照，这三百多个日夜有太多的可能发生，又不由嗒然若丧。

那天，正是京都最闷热难熬的时候。我骑车一路狂奔，一个多小时才到地方。放下车进到园内就已经汗如雨下。由于走得急，身上既没有手帕也没有纸巾，实在狼狈，只好用衣服来擦汗。就这样撩着衣襟擦着汗找到了紫阳书院，却大失所望——紫阳书院虽然参加了这次书市，但一本线装书也没带来。

过了近两个月，我终于下了决心，不入虎穴，焉得虎子，还是到紫阳书院的店里去一趟吧。于是按照那张古书店示意图认路而行，好在对京都已经熟了些，迂回曲折，不断修正航向，终于找到了。

如日本大多数旧书店一样，这家店面也不大，但书很多，而且此店绝大部分书是与中国有关的。我四处看了看，凡是中文书基本都是大陆出版的，也有港台地区的，但价格都翻了数倍，不过也有一些是在国内已经绝版了的。

后来，我看到书店的一角堆着一些线装古籍，便把压在上面的书一本本挪开，想看看究竟，没想到那位女店员忙来阻止，但她不会英文，我不会日语，两人实在无法交流，只好鸡同鸭讲地乱比画。虽然不是很明白，但大体知道，她的意思是那些书不卖，却不知为何不卖。后来我又在另一个角落看到唐本，她依然表示不卖，我问了几处都是如此，办书店却不卖书，这是什么道理，真有些气闷。有一次我想向她表明我的想法，便拿出纸来写给她看，因为汉字我们两人应该都认识一些。这倒启发了她，她也找了张纸，给我写了几个字，我才明白她为什么不卖，她写的是"主人不在"，原来她是店员，而那些古籍都没写定价，她不知道店主要多少钱。我本来下午还有课，有些着急回去，但又不想白来一回，便又尽量问她主人何时能回来，她说半小时，我觉得还在接受范围内，便决定等。还好，在所说时间之内，主人回来了。

道光间江西大文堂印《杜诗详注》

主人也不大会说英语，但我们倒可以交流。我要求看看那些线装书，他同意了。先看最好拿的那一小摞，打开一看，原来是《杜诗详注》。扉页上写着"进呈原本"，似乎是康熙间原刻本，但书名后有"大文堂藏板"的字样，知是道光间江西大文堂的后印本。书倒是有不薄的八册，品相也还好，但应该还不全。我没有仔细核查，店主用手给我比画，意思是说缺了些，若不缺会是这么厚。呵呵，倒是很诚实。我问了下价格，确实颇高。

《杜诗详注》下压了另一套书，看上去也是开本阔大，品相不错，拿出来一看是一套《左传》，上面还有不少批注，很可能是京大教授的藏书。不过，应当缺了不少，店主似乎对自己的书不熟，还翻了翻，但他边翻边拿纸笔给我写出这套书所缺的鲁国国君的谥号，确实令人佩服！这一点国内卖书人能做到的不知有几位。

我又请店主把角落那一堆书帮我腾挪了出来，翻开一看，扁扁的字体和密密的版式，是汲古阁刻十七史中的几种，真是意外。以前，汲古阁本不过是俗本、坊本、通行本，可现在也变得稀同星凤了。其实我并不喜欢汲古阁本，因为字体确实不好看，有些俗气，也让人觉得压抑。但毕竟大名久著，此前只在图书馆里看过，所以还是很想买到一套的。我暗暗清点了一下，大概有《旧五代史》《南史》《北史》

等数种，而且都是全的。

　　这时，店主也像初次看到一样拿着书研究了一下，便又拿来纸笔给我写字，写的竟然是"明刻，毛晋汲古阁本……"，并且还指着印章给我看，没办法，遇到行家了，看来要认辣价钱了。没想到，我问这几部书价格时，店主嘟囔了几句什么，却并不说价，看来他还不想出售。

　　翻开很多线装书堆，都没看到《唐诗别裁集》，我只好写给店主看，店主摇头说了些什么，虽然听不懂，但也明白，书肯定是不在了。看来这个梦想要实现，还要再等书缘了。

　　从紫阳书院出来骑车回家的路上，心里美滋滋的：虽然没有找到《唐诗别裁集》，但买到半部《杜诗详注》，以后或许可以在某个秋天的雨夜，抛开当代计算机照排的某本唐诗或杜诗选本，打开已历数百年沧桑的泛黄书卷，慢慢"品读"了。

　　最后，补充一点：关于紫阳书院的主人我本来一无所知，后来看到辛德勇先生《未亥斋读书记》的记载，才知道他名叫镰仓敬三，喜藏书，家有中国宋元之本，不过这些珍品多为非卖品，曾因发现赵孟頫手书墨卷而受到日本文部省的表彰，据说奖状就挂在书店里，下次去一定要仔细看看。

四 谷书店（一）
——佛典书店中的《道德经》

纵横七堀策驽车，径赴谷书寻古书。
外典不逢收内典，《樱宁》试嗅笋和蔬。

在"京都古书店绘图"上可以看到，京都市最南端的一家书店便是位于七条通和堀川通交叉口上的谷书店。它背靠着气势宏伟的京都塔，简直可以称得上"身居要津"了。我一直没去看看，因为距我住的地方相当远，对于我这个喜欢骑自行车乱窜的搜书者来说，算是一个小长征，花这么大的力气去一个并不了解的书店是件危险的事情；而且日本不同的书店仅从名字很难判断其主营方向，因为都有相当正式的店名，不像国内，凡有正式店名者多是新书店，卖旧书者一般来说都没有名字，如果有也会标出"旧书"二字。一次偶然的机会坐车路过那里，惊鸿一瞥，才初步确定是家旧书店。名叫"谷书店"，本来就让人从发音上自然而然地想到"古书店"，加上门口大大的"古书买入"的广告也更让人浮想联翩（日本把"旧书"称为"古书"，而这在中国却指"古籍"）。所以，一有机会便专程拜访。

初进门便大喜，因为小小的店面顶天立地全是书架，书架之间仅容一个瘦削如我的人通过，富态一些的人要来恐怕不太会受欢迎——当然，富态的人也不大会来（我印象中在旧书店遇到的淘书者大都很瘦，两者间或许存在某种联系）。仔细一看却稍感失望，因为绝大部分是佛教的书，我对佛教典籍向来如对佛教一般敬而远之。所以，这次来算是乘兴而来，却要空手而归了——好在这也是我淘书多年来常有的遭遇，何况现在更是客客气气地"访"而非急急忙忙地"淘"了。

转完几排书架，本来已经打算撤退了，却忽然看到有个角落堆了一些线装书，忙去翻看，更加慨叹日本书店的纯正：因为这基本上仍然是线装的佛经。可是，我不甘心，把那一箱子佛经又仔细翻了一遍，终于看到一套可有可无的书，明治十年（1877）万青堂刊海保元备补注《文章轨范校本》三册及其后两年出版的奥田遵补注《续文章轨范校本》三册。

说"可无"是因为此书太多，日本的旧书店里只要出售线装书就可能会有——日本人刻印中国古籍，最喜欢的书或许就是《十八史略》和《文章轨范》。长泽规矩也在其《收书遍历》中记载，当时有一些日本的三家村学究（原来这样的人哪里都有）到中国来，也想搜罗些古籍回去，便四处询问有没有《十八史略》与《文章轨范》的古本，被传为笑谈。

而说"可有"的原因则相当多：首先从外观上看品相还齐整，干干净净，价格也算合理；从内容上看，刊刻精致，字体娟秀规整，书为中型本，版面分为上下两栏，上栏占三分之一，即所谓的"补注"；从收藏看，据《中国馆藏和刻本汉籍书目》记录，国内图书馆收录此书虽不少,但海保与奥田氏补注者却仅有一二残本,亦可满足居为奇货的想象。

而且还有一些额外的原因。

一是书以人重。补注者海保元备字渔村,是德川幕府时期名儒,写过《渔村文话》,与斋藤谦的《拙堂文话》并称为"文话双璧"——以文话家身份注文章之选本,自然可算得上"鲁班耍大斧"了。就是充校正之役者亦非常人,乃海保氏弟子岛田重礼,对此人可能很多人并不熟悉,但要举出东京学派与京都学派的代表人物白鸟库吉和狩野直喜大家一定很熟,此二人便是岛田氏执掌东京大学时的弟子;与白鸟库吉并称为"史哲双星"的服部宇之吉又是他的女婿;最后,他的小儿子或许大家更了解(可能感情也更复杂),便是对中国古籍之精熟让当时国内的版本学家敬畏的岛田翰。

二是此书后还附有万青堂的"发兑书目",共录近五十种书,每种都详细列出书名、册数、作者(或编者)、内容提要和价格。这是一份相当有趣的资料。中国古书很少印出价格,周叔弢先生就曾说"古籍中标明价格者,可谓绝无仅有"(见《周叔弢先生遗札十四通》,《社会科学战线》1985年第1期),所以至今我们对古代的书价还没有很清晰的概念。日本明治之前刻本也多不标价,但从明治开始,则多效西方标出价格。即此书亦在版权页上盖了一枚长方形阳文朱印,内写"定价八十钱"。书目单中最便宜者为清天基石(即石成金)编《画家联锦》一册,仅十钱;最贵者则为四十一册的《通俗演义三国志》,六圆五十钱。其中还有一些颇为珍贵的书,如元人欧阳起鸣(此书目误为欧阳起)的《欧阳论范》,此书国内仅南京图书馆(下文简称"南图")藏一明代成化七年(1471)刊本,而在日本却有和刻本行世,亦可庆幸,日后可即目寻访了。

另外，书目中还有海保氏的那本著名的文话。"文话双璧"均被王水照先生收入所编《历代文话》之中，《拙堂文话》原即以汉文撰写，自无问题；而《渔村文话》则以日文撰成，故需迻译方可。《历代文话》所收译文译为了白话，然从其行文、措辞及语气可知原虽为日文，但实欲为文言，即其序、题记、跋因用汉字，无须再译，故仍为文言；更巧的是，其书多引及《文章轨范》（书末甚至有专论《文章轨范》一节），不少内容便来自此校本，如"锻炼"一目之末论及范仲淹"先生之风，山高水长"句，便引及《文章轨范》，译文云："泰伯据《严先生祠堂记》中'贪夫廉，懦夫立'的句子，和《孟子》'闻伯夷、柳下惠之风'的一段，想出了这个'风'字。"而此校本原文为："盖太伯因记中有'贪夫廉，懦夫立'六字，遂思'闻伯夷、柳下惠之风'一段，因得一字也。"译文自然不算错，只是文体有别而已。

眼看这家书店也就这样了，没想到结账时在柜台下又看到一摞书，随意翻了翻，竟然翻出一套王弼注《老子道德经》，刊本阔大，行款也疏朗，要不是有很细小的日语阅读符号，几疑为唐本。大喜过望之余心中也颇为忐忑，因为此书未标价，不知究竟如何。把书交给营业员。她见我翻过书后手不知道往哪里放，一边忙着给我抽了几张湿纸巾让我擦手，一边一本一本地算钱，到《老子道德经》时翻来覆去地看，似乎也很为难，然后便开始打电话，那边可能是店主，她报了书名问多少钱，那边说的时候她重复了一下，我虽然日语贫乏但还是听明白了价格，有些小贵，但还是咬牙买下了。最主要的原因是书中密密麻麻布满了红、蓝、黑三色札记，想来原藏者一定不凡。后来回到家仔细查阅了一番，书首页中缝有"卢橘堂"字样，则当为享保十七年（1732）刊本；此外，书之扉页有"东海""源惟馨"的印章，那些札记亦多以"馨曰"开头，则可知此书为东海源惟馨旧藏，其人曾撰有《东海先生百绝》。

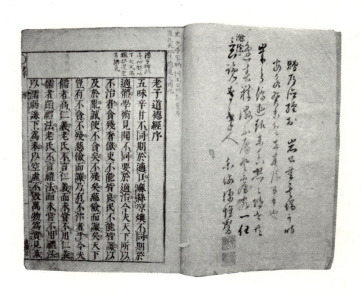

享保十七年卢橘堂刊《老子道德经》

这时,才觉得谷书店之旅还算不虚此行,心情也放松了,就顺便捎了一函二册的日本京都知恩寺僧孝誉上人的诗集。此书是知恩寺为贺孝誉上人九十九岁而编(他活到一百零四岁),昭和五年(1930)三月初版印刷,到十月便第二版了,不知是太畅销(寺里僧人太多,不够分发)还是发现了第一版的错误。书前有日本著名汉学家狩野直喜和内藤湖南手题的序文。正文虽然是用铅字排印的,但书印得也还清雅古朴,可以留着把玩。另外,我对作者所取书名颇有兴趣,叫《撄宁邨舍诗》,作为京都知恩寺(此寺就在京都大学旁边)的第七十九代住持,孝誉上人的诗集却取名于《庄子》"其为物无不将也,无不迎也,无不毁也,无不成也,其名为撄宁。撄宁者,撄而后成者也"之句;而"邨舍"亦非寺院之景——可见他应当有些诗人的气质吧。回来想挑一诗来与大家共享,但把书翻了一遍,仍未找到——诗都很平淡，不知是僧人写诗易有（甚或是例有）的蔬笋气，还是日本人写汉诗常有的"和"气——杨守敬在与日本文献学家森立之的笔谈中便说"仆最服贵邦论学能与我邦先哲抗行。若诗文，仆未见有卓然成一家者"，其实杨守敬是一个"不惯作媚语"的学者，一千多万字的《杨守敬集》中几乎没有一首诗（仅有《藏书绝句》三十二首，但学界已基本论定其非杨守敬所作），这在古代文人中恐怕是很罕见的。这样一个不作诗的人对日本汉诗都有那样的评价，其诗如何则亦大体可知了。

在将此集翻了两遍后，决定选一首《偶得乡书》来作为代表：

雁声今夕不凄寥，乡信细闻灯数挑。
第一书中堪喜事，两亲强健二光消。

诗虽平，然语淡情深，就不以技法来求全责备了。而且还引发了我素来的感慨：现代化的信息传播方式其实只负担了信息本身的传递，却完全滤去了一封乡书在纸张与笔迹中所携带的多重意蕴——这种差别也正如目前大行其道的电子版图书与版刻线装书之间的不同一样。

五 藤井文政堂（一）
——佚失的《韵镜》

文成指路窥仙乡，怅恨迟来误十娘。
佚鉴幸能开倦眼，不惭文政老书房。

  藤井文政堂虽然身处京都市旧书店最集中的寺町通，但寺町通书店林立之地在丸太町通到四条通之间，而这家书店则僻处于五条，算是寺町通的神经末梢了。而且不知为什么，这个名字对我而言不如前边几个书店那样，给我一种有宝可淘的暗示。所以便一直没想过要来拜访——如果不是因为偶然的机会，我可能会与在日本访书最有趣的收获失之交臂了。

  有一次在网上查京都的秋季书市，忽然看到有张藤井文政堂的照片，便随便点进去看，发现竟然是用多张照片拼凑起来的书店全景——也就是说，我们可以在网络的照片中把书店预逛一遍，随便一看便发现在书店靠墙一侧有一架线装书，数量很多，让人大吃一惊。

但通过照片上的价签可以看出，全都是佛经，因为之前去过了其中堂、谷书店等几家专营佛典的书店，知道在日本，这种书店是很纯粹的，一般不会为了赚钱偷偷摸摸地放几本畅销读物。正打算退出，忽然在那堆佛书旁边看到了另一堆风水、测命的书，这个我就更不感兴趣了，但也证明这家书店不是一个苦行僧似的佛学书店，或许也会有别的书吧。于是又把照片尽量放大，再检查一遍刚才看过的那些价签，忽然看到一张很不起眼的小书签，上面写着"游仙窟钞"四字！这本书大家已经很熟悉了，它问世后便在中国失传，但墙内开花墙外香，在日本家喻户晓，影响亦大，而且也产生了繁多的版本系统。孔夫子旧书网上有日本人开的书店，其中有庆安本《游仙窟》，那应该是《游仙窟》最好的版本了，然索价太昂。这个《游仙窟钞》是一个后出的版本，也还不错，这本书上没写标价，我自然在想象中希望这是一个可以捡到的宝贝，于是便兴冲冲地来了。

七转八拐终于找到这家店，店面不大，却显得很宽敞，主要是因为门前竟然有十数平方米空地的停车场，这在京都已算得上奢侈。店内也同样敞亮，因为只环墙放了书架，不像此地一般书店那样蜂房式的格局。一进门我就冲向照片中看到的那个位置，但是，照片中看到的《成唯识论》《华严经》之类都还整齐地码放着，却不见了《游仙窟钞》。我不死心，一遍一遍地翻，但还是没有，如之奈何！

这时出来一个老板一样的人，他看到我在翻那些线装书，便指着书架下的抽屉让我打开，遵命一看，全是零散的线装书甚至散叶，对于这些又脏又乱的东西我一向有些发怵，虽然我也知道很多珍稀的书就是从这里翻出来的，"冷摊负手对残书"，听起来似乎很有诗意，其实却不然——要想买到一本很珍贵的书，又希望它干干净净，那就只能去拍卖场了。

书架下大概有近十个大抽屉,我一一打开搜寻,当然,《游仙窟钞》仍然未见,但却搜到了一本同样于中土失传却存于东瀛的典籍《韵镜》。

《韵镜》是等韵之学最重要的典籍,但此书却如同前言之《游仙窟》一样失传于中土,在日本繁衍生息,且对日本文化产生了很大的影响,其影响范围不仅在于语音层面,甚至成为日本人取名的理论指引(参见于冬梅、李无未《〈韵镜〉与近代日本人姓名的命运预测》一文)。直到杨守敬发现此书,与黎庶昌一起刻入《古逸丛书》,此书才算重回禹域。

《古逸丛书》所刻为永禄七年(1564)本,我买到的是元禄九年(1696)刊刻的《校正韵镜》,虽然晚了一百余年,但其校正却自有价值。永禄本之前的享禄本便已不可靠,看一下清原宣贤的跋文就

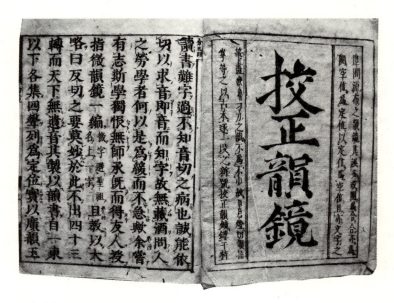

元禄九年川胜五郎右卫门刊《校正韵镜》

可知:"《韵镜》之书,行于本邦,久而未有刊者,故转写之讹,'乌'而'焉','焉'而'马',览者多困,彼此不一。泉南宗仲论师偶订诸本善不善者,且从且改,因命镂板,期其归一。"而永禄本又说"顷间求得宋庆元丁巳张氏所刊之的本,而重校正焉",可以想象,此本内容实已数次"'乌'而'焉','焉'而'马'"了。杨守敬在将此刻入《古逸丛书》时仍然指出了其"校改传刻之误":"唯内转第一本,撮口、合口之音而云'开'。第二不撮口音而云'合开'(原文为'开合')。""又第十一转当云'合'而云'开'。第十二当云'合'而云'开合'。"(《日本访书志》卷四)此《校正韵镜》扉页云:"世间流布之《韵镜》,其误多,或'开'为'合','合'亦为'开',空位为定位,以定位为空位,且亦文字之笔画,鱼鲁、刁刀之误不为不少,故《日月灯》《切韵指掌》之以古本逐一改之,新号《校正韵镜》,镂于梓。"语言虽尚不流畅,但刊者确实下了功夫,像杨守敬所举的错误在此本中皆得到改正。李新魁先生《韵镜校证》一书多用《七音略》《切韵》等来校证此书,但未能看到此本,所以其书不少校记实与此书暗合,由此可知此本之价值。

当然,国内学者之所以未能利用此书来校勘,主要原因是此书存世甚少,据王宝平先生主编《中国馆藏和刻本汉籍目录》可知,国内并无此本,而据日本全国汉籍普查检索,日本收藏似乎也并不多。

另外,此书之版式也值得一提,其版心竟然是很少见的三鱼尾——古籍刊刻中如果忽略不同时代的风格统而论之的话,则大部分版心均为单鱼尾,也有不少双鱼尾,亦有少量无鱼尾者,三鱼尾以上的书虽然在一些讲版本的书中会提到有此一式(肖振棠、丁瑜《中国古籍装订修补技术》一书便只举了明初《春秋书法钩玄》一书为三鱼尾的例证,此后潘美娣的《古籍修复与装帧》也袭用此例),但实际上却非常罕见。

　　买到此书后，我便对《韵镜》格外留意，后来，在新村堂书店又买到了一本，两年之中得到了两本，看来颇有缘分。不过，这次买到的较前一本更有意义，其书的原藏者对此书做了大量工作，比如在全书中用红笔增加了一些韵字，还与永禄本进行了一些初步的校对，而且对全书前的数篇序言均进行了注疏的工作，先以红笔写要注之词，然后以墨笔写注语，甚为详尽。另外，藏者自己也有一些校改意见，比如"内转第八开"中，"以"字本一列于第三等，藏者用红笔将其勾入第四等，李新魁先生《韵镜校证》一书亦认为此字当为第四等。

　　最后说一下这家书店名字的来历。"藤井"最简单，如许许多多的日本公司一样，是老板的姓氏，而"文政"则是其创立的时间，日本的文政年间，即 1818—1829 年，相当于中国的清代嘉庆之末！一家冷清的旧书店，能以家族企业的形式维持二百年而不辍（这样的店在京都还有不少），对此，我们应该表示敬意。

六 吉村大观堂
―― 东坡小品

地僻只缘心自远,青鸦时过助寒氛。
陌头为染家园色,赖有东坡一溪云。

吉村大观堂也在寺町通,不过比藤井文政堂离繁华的中心地段更近些罢了。前边提到过京都古书研究会印行的那份"京都古书店绘图",其实,这张图我先是在网上看到,但网上故意拍得很不清晰,只说每家古书店均有售,可我去了许多家都没看到,第一次看到便是在吉村大观堂。不过,那次来吉村大观堂的时候,并没有发现他们家有古籍。后来,从藤井文政堂网上看到《游仙窟钞》图片后,我便时不时看看其他书店有没有类似的照片,搜来搜去,发现吉村大观堂原来是有古籍的,虽然为数很少,但也值得一去。

后来又在他们的网站上看到了图书目录,仔细翻了很久,头昏脑涨,终于发现了一套想买的书,谢肇淛的《五杂组》。于是便兴冲冲地来访了。

但到书店后才发现,这家书店真正的线装书很少,大都是大正、昭和时期一些奇怪的出版物(当然,那些肯定是有价值的,只是我不懂罢了)。找了半天,摸不着头绪,只好把书名写给店主看,店主也一头雾水,估计那张书目是他们书店很久以前传上去的。

看来《五杂组》是没了,只好再找找别的,还好,在其结账的柜台上发现了几册线装书,拿来一看,有个别还不错的,本着"贼不空回"的惯例,买下作为代表。此后还来过几次,但也只是零星地翻出几册古籍来,意思也不大。

其一是一套《孔子家语》,五册,宽保元年(1741)风月堂刊行,底本为王肃注本,还有冈白驹补注(此人在前面论《蒙求》一书时已提到过)。《家语》一书,于东瀛颇受欢迎,江户以来之翻刻本无虑数十种,且有多种补注本行世,其中声名最著者有二:一为太宰纯增注本,一为冈白驹补注本,均颇常见。

第二套是我非常喜欢的收获,《苏长公小品》四册,弘化三年(1846)青木嵩山堂本。

明清以来,小品大为流行,尤其是晚明和现代文学史上一些作家的小品脍炙人口,也起到了推波助澜的作用。我就很喜欢读明末的

弘化三年青木嵩山堂刊《苏长公小品》

小品文。不过，此类文体虽然从晚唐便有了，但有学者指出，最早将此词移植到文学中的便是万历三十九年（1611）王纳谏编刊的《苏长公小品》，此后学界才将此类作品依例称为"小品"，可知此书于中国散文史亦有其价值，更何况其作者是千古风流的苏东坡！此书编者王纳谏，学界所知甚少。刘尚荣先生《苏轼著作版本论丛》云："圣俞字纳谏，号观涛，江都人，晚明学者。"《中国古籍总目》亦录为"王圣俞"，实误。按明张弘道《明三元考》卷一四云："王纳谏，江都人，字圣俞，号观涛，治易，丁未进士，授行人。"万斯同《明史》卷一三七又云："万历丁未进士，吏部员外郎。"据此则知，王纳谏字圣俞，号观涛，江都（今属江苏扬州）人，明万历三十五年（1607）进士，官至吏部员外郎。

此书明代有过数刻，最早的万历三十九年心远轩刻本为二卷，其后吴兴凌启康则将此书重编为四卷，并以朱、墨两色套印出版，红色为评点，此本已被收入第一及第二批《国家珍贵古籍名录》；清代则仅有康熙三十三年（1694）吴兴闵氏刻本，其本当依套印本刊刻，却删去了眉评。此书国内公藏并不算少，但近些年套印本走红，此书的套印本在拍卖场很受欢迎：2007年，中安太平拍出六万元高价，2011年，北京泰和嘉成又拍出近四十五万元的天价。

此和刻本正是凌氏套印本的覆刻本，当然，其版面做了一些改动，将版面分为上下两栏，将原本的朱色眉批置于上栏，改用墨色印刷，正文在下栏。其本刻工精细，字迹娟秀，十分悦目。尤需提及者，由于国内自康熙本后便再未刊印，所以，这个和刻本成了《苏长公小品》一书近三百年来仅有的刻本，亦可宝贵。

此外还有一些零本，其中值得一提的有安政六年（1859）刊行的《陈龙川文钞》。数百年来，日人并未注意陈亮，江户后期，日本出版界突然重视起这位"推倒一世之智勇,开拓万古之心胸"的"人中之龙"来:天保四年出版了"史朝富编、徐鉴校"的《龙川先生酌古论》二卷,其实,国内并无此书,史朝富与徐鉴是《龙川先生文集》嘉靖本的编刊者,并未将《酌古论》单行,所以,这个单行本是日本出版者从嘉靖本文集中择出刊行的;嘉永三年(1850)如不及斋出版了由藤森大雅编校的《龙川文集》十五卷,过后又出版了修补本十六卷甚至三十卷。如果这两部书的出版还算是偶然的话,那此后便显得过于密集了:安政六年芥隐书屋便出版了由芥隐居士编、大桥正顺校正的《陈龙川文钞》四卷四册,其卷一是以《上孝宗书》等为主的"书简",卷二为"中兴论",卷三、卷四即《酌古论》(我所买到的便是此本),选文有非常明确的倾向;到了次年,也就是万延元年(1860),又出版了六卷本的《龙川先生集要》,篇幅虽较前为巨,但仍以前及之三部分为主要内容;仅过三年,文久三年(1863)便又出版了藤森大雅编校的《陈龙川文钞》三卷,选文与前四卷本同。看看编者自己的话就知道原因了,藤森氏在序文一开始便说:"夫制虏御患之道,有不得不然之势,又有不得不然之务。苟能因其势、尽其务,则戎虏虽强,国力虽微,无有不可为者。故自古豪杰之士,必为明不得不然之势,穷不得不然之务。宋陈同甫者,豪杰之士也,读其《上孝宗书》及《中兴论》诸篇,于制虏御患之道能烛乎事机之会,审乎应变之要。"事实上,正如我们所知道的,日本在嘉永六年(1853)受到美国坚船利炮的入侵,并于次年被迫开国,一时间陆沉之虞,迫在眉睫,而豪杰之士,亦思奋发有为,以期救亡图存,此书之风靡,其因在此。只是令人感慨的是,其所师法的陈亮其实并未能挽救南宋小朝廷,甚至整个日本所师法的中国亦未能避免西方殖民的惨痛——但,日本,做到了。

七 三密堂
——津阪东阳的稿本

曾闻开卷有金玉，读罢无非刀与铅。
幸得前修遗墨在，南窗吟卧品潺湲。

吉村大观堂向北一点便是三密堂。这个名字听起来有些佛教气息，进去随喜，果然名副其实，打眼一看就知道主营的是佛教书籍。不过，与完全的佛教书店其中堂之类不同，这家书店除主营外也兼营其他杂书，而这杂书中便有一些线装古籍。

以前看《中国古籍善本书目》时，对其善本标准小有疑惑，其善本首以时代论，这自然亦无不可，以便操作故也；但却似乎过于重视稿抄本和批校本，其实有一些所谓批校本只不过做做样子罢了，甚至一些抄本也无大意义——陈乃乾先生在《上海书林梦忆录》里便指责缪荃孙氏"钞本不论新旧皆为善本"之主张，并举例说有"宁波沈某家中雇用钞胥十余人，取《粤雅堂》《知不足斋》等普通易得之丛书，悉用佳纸工楷传钞，每册衬纸精装，册首钤藏印数方，已钞成数十箱"，由此亦可知这种标准的简单粗暴。不过，若无奸商有意雇人"钞成数十箱"的话，那么抄本之可贵倒也在情理之中，无论如何，相对于刻本而言，抄本为纯手工制作，数量自然更为稀少。从这个角度看我在三密堂的收获倒很有趣，这家书店我也去了很多次，每次都有一两本收获，将这些收获合起来看会发现，里面有些价值的竟然都是稿抄本。

先说一个价值不高但却十分有趣的抄本，此书虽然是在三密堂买到的，却并非在其本店，而是在前边提到过的 2012 年夏季书市上，从时间上看，买到这本书比尚学堂那些书要早，只是这是一个时间相当晚的抄本，我一向没认真把它当作古籍罢了。书是《孟子》，为朱熹《四书集注》本，十四卷，两厚册，每卷后均标有抄写时间，大致从昭和五年的八月八日开始，到本年十二月二十三日抄完，开本阔大，装帧亦甚豪华，封面用金黄色绸布包裹，正文用纸为特制的稿纸，有蓝色栏线，半叶十行十五字，小字双行二十一字。抄本非常工整，一笔不苟，偶有抄误之处，则必剪切贴改。稍觉遗憾的是抄本的书法平平——日本的汉籍抄本一般来说书法都不好，其实，就是一些儒学名家，在给别人的书写序时也要请人代笔，这与中国古代相差甚大（古代文人中也有书法不好的，但非常少），而与当代颇近似。现在人类的知识越来越细化，学问也越来越专门，但每个人的时间总是有限的，所以努力读书的人便无暇练字，而以书法为业的人则又苦于不读书——并不否认有两者兼优的人，但那毕竟是证成公例的例外。

不过，我接下来要说的一本书法却很有功力，那是一册稿本，若以《中国古籍善本书目》的原则，自为善本无疑。书为小本，一厚册，计一百一十五叶，封面无题签，据序及卷首题名，当为《历代绝句类选》，选编者为津阪孝绰（1758—1825），其人本姓山田，名孝绰，字君裕，后改姓津阪，号东阳，为江户时期著名儒者，著述甚多，如为国人所熟知的有诗话数种，其中《夜航诗话》为日本汉文诗话之代表性作品；另有经学研究著作《孝经发挥》，有选译中国的笑话集《译准笑话》，还有仿照南宋桂万荣《棠阴比事》体例，自汉籍中辑录汉魏以来剖析疑狱之事的《听讼汇案》；此外还有《杜律详解》《唐诗正声笺注》等。不过，其著述在日本最为流行的却是《绝句类选》。其书约有两个版本，一为文政十一年（1828）伊势津阪氏稽古精舍刊本，这当然是津阪东阳自己的家刻本，其时编者已去世三年，由其子负责校刻；另有文久二年（1862）抱朴轩藏板的斋藤正谦（即前文提及著《拙堂文话》者）加评本。除此之外，尚有多种明治年间的后印本。这

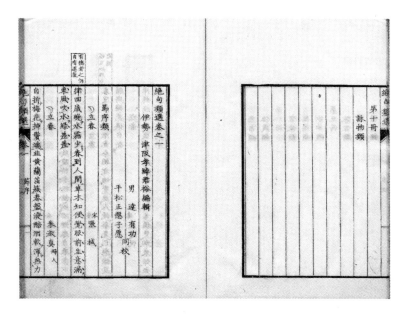

文政十一年津阪氏稽古精舍刊本《绝句类选》

些版本均为二十一卷（前者为十册，后者二册），每卷一类，共收诗三千首，全为七言绝句。

我所购得者当为津阪东阳的稿本，序末署云"天明六年丙午八月之吉东阳居士津阪孝绰题于京城铜驼坊稽古精舍"，知此为天明六年（1786）所定，原稿分为八卷，每二卷一册，惜仅存第一册。每半叶九行，行十六字，书前有编者长序、例言七条及初学诗诀六则。正文有繁复的红笔记号。将此稿本与我后来买到的刻本对比，发现有很大的不同。

一、编者的序言不同。刊本序言后署为"文政七年"，即1824年，为作者去世前一年所定，约有二百字，而稿本序言则写于三十八年之前，近六百字，几乎为刊本的三倍了。仔细对勘，可以发现，刊本序

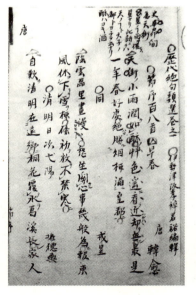

津阪东阳《历代绝句类选》稿本

言完全是稿本序言的简缩版，可能是为了节省篇幅吧。

二、例言亦有简缩。稿本例言有七条，刊本减为五条，而且字数上也大幅减少，稿本七条共近千字，而刊本则只剩下四百余字了。

三、稿本所附六则"初学诗诀"共一千七百余字，刊本完全删去。

四、分类小有差异。稿本二十类，刊本增加了"农桑类"，另将稿本的"寺观类"改为"仙释类"，将"乐府类"改为"歌曲类"，当然，这两处改动是对的，因为"寺观"与"乐府"太过于具体，对选诗不利。另外，刊本还调整了各类的次序，但却并非必要，因为纯粹是为了协调各册篇幅，比如原稿卷一为"节序""闲适"二类，由于这两类诗作均较多，故刊本将"闲适类"移到第二册，并将原卷二的"宴会类"和卷六的"禁省类"补入，因为这两类选诗数量均不多，恰足一册。但这一移动却产生了不协调的地方，就是将"节序、宴会、禁省"并置一册有些不伦不类，其实，"禁省类"原在卷六与"宫掖类""闺阁类"并置。

五、正文中诗歌的排序规则发生了很大变化。从原稿看，编者原意其书名应为"历代绝句类选"，而后来的刊本则均删去了"历代"二字，这个删节其实正是诗歌排序变化的体现。因为原本每类之中是以朝代为序的，正文中在每个朝代开始的那一页将页面左上角涂朱以便查检；而刊本则在每类之内仍以类相从，比如"节序类"中，便以春、夏、秋、冬为序录诗，于是便诗作杂陈，从诗选而滑向了类书。

因此，这册早于刻本四十余年的作者原稿本是研究津阪孝绰编辑《绝句类选》历程的珍贵资料。

在国内，想淘到稿抄本几乎是不可能的，但在日本却还可以遇到类似于《历代绝句类选》这样的稿本，也不能不说是件奇事。

八 艺林庄
——最早的《女四书》

一自班昭定大伦,千秋巾帼总沉泯。
而今百炼指犹绕,可有男书塑劲筠。

艺林庄也是无意中发现的。有一次去寺町通,在尚学堂挑书时间太长了,后来结账出门才发现,天已经黑了,便赶快回家。就在我心急火燎往家赶时,半路上却又看到了几家书店,自然忍不住,又停下来去看,其中有收获的便是这家了。

其实刚开始对要不要进艺林庄是有些犹豫的,因为据我的经验,这又当是一个某类图书的专营店,这种专营店书不多,价格却奇贵。后来想,既来之,则安之,参观一下也无妨。于是便进去了。大致一看,果然是专营佛学与艺术书的,再加上店主可能喜欢抽烟,所以屋里非常呛,让我这个对烟味极敏感的人很不舒服。最重要的是,店里的书大部分都放在玻璃橱柜中,有点类似北京琉璃厂现在的情形,每种古籍都被供奉着，轻易不许翻看，让人心惊胆战。看到这个情形，我已经想要走了，但刚进来就走又有些不好意思，就随便看看吧。没想到，在橱柜内侧的书架上还是看到了普通的古籍，而且，价格上看有的畸高，有的却也正常。仔细挑了一遍，得到了几套书，其中比较有趣的是嘉永七年（1854）孝友堂刊行的《女四书》四册，校正者是日人西坂衷（1805—1876），孝友堂是他的家塾。

中国对女子的训诫从班昭《女诫》开始便未停过，历史上也产生过不少同类的著作。朱熹编写《四书》为男子之教科书，五百年后，人们开始考虑把此类书合并成为《女四书》，当然，选定哪四部却颇有出入。最早的可能是明末万历年间刊行的小类书《绿窗女史》，当然，此书没有明确提出"女四书"的说法，只是其第一卷有意识地把《女

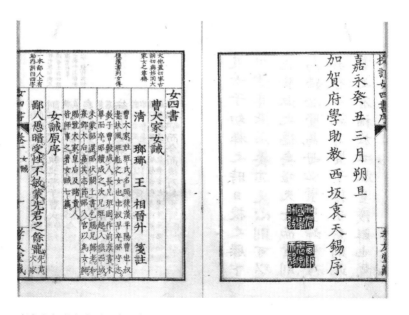

嘉永七年孝友堂刊《女四书》

论语》《女孝经》《女诫》《女范》放在一起罢了。

首次提出"女四书"的究竟是哪部书呢?在我看来答案可能会很有戏剧性。

现在广为人知的《女四书》是由王相编辑并加注的,但此书的成书时间却难以确定。有不少学者说在明代的天启四年(1624)多文堂即出版了王相《女四书》,但实际上却未必如此,因为多方查找,未见过此天启四年本的实物,杜信孚先生《明代版刻综录》中亦未收录过。另外,网上有人出售所谓的"明奎壁斋本"《女四书》,其实也是误判,以为奎壁斋是明代书坊,此书为其所刊,则当为明刊本,其实大谬。奎壁斋建自万历年间,但一直到乾隆时期仍很活跃,所以只看到出自奎壁斋并不能定其为明本——其实,奎壁斋本国图即藏一部,但却标为清刊。

徐有富先生在《关于〈千家诗〉的编者》一文中即已指出,《四库全书总目》中《尺牍嘤鸣集》的提要说"国朝王相编。相字晋升,临川(今江西抚州市)人。是书成于康熙己丑(1709)"。所以王相肯定是清初人,有了这个时间做参照便可知道王相绝不可能在编《尺牍嘤鸣集》前八十五年时编注《女四书》出版。这样看来,王相编《女四书》最有可能是在康熙年间。若真如此,那首次将四种此类书辑在一起并命名为"女四书"的人便应该是日本人辻原元甫(1622—?),因为日本在明历二年(1656)出版了一套日文本的《女四书》,其末题云:"《女孝经》《女论语》《内训》《女诫》之四书者,闺门万世之龟鉴也。故谚解梓行,而遍布宇内云尔。时明历二年丙申年季春穀旦。"这个时间当早于王相,其中亦未收王相之母所作《女范》,而是用了《女孝经》。后来王相再编《女四书》,自然不知远在东瀛已有人早着先鞭之事。所以,可以说,这是中日两国学者不约而同编成的书,编辑方法相同，取名相同，甚至选目也有四分之三重合，不能不说是一件极巧合的事。当然，王相未选《女孝经》而选了其母所作《女范》，自然也有发明先人遗德之意吧。

不过，辻原元甫的《女四书》是日文的，而我买到的《女四书》则为覆刻王相注本，与前者并非一书，相反，其校刊者西坂衷对前书甚为不满，他在书前有序言一篇云：

> 方今奎运隆盛，教化日明，惟于闺教或有阙焉。曩某氏纂《女孝经》《女论语》《内训》《女诫》刻之，题曰"女四书"，盖似有见于斯者矣，然其书欲便于妇女之观览，悉删原文，以国字译大旨，阙略过半，为不如此则妇女不易读也。殊不知以其易读故不生敬畏尊奉之心，反嫚弄之，与稗官野乘不异，适见其无益也已。

从这一段可以知道两点：一是辻原元甫所编为译成日文的，西坂衷对此甚为不满；二是从"曩某氏纂《女孝经》《女论语》《内训》《女诫》刻之，题曰'女四书'"亦可知此书确为辻原氏自编，而非以唐本为底本者。

对于自己的书，他也提到了来历：

> 余于闺教窃有志焉，是以欲搜原书之注释说明者刻之，需诸四方而未之得也。间偶得清本《女四书》，阅之，康熙年间瑯琊王晋升纂《女诫》《女论语》《内训》《女范》为之笺注，较之国字《女四书》，岂惟撰次之精当，其笺注亦能阐发义理，大有益于闺教。

由此可知王相《女四书》果为康熙间成书者，西坂衷当时应该是看到了康熙时所刊原本,其之所以称王相书成于"康熙年间",自然来自于书之序跋,这当然是可信的证据。我没有看到现存的奎壁斋本,只见到了书影,其前题为"琅琊王相晋升笺注,莆阳郑汉濯之校梓",据查,现存王相《千家诗笺注》有多种版本亦有同样的题署,则知奎壁斋本或即原刻本,且与王相《千家诗笺注》大致同时。此和刻本行款全同奎壁斋本,则为忠实地覆刻自原本者。而国内自奎壁斋本之后,最早的刊刻本是光绪三年(1877)的苏州崇德书院本,则比和刻本要晚二十余年。

此外,还看到了一些书,从书名看都是我梦寐以求的,比如《文选》《杜诗》《西游记》《封神演义》《东汉演义》《西汉演义》等,而且是真正的唐本,但我却实在提不起兴趣,原因在于这些全是光绪至民国间的石印本,纸也以竹纸甚至机制纸为主,这种书在国内很多,价格也很低,少有人要。这家书店却摆了不少,而且店主可能觉得这些看上去烂糟糟的东西很值钱,所以都标出了很高的价格,一本在国内百十元便可买到的书,在这里会标出上十万日元的价格。我看后很是犹豫,本来觉得应该向店主说明情况,省得既高价收购浪费金钱又没人要积压资金,但一来语言不通,二来瓜田李下正当避嫌,去说此事,或并不妥当,只索罢了。以后还去过这家店几次,别的书似乎都有变动,就是那些石印本,还稳如磐石地守在那里。

九 今村书店
——大典显常和木邨嘉平

佚典归来总成空，文章无计乘东风。
只今携得兔园册，聊赋西天一抹红。

今村书店并不在寺町通，但与寺町通相隔也仅几十米，在河原町上，所以也很容易找到。以前说谷书店的"书架之间仅容一个瘦削如我的人通过"，而这个书店连我也几乎无法通过，不小心便会把两边书架上的书碰下来。书虽多，但我想要的却并不多，去的时候几乎把店里所有的线装书都翻个遍，收获却并不大。

一是大典禅师编辑的《唐诗解颐》。编者大典禅师即大典显常（1719—1801），为江户中期著名禅僧，其人工于诗文，著述甚多，如《茶经详说》《世说钞撮》等（我后来买到了他的《世说钞撮》，注解《世说新语》颇多创见），据云有七十余部之多。而他一生最值得我们纪念的事恰与日本汉籍之回传中国有关，据王宝平先生《和刻本汉籍

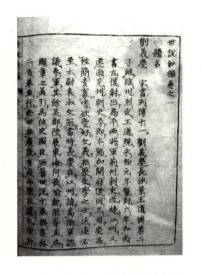

宝历十三年（1763）风月庄左卫门刊《世说钞撮》

初探》一文载，大典禅师在任京都相国寺住持时，于宽政五年（1793）向京都当局上书，计划向中国赠送经典七百余册，虽然他所列书目主要是佛经，但这一想法仍然表现出中日千年来典籍交往中非常独特的现象，即千年以来，日本以输入汉籍为主，但因为各种原因，也保存了不少佚籍，这些佚籍重回中土也产生了很大反响——事实上，从杨守敬开始的东瀛访书活动无不是在这样的背景下进行的，笔者所访虽有限，但亦以此为目的。

大典禅师在上书中说："古昔吴越钱氏，求致智者教疏于日本，凡数百卷……尔来九百有余岁，存于我者至今不失，而逸于彼者历世弥多。""常等于是戮力同志，考检诸部凡数百卷，凭海舶寄赠，冀纳之名蓝，以供硕匠观览，岂不刮目乎？其或摸而板之，或复购致于我，则千载不朽，永共法宝。"然而，可惜的是，这一对中日两利的计划并未得到京都当局的任何回应，四年后，他再次呈文催促，仍然石沉大海，再过四年，大典禅师便与世长辞了。

我买到的《唐诗解颐》只有第一册，看上去品相很好，但却前无扉页，后无版权页，所以不能确定是何时所印。字迹颇有漶漫处，且感觉经过了重装。仔细翻阅又发现一些奇怪的特点，即全书用纸并不相同，而且间插错出，并无规律，约有一半为轻薄柔软的皮纸，但另有一半却相当厚实，甚至最后一叶类似于国内的竹纸。此外，全书字迹漶漫,但有些页码却清晰异常,似是有人用笔描过。一年后,我在谷书店又买到了此书的第二册,才知道,其原为汇文堂书店印行,末有"京都市寺町通丸太町南 汇文堂书店"的标记,但据其地理名词的使用,应该不会是宽政十二年(1800)的原刊本,当是后来汇文堂书店用此原板重刷者。另外,需要说明的是,此书实即以日本最为流行的《唐诗选》为蓝本再加注解的。

二是日人市河米庵所辑《墨场必携》六册,天保九年(1838)千钟房、青藜阁刊行。此书编者市河米庵(1779—1858),名三亥,字孔阳,号金洞山人,据云其游长崎时遇到清朝医生胡兆新,得习书法,专习米芾之字,因而改号米庵、颠道人,后名声大振,为日本书法界幕末三笔之一(另二人一为前文提及的贯名苞,一为卷菱湖),有弟子五千之众。当然,他的父亲可能在中国名气更大一些,就是最早对《全唐诗》进行补辑并撰《全唐诗逸》的市河宽斋。

这部书共六卷,卷一收铭、箴、歌、家训,卷二收序、诗、记、赋、志、论、说、书、语等。后四卷体例与前不同,卷三、卷四以春、夏、秋、冬为类,卷五、卷六则以鉴诫、闲适为类,各列二字至十四字清词丽句,并注出原作者。书前有林柽宇(1793—1847,为日本朱子学巨擘林罗山后裔)、佐藤一斋(1772—1859)二序,后

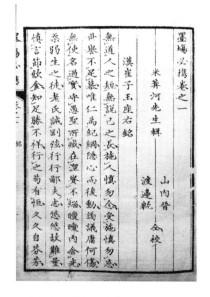

天保九年千钟房、青藜阁刊《墨场必携》

者说:"河君孔阳,书名噪海内,一时贵显封侯,争聘竞迎,日不暇给……但绢帋累数百,挥洒不休,故卒迫之际,语或雷同,又不能悉谙……乃者,孔阳自纂古人成语为□局以代腹笥,名曰《墨场必携》,以待索者之需。"可知其书不过是兔园册一类读物,以助腹笥,便于书家随时挥毫也。日本文化与中国关系复杂,一方面他们对中国文献并不熟悉,另一方面在特殊场合却常常需要题写汉语的清词丽句,所以此书之出,亦理之必然,甚至直到今天,此书仍反复再版,颇为畅销。不过,这样的书对中国人其实也很适用。古之文人自然不屑,但附庸风雅的人还是不少,《平山冷燕》中记录一个所谓的"才女",别人请她题诗,她只写了个"云淡风轻近午天"就不写了——当然读者可能还会觉得能写出这样一句并不在《唐诗三百首》中的句子还是不简单的,其实并非如此,古时最流行的诗歌读本是《千家诗》,这是此书第一句,就好像当代一些书法爱好者甚至书法家濡笔铺纸,作踌躇满志之状,然若无成稿在前,则下笔便是"春眠不觉晓""白日依山尽",如此看来,在书家渐成专业而与文史疏离之后,此书已成为书家帐中不可或缺之秘籍宝典了。

不过,我于书法一途向甚钦慕而无余力修行,购此书亦不为此,而是另有原因。那就是,此书为日本著名的雕版大师木邨嘉平所刻。提起木邨嘉平或许很多人并不了解,但提到黎庶昌、杨守敬的《古逸丛书》大家应该都很熟悉,那套书便是黎、杨二人请木邨嘉平来刊刻的。

当然,木邨嘉平并非一个人,据日人石田肇《〈古逸丛书〉的刊刻及刻工木邨嘉平史略》一文载,这是五代刻工通用的名字。一代嘉平从天明六年开始从事刻书事业,五代卒于昭和年间,历时一个半世纪。其鼎盛之时为三代及四代。四代即刻《古逸丛书》者。其人与黎、杨之间颇多逸事。如杨初去嘉平家时，有十几人正在工作，主人三代嘉平说这些人中有一位领袖，请杨从所刻版片来判断。杨氏细察版片后就指出了四代嘉平，众刻工也都起立鼓掌。又有人说杨守敬曾以五元之资让木邨嘉平试刻数字，效果颇佳，杨氏要付钱，而嘉平却因受到赞赏而欢欣，拒绝不受，令杨氏大为赞叹，认为他有中国士大夫的品性。是则木邨嘉平以杨守敬为知己，后来也果然应了"士为知己者死"的话——他全力雕刻《古逸丛书》，竟于明治十六年（1883）积劳而逝（当然，关于他的死因也有不同说法，有人推测他是因刻贺知章草书《孝经》而亡，但无论如何，他死于刊刻《古逸丛书》之时则为客观事实），年仅二十九岁。据其后人说，在他的葬礼上还出现了中国式的哭丧之仪，想来当是杨守敬特意安排以酬知己的吧。

木邨嘉平刻书之精广受称赞，在《邻苏老人年谱》中杨守敬曾说："日本刻书手争自琢磨，不肯草率，尤以木邨嘉平为最精，每一字有修改补刻至数次者。《穀梁传》一部，尤无一笔异形。传至苏州，潘尚书伯寅（祖荫）、李廉访梅生（鸿裔）见之，惊叹欲绝，谓宋以来所未有，国朝诸家仿刻不足言也。"连潘祖荫这样的藏书、刻书大家（潘氏所刻《滂喜斋丛书》为晚清名刻）都惊叹不已，便可见一斑。而且，这里的"国朝诸家仿刻不足言"或非泛泛之语，实有所指——民国三年（1914）杨守敬给罗振玉的信中说："乱后工价奇昂，不止三倍往昔。陶子林亦顾攫钱，纯无感情。故所刊后半部，朱、墨不能合套，而刻字之恶劣，尤其小焉者。"（参《杨守敬题跋书信遗稿》）陶子林（麟）为当时国内最著名的刻书大师，杨守敬却认为他技艺不好，品性则更不必言，两相比较，令人叹惋。

木邨家族后人木邨嘉次撰有《雕板师木邨嘉平的刻本》一书，所列书目中便有此书，以年代计当出于二代木邨嘉平之手。其书之刊刻为手写上板者，果然笔意端严，点画清雅，不愧出于名手。收藏此书，也算向这个家族致意吧。

另外，此书六册的封面及首页均有"北垣国道之章"印，则此书原主人为北垣国道（1836—1916），此人为日本近代著名政治人物，曾于明治十四年（1881）至二十五年（1892）任京都知事，并在任期中多有政绩，其尤要者，为主持琵琶湖疏水工程一事，至今为京都人所怀念，现在京都市左京区圣护院还竖立着他的铜像。

一〇 紫阳书院（二）
——诗中『别裁』

次第千红淑气催，春归无处觅花开。

不知此去豪华尽，试看悠悠几别裁。

终于等到向往已久的京都秋季古本祭了。

这次书市在京都大学旁边的百万遍知恩寺。知恩寺为日本净土宗大本山，在14世纪一次大瘟疫中，该寺第八代住持念佛百万遍，瘟疫遂止，故人称此处为百万遍。百万遍其实与王国维还有点关系，辛亥革命之后，王国维避地日本，据吉川幸次郎在《我的留学记》中说，当时就住在百万遍，后来由于电车道路扩建，遗址已不存。再后来剑桥大学的霍克斯（不知道这里说的是否是翻译《红楼梦》的那个牛津大学霍克斯）来京都，曾经问起王国维当年所住的遗址，吉川幸次郎则因这样的文化遗迹无存而感到非常惭愧——从这一点也可看出日本人对文化遗迹的敬意，而我们的很多地方早已将无数遗迹抹去，抹得心安理得，毫无愧色。

或许因为与京都大学最近吧，每年春、夏、秋三个书市中，这一个似乎是质量最好的，各个书店也肯拿出真东西来。尤其是那个既藏书也售书、"访鹭原来同一痴"的紫阳书院，因为有不少好书，但就是舍不得拿出来卖，夏季书市时一本古籍也没有，但按以往的惯例秋季会有。而且到书市上的紫阳书院里访书倒远胜去他的店里，因为在店里有的书或者不让看，或者看到后他们也不卖；但若拿到书市上来，那自然都是要出售的了。

开幕那天，我早早就到了。因为太早了，到的时候书市还没有开幕。虽然读者已经来了不少，书店也都准备好了，但不到九点，书店全都不揭开布障。我先确定了紫阳书院的摊位，在最里面，书架不少，然后在他家门口守株待兔。九点了，绝大部分书店都准时开幕迎客，读者们也都鱼贯而入，书市正式开始，但紫阳书院仍无动静，我本想去别的书店转转，怕那些书店有好书被人捷足先登，但又怕一走这里却开始了，岂不失计。想到今天的目标——就是上次去紫阳书院要找的《唐诗别裁集》，还是决定一动不如一静。

终于开了，我立刻冲到最顶头放线装书的架前，虽然十分希望能看到《唐诗别裁集》，但我自己也知道那已不可能，所以去看的时候已经做好了失望的准备，但万万没想到，那套书仍静静地摆在那里——看来还是有书缘的！2011年秋季书市便有人看到此书，但它一直留到现在，是在等我到来吧？先抓住此书，再看其他。刚开始，太激动了，看了一会儿都不知道看到的是什么。其实书还真不少，但价格都相当高，我囊中亦颇窘迫，所以斟酌良久，最后选定了几种。

《唐诗别裁集》为乾隆二十八年（1763）沈德潜教忠堂原刊本，二十卷，八册，竹纸，写刻上版，字体温润秀雅，版式疏朗有致，为

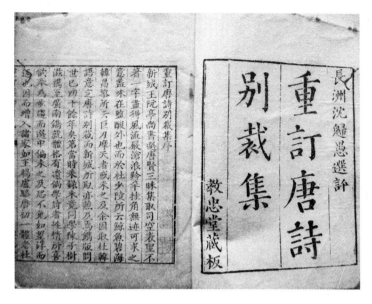

乾隆二十八年教忠堂刊《唐诗别裁集》

清代之名刻。至于内容则为人所熟知，不用多言。另外，此书编者沈德潜因受徐述夔案的牵连（当然，更可能是他自己因《国朝诗别裁集》列钱谦益为首使乾隆不悦，又在自己的著作中透露为皇帝代笔之事，招乾隆之忌），被乾隆皇帝大加惩处，其著作亦多被禁，故此书流传于世者并不多见。《中国古籍总目》仅录国图与上图有藏，或未录全，但国内收藏甚少却也是事实（据我不完全的检索，浙江大学、四川大学亦有藏本）；相对来说，日本收藏此书更多，公藏约有二十余家。

结账时还发生了个小插曲。当时，只有紫阳书院的结账台前排起了队。到我的时候，那位女店员把书拿去，一本一本抽出价签来算总价，算完拿了计算器让我看，我一看吓一跳，原来比我此前心算的少了很多，我有些纳闷，可能是我看价格时把数字看错了——此前就发生过类似问题,因为在国内习惯了人民币,在这里日元币值低,所以数字总是很大,如果稍不注意就可能会多数一位或少数一位。这次看到店员给出的数目,心里美滋滋的。正要交钱的时候,忽然又听排在我后边的一个女孩对那个店员说了句什么,那个店员忙又拿回计算器重算——原来是她算错了,这倒真是少见,因为据我的印象,日本人极其认真,很少会出现这样的疏误。

　　从紫阳书院出来时我已经一贫如洗了,所以别的店也不敢看,连忙回家。但回家摩挲这些收获时却发现了一个问题。我买了一本崇文书局的《论衡》,因为看上去品相很好。但没想到其中间二册内竟有杯口大的霉斑,贯穿前后两册。这一发现让我大为震惊,心里甚不满于书商之无良,因为这个霉斑恰在书的正中间,一般人确实不会注意到。不过,当我看到被我扔在一边的标签时才发现,其标签上写着一行日文,似乎与此有关,忙借助词典查了半天才知道,人家标签上标得很清楚,说中有二册有损伤云云,哪里知道我看不懂日文呢。我思来想去,觉得还是应该去说明一下,争取自己的权利。于是便先用词典查好了,把理由写在一张纸上,第二天一大早又去了一趟。

　　到紫阳书院后,却没有见到昨天经手的人,只看到那个老板在转来转去,因为昨天老板不在,并不知道我买了这书,怕跟他说不清楚,便想等上次的人来了再换,可是等了好久也不见踪影,或许老板与她换休了?实在没办法,只好去向老板说。把那张纸条拿给他看,没想到老板二话不说,立刻收下书并退了书款。让我既感动又惭愧,于是我想,退的钱也别拿走了,就在他们家再买书吧。便又去线装书那边细看。

　　最终又挑了三四种书,并且,竟然找到了一套和刻本的《宋诗别裁集》。赶快买下,算是与前所购之《唐诗别裁集》配套。书为小开本，九卷四册，东京金鳞堂藏板，刊行于明治十三年（1880）。值得注意的是，此书的用纸比较有特色，并非常见的日本皮纸，而是类似于中国竹纸的样子，稍带米黄色，倒也古意盎然。

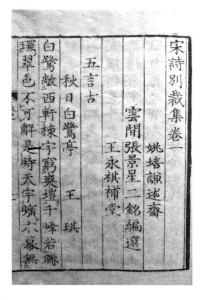

明治十三年金鳞堂刊《宋诗别裁集》

二 萩书房
——《日知录》八卷本的日本影印本

惯聆风雨自沉吟,再读鸿篇感最深。
豪杰不随大江去,千秋俯首顾亭林。

  这次秋季书市还有一些书店有古籍,但也没太好好看,理由嘛,套用《红楼梦》的话就是说起来"虽近荒唐","细按"则很有道理,那就是——没钱了!只是最后决定撤兵的时候,才意外地发现了本有趣的书。

  有家书店叫萩书房,我早知大名,原因倒不是说他们家的书怎样(事实上我从来没去过这家书店,因为它位于京都偏远的东北部,在我的"势力范围"之外),而在于店主人的有趣。因为每次书市,这家书店必然会在醒目的地方摆出一个宣传条幅,上面画了一个人像,大小与真人一样,画得很难说好还是不好,总之很引人注目。所以我在还没有参加书市的时候就在网上看到了那幅图,也早就知道这家书店了。

接近中午时，我也逛得差不多了，因为还买了不少当代的出版物，书包很沉，快拿不动了，决定撤兵。路过萩书房的时候，又回头观赏了一下那个奇异的招贴，就这样随便扫了一眼，却发现招贴后的书摊上有一本书与其他书不一样。别的书都是书口向下插在那里，只有这本书却平着放在一个角上，当然，由于那本书套了一个塑料袋，所以也没看清究竟是怎样的书。我想可能是哪位读者抽出来看了，却没有插回去，便顺手想帮忙插回去，谁知拿到书却觉得有些不同，因为手感软而轻，忙打开塑料袋看，竟是一部线装书。书的开本很小，但却是一厚册，翻开一看，大喜过望，原来是康熙九年（1670）符山堂初刻《日知录》的影印本。这个初刻本是顾炎武《日知录》还没完成的时候刊行的，故只八卷（又附了《谲觚十事》一卷），与后来三十二卷本多有不同之处，可对照以研讨亭林前后修改的脉络。此本国内学界以为已佚不存，1982年，陈祖武先生曾专门写过一篇文章名为《〈日知录〉八卷本未佚》来辨析此事，言其在国图善本室看到一个八卷的《日知录》，并力证此当为康熙初刻本。实际上国图所藏之本原为傅增湘先生藏本，傅氏《藏园群书题记》卷八及《藏园群书经眼录》卷九均录有此书，且已有详细考订。不过，国内八卷本实还有两部：一为北大图书馆所藏顾亭林原稿本，二为上图所藏符山堂刻本，上图所藏曾于1985年收入上海古籍出版社《日知录集释》影印出版；而国图藏本则又于2009年收入国图出版社印行之《中华再造善本》之中，一函二册。

当然，眼前这部书并非《中华再造善本》，开本甚小，但印得清晰精美。翻开看，首页有"辛丑秋日本京都学人用北京图书馆见寄胶片景印"的标识，后又有"藏园先生七十岁小像"，则知其本实用国图寄赠之胶片影印者，因属傅氏原藏，故前置傅氏小像以为纪念。傅增湘生

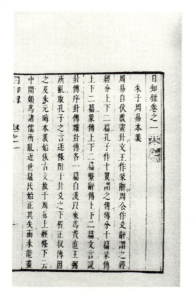

1961年日本中国友好协会京都府联合会影印康熙九年符山堂初刻《日知录》

于 1872 年,其七十岁当为 1941 年,故此处之"辛丑"只能是 1961 年了,日本京都府立综合资料馆却将其所收藏的同一本书标为光绪二十七年(1901),实误。又此书的编辑者日本各家图书馆所署亦异,有的署为"日本中国友好协会京都府联合会",有的署为"京都狩野君山先生遗集刊行会",还有的署为"狩野君山先生弟子"甚至直接写为"吉川幸次郎",可以看出,此书之影印,必为吉川幸次郎主事,而缘起则为纪念狩野直喜,所以其弟子组成了"遗集刊行会",又扩而大之为"日本中国友好协会京都府联合会"。

此书既印于 1961 年,时代甚近,存世当不少,但据查,日本公藏亦不过十数家,或当初印行数量便极少。不过,各家所藏均分为四册,而此本却只一册，当是人为合并者，因为内容并无缺失，而且品相甚新，并无污损。如此看来，虽为当代影印，但印行精致，用纸考究，数量稀少，亦可宝贵。而且，此书即平放在这样的书摊上，一般都不会太贵，果然，在书后有铅笔所写的价格，十分便宜，实在让人喜出望外。

有了这个收获，便在这家书店仔细观察，发现在不起眼的角落里有一个小纸箱，里面乱乱的，但竟然也有古籍，于是又搜出几种来。

前些年在点校《西湖梦寻》时，多次见到张岱提及云栖寺的莲池大师，没想到今天便搜到了莲池大师的笔记集《竹窗随笔》，其书原本仿《容斋随笔》之例，分为随笔、二笔与三笔各一卷，和刻本分装为六册，我所购得者为一、四、五、六册。

按：此书国图收有两种明刻本，其中一套标其出版日期为"明万历四十二年（1614）"，其实，这个标注是错的。据三笔前之作者自序，落款为"万历乙卯春日"可知，书之完成最早也在万历四十三年（1615），此前一年自然不可能出版。想来国图此本之著录者未见出版年月，便以序言之日期来定，又不小心将"万历乙卯"换算成了万历四十二年了。其实，还是《中国古籍善本书目》著录最切，即"万历刻崇祯钱养庶续刻本"，因为现存本卷一目录之末有"崇祯九年九月弟子钱养庶广云重刻识"的字样，想来从万历间便陆续刊行，但直到崇祯年间方始刻成。钱氏识语虽云"崇祯九年"，但国图所藏另一明本则标为"崇祯十一年"，或此本首尾俱全，故有刻成之时日。那么，此书最早刻成当在崇祯十一年（1638）当可确定。

如此看来，我买到的和刻本反应确很迅速。因其为承应二年（1653）刊行的，与原本初刊仅相差十五年。而且，从和刻本的惯例及此本的行款来看，当是对原本忠实的覆刊。此书明刊本国内所存并不多，据《中国古籍善本书目》统计，除国图外，仅上图、南图等五家图书馆有藏。和刻本仅晚十数年，从时代上看，则与明本不相上下。

最有趣的却是另两本书，这两本非但没有残缺不全之病，反有分则为二、合则为一的好处——是书法家手书的《赤壁赋》与《后赤壁赋》二册。两书开本阔大，用纸厚实细密。前书后署"辛未腊月七十六翁秦震"，后书署"文化戊辰闰六月三日七十三叟老泉震"，知前者写于文化八年（1811），后文写于文化五年（1808），"秦震""老泉震"皆指日本江户中后期书法家江村老泉（1735—1814），其人为土佐高知藩士，名震，字老泉，著有《老泉杂记》。此书每半叶书三字，前文五百三十七字，共九十叶；后文三百五十七字，共六十叶。所书字大如拳，笔力遒劲，用笔流畅，仔细观摩，可见其用笔起承转合之细节。则此二册自甚珍异。日人虽对汉籍已不关心，但对书法碑帖仍颇重视，因为书法艺术对于今日的日本文化仍极重要，所以此类书刊价格向来甚高，但今天竟然以廉值捡得此种珍物，使我既为得书幸，又为此书惜。好在二书保存尚好，纸白墨润，并无缺损污秽，亦无虫洞霉斑，只是书皮稍卷而已。其中，《后赤壁赋》书角可能曾有损伤，有人用皮纸细致地加了衬，可见原藏者也甚是爱惜，只是现在文化传统发生了变化，昔日珍珠，今日土芥，每念及此，能不浩叹！

一二 京阪书房

——李白《静夜思》的异文

诗仙风貌竟如何,遗简纷纭帝虎多。
东国犹知存古意,床前山月看银河。

京阪书房在京都市河原町通与三条通的交界处,是京都最繁华的地方,店里的书也同样"繁华"。一进门便可看到满坑满谷的各种全集。日本人有全集癖,几乎每个作家最后都会出版一套甚至数套全集(国内的全集热或者也与日本有关),而且大多篇幅骇人——据我所知,中国作家全集册数最多者可能是茅盾,也才四十册,日本似乎随便一个作家便可以达到这个数字,而且每册都绝不比"砖著"薄,这么庞大的篇幅当然不排除日语较汉语更占空间的因素,但最主要的还是两点:一是作家勤奋;二是整个社会对作家的创作很敬重,有文化积累的社会环境。

不过,说到古籍,这家书店就寒酸了些,初次去的时候在其收银台附近看到几本，价格倒不贵，就随手买下，后来再去便几乎看不到古籍了。所以以下所述是去了数次的收获，而且都是无甚价值的普通本，但难得的是，这几本书之间却还颇有渊源。

第一种是《唐诗品汇》五言绝句第二册，享保十八年（1733）嵩山房刊行。《唐诗品汇》是规模相当大的唐诗选本，正编九十卷，补编十卷，收诗近七千首，日本竟然一本一本地将其刊行了——之所以说一本一本，是因为这个工作量很大，只能分批分次完成。据日本文献学家长泽规矩也《和刻本汉籍分类目录》可以看到，日本现在已无全本存世了，目前可以看到的是，卷二五到卷七〇为享保十八年刻，卷八二到卷九〇为元文三年（1737）刻，拾遗为宽政九年（1797）刻，卷七一到卷八一为文化十三年（1816）刻，前后跨度竟近百年，不能不令人钦佩。所以，虽然我只买到了一册零本，但还是把它记述在这里，希望以后可以再陆续搜到一些。

第二种是《唐诗选》。此书在日本比它的替代者《唐诗三百首》在中国的名气还要大，而且也很可能是和刻汉籍中数量最为庞大的一种，据长泽规矩也书目所录，江户、明治时期共印行六十余版，蒋寅先生《旧题李攀龙〈唐诗选〉在日本的流传与影响》一文补充至九十余版，而其中仅嵩山房刊行者，在其

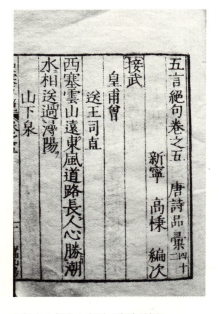

享保十八年嵩山房刊《唐诗品汇》

一百四十年间便当超过二十万册,可见当属于18、19世纪日本的畅销书了。事实上,日本江户、明治时代称雄的书肆嵩山房,其崛起便与此书有关,其主人小林新兵卫是萱园学派大儒荻生徂徕弟子,他一方面请老师为他起了店名(原念斋《先哲丛谈前编》载云:"书商嵩山房请徂徕曰:'小子无家号,愿先生命焉。'徂徕笑曰:'书贾出入吾门者五人,而尔所鬻价最高,犹嵩山于五岳,宜名嵩山房。'"),另一方面请同门服部南郭为其校订此书,并由荻生徂徕题跋,从而把这部将日人最喜欢的白居易完全排除在外的唐诗选本成功运作为"形成日本人中国文学修养和趣味之重要部分"。

关于此书,《四库全书总目》在《古今诗删》提要下曾说:"流俗所行,别有攀龙《唐诗选》,攀龙实无是书,乃明末坊贾割取《诗删》中唐诗,加以评注,别立斯名。"然而,蒋寅先生引明代胡震亨、许学夷的看法,并证以日本学者平野彦次郎和森濑寿三的研究,表明这个逻辑或许要反过来。一方面,这些学者都认为这本《唐诗选》并非节自《古今诗删》,而是节自前举《唐诗品汇》,这一点有很坚实的证据,比如《唐诗品汇》中有一些作家因其体例因素而被安排在并不合适的次序上,《唐诗选》并无这种体例束缚,却也照葫芦画瓢地保留了这些次序;另一方面,日本学者也认为《唐诗选》并非节自《古今诗删》,而是恰恰相反,《古今诗删》反而是在《唐诗选》的基础上扩充而成的。

前边提到李攀龙所编《古今诗删》,巧合的是,我也搜得此书的一本零册,为宽保三年(1743)田原勘兵卫刊本,全书原共三十四卷,分为六册,我仅仅得到了第六册。《古今诗删》一书明代有过数刻,入清以后,却未见重刻本,倒是选入了《四库全书》(四库馆臣以《唐诗选》为伪书,故仅入存目,而将此书选入,但现在看来或许颠倒了,因为据日本学者的意见,《唐诗选》并不伪,而《古今诗删》是否出于李攀龙还难以判断)。从这个意义上看,这个和刻本可算是此书近四百年来唯一的刻本了。

之所以把这几种价值并不大的书放在这里记述,主要是因为一件趣事。2009年初,有一位来自河北的日本华裔初中生发现日本教科书中李白名诗《静夜思》与中国流传者不同,被日本共同社当作重大发现播报出去,一时间,中国大陆、中国台湾、新加坡媒体纷纷转载,说此诗有中日传本的差异云云。当时复旦大学陈尚君教授便发文说明事实。两年后,《日本新华侨报》总编辑蒋丰先生发表博文《谁发现了李白〈静夜思〉不同版本》,重提此事,指出日本关西大学教授森濑寿三曾以"李白《静夜思》与李攀龙《唐诗选》——日中之间'微小'的不同"为题写过论文,发表在关西大学东西学术研究所主办的第34期《泊园》杂志(1995年9月)上,"而中国上海的复旦大学中文系古代文学教研室副教授胡中行则说,早在1991年出版的《古典文学鉴赏论》中,中国学者就已有对《静夜思》两个版本进行过比较详细的论述"。作者似乎倾向于日本学者的"发现"权。几乎同时,薛天纬教授也发表文章指出:"据笔者闻见,最早从版本学角度考察《静夜思》文字演变情况的,是台湾学者薛顺雄。他在1980年6月19日的《台湾日报》副刊发表了《谈一首讹字最多的李白名诗——静夜思》。"不过,我对这一结论仍持保留态度,若按这种方式,那还可找到更早的,比如瞿蜕园、朱金城先生的《李白集校注》,其书虽出版于1980年,但实际上1965年便已付型,其书已将此两处异文校出,自然可算更早"发现"这一问题的了。

或许,我们更应该关注的不是谁最早"发现"这样的伪命题,而是这两处异文是何时以及怎样出现的——这便与上面提及的几种书有密切关系了。

此诗首句从"看月光"而变为"明月光",薛顺雄先生文认为最早出现于明万历间曹学佺所编《石仓历代诗选》,吴琼先生《李白〈静夜思〉版本演变再析》一文曾指出曹选原本此句无误。我们复检文献时会发现,《石仓历代诗选》一书只在崇祯年间刊刻过,此后除被收入《四库全书》外便再未刊行,而崇祯原本此字仍为"看",将其改为"明"的正是《四库全书》本。

第三句从"望山月"变为"望明月",学界均认为首次出现在李攀龙所编的《古今诗删》中。实际上这个看法也不正确,因为笔者查阅了此书最早的明代汪时元刻本(除了被改名《诗删评苑》或被删减为《诗删》的两个刻本外,这个汪刻本几乎是此书唯一的刻本),原文为"望山月"无误,那么,学界之所以认为此书为"望明月",原因与前边所说的首句竟然相同,那就是,《四库全书》在将《古今诗删》收入时改了这个字!当然,如果有人单纯依靠《四库全书》的检索,也会指出这个"望明月"最早出于洪武二十六年(1393)成书的高棅《唐诗品汇》,事实上,收入《四库全书》的《唐诗品汇》的确如此,但明代刊本均作"山月"——也就是说,这仍然是四库馆臣所改。

文献学界都有一种不成文的共识,即《四库全书》本不可靠,但我们一般理解这个共识是说在与清军入关的敏感问题的表达上可能会有删改,没想到在这种地方也会有更改。可以感觉到,馆臣在改动时是很随意的,只是凭借自己对此诗的印象便将此当作错字随手改了,而且同时收入两个明人所编的诗选,却在曹选中只改第一句,李选中又只改第三句,的确很不严谨。

那么,这两处异文究竟最早出现于何时,又是怎样被经典化的呢?

据目前所能看到的文献资料而言,此二字的改动最早出现于传为元人范德机所撰的《木天禁语》中，明代前中期有三种诗法汇编类著作曾收入此书，有一种未录此诗，另二种录为："忽见明月光，疑是地上霜。起头望明月，低头思故乡。"不但有两个"明"字，而且还有"忽""起"二处异文。不过其书流传极稀，在《静夜思》文本传播史上几无影响。事实上，最早将此异文普及开来的书却是李攀龙《唐诗选》，很巧合，也很讽刺，因为这正是被四库馆臣指为伪作弃而不录的，但正是此书给了他们关于《静夜思》文本的固有印象。此书现存明代刻本有十数种，笔者查检了最早的闵氏所刻朱墨套印本及万历二十八年（1600）武林一初斋刻本，两处均为"明"字。

不过，入清以后，《唐诗选》因官方的批评以及《唐诗三百首》的出现，也便湮灭无闻，而这两处异文却流播极广，并已经典化（目前，国内不少唐诗或李白诗的选本还是用两个"明"字），其"功臣"又是取《唐诗选》而代之的《唐诗三百首》：书籍的命运，原来也可以这样变幻莫测。

然而，有趣的是，和刻本的《唐诗选》却把这里的错误改了过来，校订者服部南郭在附言中说："如字有异，多从原本尤善者；两可难裁，则就《品汇》《诗删》《诗解》《十集》考之，从其多且正者。"虽然后来不少日本学者曾经批评服部的校订工作（如市河市宁专门有一本诗话著作叫《谈唐诗选》，对其进行批评），但就此诗来说，他的校订精细不苟，很让人佩服——开个玩笑的话，起码从此诗来看，和刻本《唐诗选》便比国内所刻以及四库所收《唐诗品汇》《古今诗删》都要可靠。

一三 "面游屋"
——老明信片的证明

右军法帖传千载,天令扶桑遇刻珉。
神迹尚存天壤否,昭陵草又绿一春。

此前,曾在藤井文政堂买到一本《孝经》,但当时对此书身份有些疑虑,所以在写藤井文政堂那篇时没有提及。现在,经过一段时间的搜寻,对此书身份终于有较为明确的认识了,也有了相当重要的证据。

最初看到那本《孝经》,觉得或许是一本《古文孝经》孔传,或者《今文孝经》郑注吧,因为大家都知道,《孝经》今古文之争非常复杂,在唐玄宗折中调和并作御注之后,孔传与郑注渐次亡佚。北宋雍熙元年(984),日本奈良高僧奝然使宋,进献了一批古籍,其中便有中国已佚的郑注,但令人唏嘘的是,此书在北宋末年又一次亡佚了。直到18世纪,日本相继刊刻了孔传与郑注,被清人鲍廷博刻入《知不足斋丛书》,中国学者方可对此进行研究。所以,我很希望这是太宰纯或冈田挺之所刊刻的一种。但翻开一看,大失所望,因为并非正常的刻本,而是模仿拓本的摹刻本。我因不习书法,向来对碑帖拓本敬而远之。这次本来也打算放下了,但忽然想,该不会是贺知章草书《孝经》的摹刻印本吧。贺知章原作于17世纪传入日本,明治年间被进献于皇室,明治十六年(1883)木邨嘉平将其刻板(有人说他刻完此帖一周后即病故),其铜版现仍藏于静嘉堂文库,其印本罕有流传。如果是的话亦算奇遇了。但翻开一看,却着实让人意外,这并非贺知章所书,但正文之末竟有"咸和二年春正月奉敕写十本 臣王羲之"的字样,这不得不令人大吃一惊,因为据我有限的知识,完全不知道王羲之写过《孝经》,难道这是一部伪书?再看后边,竟然还有唐玄宗御制之后序,似乎与其《孝经注》的序差不多,但结尾却多了"开元二年三月书赐薛王业"的字样,也就是说,这比他给《孝经》作注的时间要早八年,甚至比他召令群儒质定《孝经》的时间也要早五年。这是真的还是依唐玄宗的序文伪造的呢?玄宗序文后还相继有米芾、赵孟頫的跋文以及贡师泰、张肃、倪瓒的题记。在当时我实在无法判断真伪,于是便买回来再研究。

回来后四处寻找与其有关的资料,但一直进展甚微。后

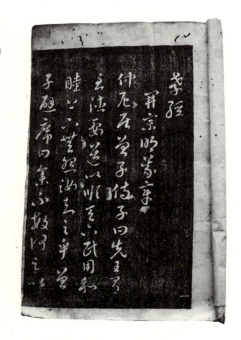

王羲之草书《孝经》宝历本

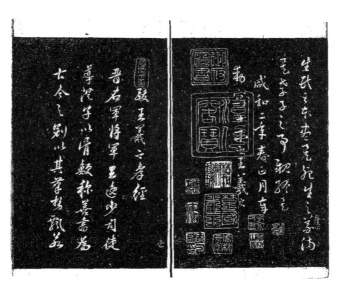

明治间摹刻《草书孝经》

来,在网上看到台湾华梵大学庄兵先生对此书的研究,才有了进一步了解。庄先生认为这是真迹,因为这其中还有着非同一般的传奇故事。江户时期汉学家朝川鼎(1781—1849)在其《古文孝经私记》一书中有"后观晋王羲之草书《孝经》(羲之《孝经》,今藏在仙台侯文库。云是庆长之役,得之朝鲜者,余藏其模本)"之语,可以知道此书其实是日本战国时有名的武将伊达政宗在侵略朝鲜的壬辰战争中从朝鲜得来。也就是说,从那次战争之后,此书的真实性确无可疑。不过,现在却只能看到笔者所藏的江户摹刻本及庄兵先生所见的明治摹刻本,伊达家的藏书现属宫城县伊达文库,然而在宫城县图书馆却并未检索到此书,也就是说,原本是否存世现在还要存疑。

就在我不断搜寻资料来弄清此书源流的时候,突然有一天在网上看到一个信息,昭和十年(1935)五月,斋藤报恩会博物馆举办过一次"伊达家藏品展览会",并发行了"伊达家藏品展览会绘叶书",其中有一套总计十枚,有一枚似即王羲之草书《孝经》的图片。这条资料让我惊喜万分,于是上穷碧落下黄泉,四处寻找这枚明信片。功夫不负有心人,终于在伊达政宗的老家宫城县一个书店找到了,这家书店就是ぼおぶら屋古书店——这家书店的名字查不到意义,只好将其分解译出:ぼお是脸颊的意思,而ぶら是闲逛的意思,就译为"面游屋"吧。刚开始找到时,惊喜不已,但如何拿到却是个大问题,京都距宫城实在不近,加上我语言也不通,去一趟并不是个好主意。于是只好给店主写信来商量,写信其实也是自己先写成汉语,然后用翻译软件译成日语发给店主,店主是个非常好的人,同意给我寄来并让我货到付款,而且行动很快,发信后第二天货就送到了。

接到货物后,打开层层的包装,最后是一沓明信片,巴掌大小,共十张,只有一张是《孝经》的照片,其余不是铠甲便是屏风,都可忽略不计。这个时候,最初的急切与兴奋过去,才突然觉得这几张明信片有点小贵,何况其实只需要其中一张。

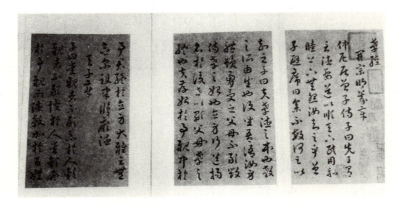

昭和十年斋藤报恩会博物馆王羲之草书《孝经》明信片

不过，就这一张也是值得的，因为这是伊达家曾收藏此书的明证。明信片长十四厘米、宽九厘米，下面题为"王羲之笔孝经　政宗公朝鲜より赍来"，图列了王羲之书《孝经》正文的前三面。经与我所买到的江户本对照，几乎完全相同，这说明了江户本的摹刻之精，当然也清楚地表明了其底本是伊达从朝鲜得来之本无疑。那么，这个底本是确切存在过的，只是现在宫城县图书馆中查不到此物而已。而在斋藤报恩会博物馆举办的伊达家藏品展览会后十年，日本本土遭受了美国的大轰炸，有一个阶段的轰炸是大批量投掷燃烧弹，则其毁于战火的可能性是存在的——王羲之著名的《游目帖》便毁于广岛的原子弹爆炸。

这本《孝经》的真伪问题很复杂，我已经写了一篇文章专门探讨此事，这里不再赘述，只说一下结论。从唐玄宗序文和贡师泰与张肃题词的顺序来看，此帖为伪造无疑，从项元汴的印章可以推测其伪造时代当在项氏大量收购法书名画之时。但是，因为有成亲王永瑆所见、耆英所临之本的存在，可以确定此帖实际上当仿自一个已佚的旧时真本，从这个角度看，此帖仍然可以视为真本——事实上，王羲之传世的法书基本上全为后人所摹，那么将此视为真迹，亦无足怪。

一四 大学堂
——《欧阳论范》的临颍本

异客又逢佳节异,适怀唯有策驽车。
可怜十肆九未入,幸遇欧阳临颍书。

　　说明:本篇初稿曾发表于《文史知识》2014 年第 2 期。但此书成稿后,我又数次造访京都,并来到初稿所写的竹仙堂,忽然发现,当年的记忆或许有误(当初没有想要写访书记,也就没有留下可靠的购书记录)。现在试着推论一下,《欧阳论范》不可能购于此店,因为我第一次拜访此店时,是老板娘在,还勉强让我拿出了几套书看,后来大概有四五次想来购书,都被书店老板拒之门外了——偶尔也能进门,但老板并不让打开任何一个书柜,所以也就不可能从这里买到任何书了。我努力回忆,或许是在距此不远的大学堂书店吧,我曾经总把这两个名字弄混。所以,本篇只把有关竹仙堂的部分删去,至于大学堂,因为已经记不清当初如何购买的,似乎也没什么可说的。不过,当初搜书时,只要来河原町,就一定会去大学堂,不是因为这家书店如何有特色,就是因为书店的位置好,就在河原町的街面上。另外,书店里永远坐着一个忙忙碌碌、客客气气的欧巴桑(中老年妇女)。我在这里买过一些书,但都可有可无,印象不深刻。不过,通过日本古本屋,曾在广岛大学堂和名古屋大学堂买过不少好书,不知这三家大学堂是否就是一家。

某一次进到店里,看见那位欧巴桑的桌子上放一套书,看上去崭新,仔细一看,大为惊喜。此前在一本万青堂本《文章轨范》后附书目中看到元人欧阳起鸣的《欧阳论范》,因此书非常少见,所以很想"即目求书",但淘书纯粹是碰运气,好书都是可遇而不可求的,若执意要求,便会陷入"求之不得"的困境之中了。不过这次,上天很快便给了我这次机缘——因为桌子上放的正是这套书,运气实在好,如果此前没有看到《文章轨范》后所附书目,我可能不会关注这本书,即便看到也可能会因其价高而抛下吧。

更令人喜出望外的是,此书尚非前及之万青堂本,而是嘉永六年如不及斋的刊本,也就是说,是此书在日本的原刊本,万青堂本实际上是原书板在明治间的重印本。另外,如不及斋为前录陈亮集时提及之藤森大雅的书斋名,则知此亦为其所刻。这套书品相非常好,距今也一个半世纪了,书却几乎是全新的,没有一点瑕疵。甚至在第一册扉页,还又夹了一张扉页,我很奇怪,这两册都并不缺扉页啊,所以我以为是备用者——后来才知道,这是江户、明治时流行的书套。另外,书印得也甚为精致,行款疏朗,字为手写上版,相当漂亮。

此书作者为元人欧阳起鸣,《四库全书提要》曾著录此书说:"《论范》二卷,两淮马裕家藏本。题元进士欧阳起鸣撰。起鸣不知何许人,其书杂取经史诸子之语为题,各系以论,而史事为多。共六十篇。所

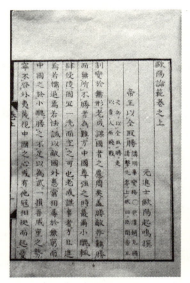

嘉永六年如不及斋刊《欧阳论范》

见多乖僻，不足采录。"其语实本自《续文献通考》卷一九一，然多出末二句评语，从而列于存目。其实，此人里贯是可考的，淳熙《三山志》卷三二载"欧阳起鸣，字以韶，闽县人"，乾隆《福州府志》卷三七又将其置于"嘉熙二年戊戌周坦榜"，可知此人是南宋理宗嘉熙二年（1238）进士，则名、字、籍贯、生活时代也大体可知。

此书历来著录甚少。黄虞稷《千顷堂书目》卷三二有"欧阳起鸣《论范》六卷"，清代《续文献通考》卷一九一及《续通志》卷一六三均录为"《论范》二卷"，至钱大昕《元史艺文志》卷四则又录为"《论范》六卷"。此后，丁丙《善本书室藏书志》卷三四著录了成化刊二卷本，后来丁氏藏本归于南图，是为全国仅存之孤本，《四库全书存目丛书》便据以影印出版。不过，书虽晦而不彰，但其文与其人在典籍中却偶可看到，比如其《论范》中便有三篇文章被宋人魏天应收入所编

《论学绳尺》之中,而且此书卷二吴君擢《唐虞三代纯懿如何》后还附有"考官欧阳起鸣"之批语(此则批语颇为有名,常为学人所引及,如吴承学先生《现存评点第一书——论〈古文关键〉的编选、评点及其影响》一文即引用之)。

因为此书在国内几于亡佚,则和刻本亦可珍视,所以我起初想要即目寻访,但得到书后才发现,其价值还不止于此,因为和刻本所据底本与丁氏藏本不同。

丁氏藏本前有"成化七年八月上吉直隶苏州府儒学教授南昌程兰"序,又有成化七年"直隶苏州府吴县儒学训导临海陶福"之引。《江西通志》卷五三载程兰为正统九年(1444)举人;再据《浙江通志》卷一三六,陶福为成化四年(1468)举人。程序说:"若今姑苏郡守贾公,则尤爱重是书之笃者,方其为邑庠生时,即有志于采集成编,得其文之半而公遂领乡荐……乃购得其全文,命训导陶福编集,析为二卷,仍躬亲校正,题曰《欧阳论范》,出其俸资,锓梓以传。"知其为贾氏搜集重编者。

此和刻本前"新刊欧阳论范序"则为"成化乙未(十一年,1475)孟夏临颍县儒学教谕墨水杜希贤序"者。查《山东通志》卷十五,知杜希贤为天顺三年(1459)举人,即墨人,即此处所云"墨水"。杜氏序将此书来龙去脉交代甚明,原为提督陈公提议,巡抚杨公、巡按薛公赞成,命"临颍知县吉水张玹"刊刻,"将成而殁","典史邹平高滦"继刻。则其底本与前刻非同本。前者为苏州刻本,后者为临颍刻本。后者之底本当古于前本,其书文题之下的说明文字更全。以第一则为例,其题为"帝王以全取胜",临颍本注云:"讲明事变格○前汉赵充国请击先零上状曰臣闻帝王之兵以全取胜。是以贵人而贱战。"苏州本只有"前汉赵充国请击先零上状曰臣闻帝王之兵以全取胜"一句,首尾俱无。此书全本均如此。另外，临颖本尚较苏州本多出最后"君子修身而天下平"一则。故苏州本五十八则，临颖本五十九则，亦较全备（然《四库全书提要》曰"六十则"，或为误计）。则临颖本当为此书较善之本。

后来，又查到湖南师范大学图书馆藏有嘉靖十三年（1534）刘氏安正堂刻本的《新刊校正批点大字欧阳精论》六卷，才明白《千顷堂书目》的《续文献通考》为何著录为"六卷"，想来他们经眼的都是嘉靖本。其书收入《第一批国家珍贵古籍名录》。

细验其书，实当据临颖本重新分卷重编者，原因有三。一是其行款基本相同，之所以说"基本相同"，是因为和刻本为半叶十行，行二十字，而此本为半叶十行，行二十一字，但实际上每行仍为二十字，其版式只题目前有一"○"形符号顶格，余之正文均低一格排列，故实与和本同，则其每叶的文字起讫亦全同。二是其题下之注亦与苏州本不同而与临颖本相类，如第一则此本为"○讲事变格○帝王以全取胜 前汉赵充国传曰帝王之兵以全取胜。是以贵人而贱战"。而且，其末亦较苏州本多出"君子修身而天下平"一则——最有趣的是这一则有刻错的字，原文云："先儒有曰不世之大功易立，至微之本心难保；中原之我房易遂，而一己之私意难除。"这段话出自朱熹《戊申封事》，其中的"我房易遂"当作"戎房易逐"，四字错了两个，而嘉靖本与和刻本均误，可以看出二者或据同一底本而致误。

不过，和刻本却比嘉靖本质量更好一些。后者虽名列《珍贵古籍名录》，但刊刻却甚粗疏：仅《第一批国家珍贵古籍名录图录》所列首尾二页便有两处脱文："是则不难于平天下而难于修身，不难于修身而难于正心。"嘉靖本脱上"修身"前之"于"字；前引"中原之我房易遂"一句嘉靖本也脱一"中"字。

相较而言，此和刻本刊刻甚谨。如杜氏之序，中有缺字，则一依原貌，如："二公体朝廷兴学育才之心，嘉宪副成就□学之懿，慨然谓夫设学以育□□才，成才□□□古训，遂于郡邑之中，访取文□□□之士，凡在□缺典籍，分布锓梓，以便印诵。"其间阙字并不擅改，知其必忠于底本。此前，我曾推测此本或以临颍原本为底本，后见日本公文书馆所藏朝鲜古活字本（原丰后佐伯藩主毛利高标藏书），仔细对照，发现和本当以此为底本刊刻，证据即在杜序中之阙字，朝鲜本前数叶书口上下两处稍有缺损，伤及数字，和本无法辨认此数字，只好空缺。朝鲜行款为半叶十二行，行十九字，和本对行款有所更改（此之更改恰与前述安正堂刻本同，不知和本刊刻者是否曾参考此本），故其阙字并不体现在书口之上下端。

此和刻本日本公藏现可查检者共十三部，但多为后印本或明治间重印本，如不及斋原刊本，则仅公文书馆、静嘉堂文库与京都大学人文研究所数家而已。国内所藏反倒多于日本，据《中国馆藏和刻本汉籍书目》知，中国人民大学图书馆、辽宁图书馆（下文简称"辽图"）、南京大学图书馆、大连图书馆均藏有嘉永六年原刻本。不过，此书目漏录华东师范大学图书馆所藏一种，其为盛宣怀藏书（据《中国馆藏和刻本汉籍书目》，华东师范大学和刻本收藏在全国排名第六，实即以盛氏所藏为基础），《盛宣怀戊申在日购书清单》（《历史文献》第五辑）中录有此书，其时距此书刊行仅五十五年，故盛氏以时价四角得之，可称廉值了，只不知道是嘉永本还是明治后印本。

一五 水明洞
——抄本《痴婆子传》

云霞满纸的佳评，增灶空城如用兵。
食色奈何为本性，枉诛痴妇说风情。

水明洞此前已去过一次。因为在网上看到他们有一本《痴婆子传》，我很想买下，但到店后却因与店员交流不畅，只能无功而返。回家后左思右想，还是割舍不下，就反复去试。终于遇到店里的老板，我像以前一样，把书名写出来向他询问，他拿着书名找到上次接待我的店员，店员在计算机里敲打了一会儿然后让我确认，这才算解决了。只是当天还是拿不到书，老板用最简单的英语单词告诉我，明天再来。为了这一册小书，我已经来回奔波了三五次。

介绍此书之前需要先说一下明代的艳情小说。晚明是一个非常开放的时代，晚明文人也与市民一样，好货好色，从不讳言——袁中郎在给朋友的信中便称赞《金瓶梅》说"伏枕略观，云霞满纸，胜于枚生《七发》多矣",读《金瓶梅》并四处宣告,已经有些出格了,还要特地说明读时"伏枕",不愧是袁中郎!那么,那个时代产生大量的艳情小说是可以理解的。入清以后,官方多次禁毁,这些作品或失传,或转入地下,难得一见了。建国以后,只有最出名的艳情之作《金瓶梅》影印出版过,而且一般人买不到,倒不只是价格昂贵的问题,据说当时是要凭票供应的,实在有些匪夷所思。所以有的学者研究古代小说几十年了,却没有见过《金瓶梅》,至少是没有看过全本的。现在,《金瓶梅》倒是慢慢解禁了,但明末其他艳情小说依然难有出版的机会。笔者在研究中国古典小说回目的发展历程时,发现有些艳情小说在这一体制上有其承接之意义,但也只能在网上下载《思无邪汇宝》的电子版来参考。比如明代艳情小说《痴婆子传》便是其中非常重要的一本——另外,此书的第一人称倒叙方式在中国叙事文学中亦别出心裁——我在纪事诗里将其倒叙方式比为"增灶"(反传统的减灶而行),第一人称比为"空城"(空城计中诸葛亮一人出现在城头,颇类第一人称叙述方式),虽尚不妥帖,但也很有趣。

《痴婆子传》一书的早期版本在国内仅有吴晓铃先生所藏孤本存世,其本多标为乾隆本,但实际上只是序文所署时间,所以准确的说法应该是"乾隆序刊本",也就是说,并不一定是乾隆年间的版本。而据《中国古籍总目》,则仅录光绪三十一年(1905)上海书局石印本,可知国内此书存本仍少。日本曾于明治二十四年(1891)出版过木活字本,算是此书很重要的一个版本,但此本国内并无公藏,在日本也仅有冈山县图书馆、高知大学图书馆、东北大学图书馆、京都大学图书馆几家有藏。不过,我得到的却并非此活字本,而是活字本的一个抄本。

说起《痴婆子传》的抄本,记得黄裳先生在《书之归去来·断简零篇室撼忆》一文中曾记其买到过一册，却是"书铺徒弟用旧本影抄的假古董"，向钱锺书先生提及，钱有诗云"遍求善本痴婆子，难得佳人甜姐儿"，并说"幸恕其唐突而赏其混成"，从对句与说明可知"甜姐儿"当指黄裳早年迷恋女星甜姐儿黄宗英一事——黄裳笔名据传即来自于此，虽然黄裳并未承认过这一传闻，但此段记录却可证其实，也算古籍版本反证人事纠葛的一段佳话（黄先生对此事记忆甚深，在《再谈禁书》《槐聚词人》《琉璃厂故事》等文中亦曾详述）。然而，黄裳说自己所得抄本"底本倒是清初的原刻"（《竹窗记趣·琉璃厂故事》），若果如此，则其价值当不在吴晓铃先生所藏孤本之下了。

不过，我得到的是日人抄本，虽无黄藏抄本那样高的价值，倒也无"假古董"之虞。其书末叶有"洛阳耳口王草化户方寿延年植字"字样，另外，其第一叶末行作"吐吐曰"，可知是据前及之活字本的再版本抄写（初版分别作"山脊老夫耳呈草化植字"和"咄咄曰"）。其书开本阔大，保存完好，而且书手的笔迹端严有法，一笔不苟，允为精抄之本，行款与活字本完全一致，半叶十行二十字，前有桃浪月序，接下来是目录，下卷第十二目仍缺三字。末叶有抄写者识语，译录如下：

> 《痴婆子传》古来即为中国与本邦广受欢迎之书。《肉蒲团》（一名《觉后禅》）第三回曾有"《绣榻野史》《如意君传》《痴婆子传》之类一二十种放在案头"云云。
>
> 此写本之底本为京都寺町六角之圣华房主人山田茂助氏（昭和八年卒）用其所藏彦根弘道馆之木活字于明治廿四年印刷行世者。
>
> 明朝线装大形本（竖八寸六分，横六寸），四周单边，无界栏

（竖约七寸一分，横约四寸七分），版框外（天头约一寸一分，地脚约四分）。

其他行数、字数、板心、题笺等与写本全同。

此为军事评论家池崎忠孝氏遗物，京都伏见之若林先生于今春出让于余。

昭和廿五年六月一日起笔，同月廿二日写毕。塚沓舟

从其识语可知此本抄于1950年，抄写者为塚沓舟，其人生平不详，但据名字看似乎为女性，当甚喜爱艳情小说，孔夫子旧书网上便有她于昭和二十四年（1949）所抄日本艳情之作《春窝拆甲》一册。此书所据的底本原藏者为池崎忠孝（1891—1949），其人为夏目漱石弟子，与芥川龙之介等人为友，写过一些文学论文，后来成为日本的主战派，是日本"二战"时的甲级战犯。池崎氏死于1949年，次年春天此书便到了塚沓舟手中，几月后她为此书录副。

此书日本活字本的印行者有意隐去了自己的名氏，日本研究者太田辰夫在1987年出版的《中国秘籍丛刊》（研究篇）中指出，活字本所题的"山脊""洛阳"皆为京都

1950年塚沓舟抄《痴婆子传》

明治二十四年京都圣华房木活字本《痴婆子传》

之别称，"耳呈"或"耳口王"为"圣"之拆字，"草化"为"花"之拆字，"户方"是"房"之拆字。而"寿延年"指的是出版人山田茂助。山田茂助，名春寿，字延年，号墨鱼斋。可能是出于对发行淫书的忌讳，所以把"圣华房"三字分解。此后学界方知此书的印行者原来是明治时期著名的书肆圣华房。然而从上述识语来看，塚沓舟在1950年便直接指出了这一点，而且指出其为"彦根弘道馆"的木活字，则其人当对山田茂助刊行此书深知内情，此题记亦当为研究《痴婆子传》版本的重要史料。

最后值得一提的是，京都圣华房主人山田茂助氏还用活字刊行了另一部有名的艳情小说《如意君传》，此书甚至不像《痴婆子传》那样在国内还有孤本，而是完全消失了，我们现在所能看到的就只有日本刊本：得陇望蜀既为人之常情，在得到这本《痴婆子传》以后，我相信或许还有运气搜求到一本《如意君传》吧。

补记：一年过去了，我并没有寻访到《如意君传》，很遗憾，但更遗憾的是，我并不是没有机会得到，只是竟然失之交臂了。

说到这里不得不提一下东京的琳琅阁书店。这家书店是日本经营唐本和和刻汉籍的名店，杨守敬便曾在此店买过书，直到现在，他们仍保持着相当高的水准，很不容易。

这家店每隔两三个月会在其博客上发布一次他们的古书目录——《琳琅满目》，我在2013年7月时曾经晚了几天，便错失了几种不错的书。到了10月，我预感新目录快发布了，便每天留意查看，为了保证有通畅的联系渠道，还特意在他们店里订了一套书（这是我第一次在琳琅阁订购）。然而，恰在那几天，一个朋友说10月18日来我这里住几天，于是我需要提前几天把专门放和刻本的小卧室收拾出来。我一直把北边的小卧室空着专门放这些线装书，那样与生活区分开，容易控制湿度；另外，不少线装书被虫蛀了，为了防止进一步的损害，我买了不少樟脑丸来防蛀，分开放也防止这种工业化的防蛀药品对人的损害。但朋友来了是要住这间屋子的，所以，我提前几天开窗透气，以防朋友来住时对他不利。到17日这天恰是我全天没课的时候，又全力整理这些书，把书按照大小以及有无虫蛀的情况分别装箱，并移到我的卧室中去，这样弄了整整一天。第二天前半天上课，接下来又打扫卫生，为朋友洗床单被罩，直到晚上他来。就这样，我竟然忘了上网查看书目。朋友住了几天，21日离开。轻松下来后我才忽然想起，这几天一忙竟然忘了这件事。忙上网查看，发现新一期的《琳琅满目》是17日10点发布的。打开目录一看，不由惊叹，这一期确实"琳琅满目"，甚至正如袁宏道所说，简直可称"云霞满纸"了：首先，便是一册我期望已久的木活字版《痴婆子传》，而且还有同为圣华房所印行的木活字版《如意君传》！这还不算，又有一册明和六年（1769）小川彦九郎刊行的《闺娱情传》——这其实便是木活字版《如意君传》的底本！还没有完，它还要锦上添花再呈上一套宝永二年（1705）青心阁本《肉蒲团》，数种中国几于失传而在日本继有刊行的明清著名艳情小说这里都有了（《痴婆子传》与《肉蒲团》国内仅存吴晓铃先生所藏孤本，《如意君传》国内迄未发现传本），此种盛况的出现只有一个可能，就是哪位艳情小说收藏者的藏书散出了……这简直是几十年淘书生涯中做梦也没敢梦过的奇遇。然而，正如彩票中大奖一样，"奇遇"最终都只是别人的，于我而言只剩下"畸忆"罢了——我当时立即给琳琅阁店主写信，列出这四种书，说我全部订下，全部订下，全部订下！重要的事说三遍，但在我错过的这几天里，天台已度刘阮去，此地空余琳琅阁，只留下每一忆及便不能释怀的惆怅罢了。

又补：数年来，在水明洞买了不少书，但一直没有此家书店的照片。2016年夏再访京都，欲至水明洞搜书并补照，却发现书店已经关门了。2018年初，得朋友之助，方知其搬到另一个很遥远的地方，朋友驱车带我四处寻觅，终于再见更张后的新"洞"，只是不但"洞"门紧闭，而且透过玻璃门可以看到里面胡乱堆放的书山，想来重新开张或许仍遥遥无期吧。所以，这里只放一张水明洞原店的题名，既表纪念，也冀其早日开业吧。

一六 中井书房
——失传的《欧苏手简》

陵谷山原才亦多，风流尚有一东坡。
今人可解醉翁语，放出尖尖避小荷。

水明洞有两个门面，中间还夹了一个旧书店，便是中井书房——果如夹在两个"洞"之间的"井"一样。它们如此亲密使我一直以为可能是同一人经营，是一种多品牌策略，但多次去这两家书店却发现或许并非如此，因为两家风格完全不同，而且也毫无来往。那么，造成这种比邻、夹心的局面，其中或有一些曲折的故事吧（最近，我又一次前往京都，从京都站步行至水明洞，却遗憾地发现，这家书店已经不见了，或许只是搬迁了吧，但其与中井书店的故事看来是结束了）。

其实，去中井书房也是在网上看到一些书，但在店里仍然看不到，写给店员看，店员把我写的目录复印了下来，告诉我过几天来就会有。

但是过几天我放寒假便回国了。等到再来的时候，店员却又让我明天来，好在我反正第二天还要来水明洞取书，便同意了。

不过，我列了七八种书，他只找出了一半，收获算是比较小的，下面所记诸书还有后来再去中井书房的收获。

第一种是一本《论语汇纂》，仅有第一册，泊园书院藏板，明治二十五年刊行，著者藤泽恒（1842—1920）是幕末著名的儒者，其父藤泽东畡亦为著名儒者，号泊园，并创建了泊园书院，可知此书实为家塾刻本。其书原共三册，全日本之公藏仅国会图书馆、东京都立中央图书馆和中央大学图书馆有藏，国内则上海师范大学、湖北、湖南三家图书馆有藏，所以此书出版虽不算早，却算是比较少见。此书前有《经解题要》一卷，将日本研究《论语》的著作一一介绍评述，从荻生徂徕的《论语徵》到竹添光鸿的《论语汇笺》都有，可作日本研究《论语》的学术史看。正文体例甚为独特，将《论语》分类编纂，共有"教学、德行、政治、礼乐、时命、品藻、警诱、志气、动止、毁誉"十门，颇类《世说新语》之体，每一类将《论语》中相关内容汇集其中，使得《论语》看上去更加系统化了。作者在例言中说："此经古昔命以圆珠，确矣。盖体为杂录，是以忽学忽政，忽行事忽品论，参差错出，而一以贯之，圆活发光也。独蒙生不能知政教之一于道，不能知百为之原于德，是以困而自画焉。其奈之何？恒故汇而分之、类而综之，亦欲使生易易之想而已。"可见，他的"汇而分之、类而综之"不过是为了学生的易学而已，但也算是一种新创之体例。另外，此书正文下附之注为其父"执此经五十年阅汉唐宋明及本邦之言，择其最平稳者"，亦录有其父的意见，可算克绍箕裘了。

关于此书体例，其实在明治、大正时期，尚有其他数种类编之本，可知此亦为一时的潮流。国内则因其书被尊为经典，无人敢创重编之议。至 1946 年，石永楙先生出版了石破天惊的《论语正》，与此稍类，但却更大胆地表示要为千百年来错简的《论语》恢复原貌，将互无关联的语录片断重新拼接而为有逻辑的论说文，"合二十卷四百八十章而成为一篇"（金梁《序》语），则与简单的类编不可同日而语了。

关于此，尚有一事可议。台湾地区有一套使用超过半个世纪的《中国文化基本教材》，口碑甚好，前数年还曾引进大陆出版，引起大陆国学界与教育界的普遍赞誉，似乎已经进入很多中学试点教学。其第一册即《论语》，最受称赞的特点之一便是对《论语》进行了类编，共分为孔子的为人、论学、论仁、论孝、论道德修养、论士与君子、论诗礼乐、论教育、论政治、论古今人物与孔门弟子十类，其分类与藤泽恒所分略有出入，但大同小异，则其与日本明治、大正间的类编本是否有承传之迹，亦可研究。

接下来这本书虽然是零本，但却可能是我的藏书到目前为止时代最早的。书为宋人林希逸《列子鬳斋口义》，此书和刻本为两册，此为上册。此书在日本刻本甚多，最早有庆长时期的活字本，然后是宽永二年（1625）的刊本，再有宽永四年（1627）京都安田安昌依古活字的新刊本，其后庆安、万治时均有后印本。此本仅上册，故无刊记。但经与庆应义塾大学所藏宽永四年安田安昌新刊本比较，发现二者为同版，其本之末有"宽永四历岁次丁卯腊月吉旦，洛阳乌丸通大炊町，安田安昌新刊于容膝亭"的字样。若果如此，则此书之刊行时间相当于明天启七年（1627）了。在日本，其古籍的产生大体上看较中国晚两个时代，也就是说，在中国，最早的刻本是宋版，在日本，从成规模的角度看，最早的古籍其实已经相当于中国的明代了，而且，竟然也大致可以 1644 年为界，此后的古籍尚易买到，此前便或属五山版，或为古活字版，亦如中国之宋元版本一样凤毛麟角、难遇难求。这本

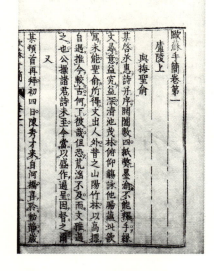

天明元年皇都书肆刊《新刻欧苏手简》

《列子鬳斋口义》出版于宽永四年,在中国算很晚了,但在日本却还算早。

最后一种书是《新刻欧苏手简》二册,天明元年(1781)皇都书肆刊。我是从祝尚书先生《〈欧苏手简〉考》一文中知道此书的,祝先生在此文中介绍了他2002年于北大图书馆看到的《欧苏手简》缩微胶卷,并指出,"元初废科举,弃时文,诗文反为社会所重",此书编者"杜仁杰说待科举恢复之后,士子便不暇及此,真是不幸言中。后代尤其是明、清举子忙于八股制艺,《欧苏手简》自然被冷落,而竟至于失传",现存者为日本刊本,而此和刻本国内也仅北大图书馆一家有藏,列为善本。既然是和刻本,自然是我目前竭力搜求的对象,但此前却一直没能找到。

不过,祝先生的文章也有几处小的疏忽。一是他判断北大藏本在国内属孤本,事实上,据《中国馆藏和刻本汉籍书目》可知,除北大图书馆外,安徽图书馆及山西图书馆亦各有此和刻本入藏。二是此书失传的时间或许并不在恢复了科举的明代,因为明末晁瑮《宝文堂书目》中还有著录。三是进一步说,此书其实也并未失传,只是不在公藏,而在私家,不为人所知罢了。黄裳先生《来燕榭书跋》便记录了此书,云为黑口本,"辛卯初春,得于杨贾之书包中,亦郑西谛、张葱玉家所出者",知为1951年购得者(郑、张二人当时俱在世,不知藏书何以流出)。黄先生又说:"诸家目俱未见,未能定其刻于何时。余旧藏成化本《中州启札》,亦黑口。其后序为成化二年莆田翁世资撰,略云:'同寅右参议方公藏有善本,用是重绣诸梓,以附《欧苏尺牍》之后。'因知此本殆亦翁氏刻,而时日较先,当在天顺之末。"又可知国内非但有孤本存世,且为少见的明中期刊本,自然非常珍贵。当然,国内存有孤本,也并不影响此和刻本的价值——尤其在学界无缘得睹其本的情况下,和刻本就更显重要了,无怪乎北大图书馆将其列为善本。

此书前有竺常序一篇,版权页有"大典禅师阅"字样,知即前文提到过的江户中期著名禅僧大典显常,他在序言中说:"吉松润甫校《欧苏手简》,又就予是正焉……旧本间有讹舛,今校照数本,又取本集监定之,润甫之业勤矣。"书后又有"旧刻正保二年""新刻天明元年"的标识,可知此本为据正保本校正新刻者,也就是说,在此本之前,日本还在正保二年(1645)刊行过一个版本,据查其本在日本有数家公藏(国内三家收藏中,山西所藏为正保本),取与天明本对照,发现二本果然有许多不同——比如更改了一些篇目的排列次序,并且对文字做了一些校正的工作,而这些更改与校正都是根据现存欧集来进行的,反倒抹杀了原本独特的文献意义

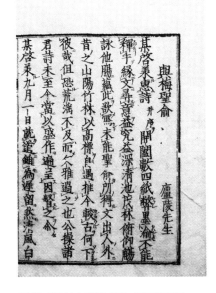

正保二年村上平乐寺刊《欧苏手简》

朝鲜景泰元年刊《欧苏手简》

（关于原本的意义，可参看朱刚先生《关于〈欧苏手简〉所收欧阳修尺牍》一文）——"润甫之业勤矣"，而此本价值便也打折扣矣（日本公文书馆及国会图书馆在正保本下亦标为吉松润甫校正，当误）。不过，好在此本虽有校正，但一般并不直接更改原文，而是用双行小字的形式标出校正的文字，个别改了原文的也必在文字之下标出"旧本"的面貌，态度非常严谨，并未完全湮没正保本的原貌。当然，要想看真正的原貌，还有两种途径：一是看前文所及黄裳先生藏明中期刊本；二是看正保本的母本——朝鲜景泰元年（1450）所刊五卷本，此本所刊时间比黄裳藏本所推测的天顺间还要早。

一七 藤井文政堂（二）
——明刊本

皕宋千元早已空，百嘉久可傲群雄。

访书嗟我生何晚，片羽翩然入梦中。

自上次于藤井文政堂淘到宝贝后，便很想再来碰运气。但这个地方实在太远，一直下不了决心。好不容易鼓起勇气来了，却吃了一次闭门羹——日本书店的作息时间真是五花八门，总之是比较任性，要看运气了。又过了数月，再一次来，终于又一次有机会蹲下去细翻那些柜子了。

不过，大部分还是上次的东西，仔细翻阅，还算有些新发现。

一是意外地发现了一册《说郛续》的零本。这是刻于明末而印于顺治三年（1646）的宛委山堂本，品相还好，就是中间有被虫蛀的痕迹。说实话，对于《说郛》，尤其是重编《说郛》及《说郛续》，我向来很不喜欢，主要是因为其编者喜欢"妄造书名""乱题撰人"，此为

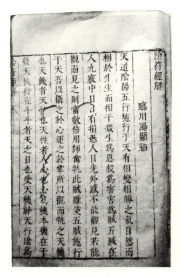

明末清初宛委山堂刊《说郛续》

鲁迅先生评《唐人说荟》的话,但在我看来,《说郛》系列从某种意义上,正是此类书的远祖。比如原本《说郛》中就曾将《虬髯客传》变换为《扶余国主》,并题作者为"张说",给学术界带来很大混乱(关于此,可参见拙文《〈虬髯客传〉作者献疑》,《励耘学刊》第十六辑)。还有一个更典型的例子,如果我列出如下的十五种宋人著作来考别人,一定会把通人考倒:《乾淳起居注》《绍熙行礼记》《南渡宫禁典仪》《高宗幸张府节次略》《乾淳御教记》《燕射记》《唱名记》《乾淳岁时记》《南宋市肆记》《南宋故都宫殿》《湖山胜概》《天基圣节排当乐次》《乾淳教坊乐部》《杂剧段数》《艺流供奉志》,因为这些书大家都没听说过,或许准确地说是似是而非。事实上,这全部是从周密的《武林旧事》中割裂而来的,当年笔者在整理《武林旧事》的时候,曾全力搜集各本,想努力校订出一部文字上更可靠的本子来,当时看到这种情况不禁哑然失笑——《武林旧事》全书不过五六万字,却被《说郛》鼓捣出了十五本新著来,这掺水的能力,比之现今有些惯于把自己的书改头换面的人来不遑多让。

不过,以前看到的都只是影印本,对其书只从内容上来评价;现在看到了实物,却也部分挽回了以前的观感。因为仅从书的刊印来看,编刊者还是下了力气的,版式大方,行款疏朗,字体精致悦目。而且还有几个影响因素。一是此书因清编《四库全书》时列为禁毁书,故流传也并不多。二是在日本买和刻本易,买唐本难,唐本不但稀少难逢,很多店主定价时还参考国内拍卖会的最高价格来定,却没有考虑拍品的复杂原因(比如曾在某店见一普通清刻本定价奇高,与国内此书的最高拍卖价相近,看来是店主"见贤思齐"的产物,但他却不知道,那件拍品是季羡林先生藏书)。三是从时代上看,这本书虽为清初印行,却是明末刊刻者,这也是我的藏书中目前唯一一部可以与明本有点关系的了——藏书家历来重宋元,但宋元刊本数百年前便重于尺璧,生活在乾嘉时期的藏书大家黄丕烈一生力求不过"百宋",比黄丕烈晚一代的邓邦达、陶湘及更晚些的吴梅便以"百靖""百嘉"为目标了;现在时代又过去了百年,还经过私藏变公藏的巨变,连清初之本都可遇不可求,何况明本乎?

在说第二本之前容我先说另一个话头,说到中国古代的笑话大家首先想到的便是《笑林广记》,但是很少有人知道这书其实是剽窃篡改别人著作的伪书,而那个原书就是冯梦龙的《笑府》。周作人在《论笑话》一文中说"查笑话古已有之,后来不知怎地忽为士大夫所看不起","宋朝这类的著作便很少,虽然别方面俗文学正逐渐生长,笑话在文学的地位却似乎没落下去了。明朝中间王学与禅宗得势之后,思想解放影响及于文艺,冯梦龙编《笑府》十三卷,笑话差不多又得附小说戏曲的末座了,然而三月十九天翻地覆,胡人即位,圣道复兴,李卓吾与公安竟陵悉为禁书,墨憨斋之名亦埋没灰土下,《笑府》死而复活为《笑林广记》,永列为下等书,不为读书人所齿,以至今日"。可见周作人对此书评价甚高,但"《笑府》后改编为《笑林广记》,原本遂不传,今所知者唯大连满铁图书馆云有一部,亦未得见,今但以日本刻选本二种为依据,其一有二卷,一只一卷,题风来山人删译。风来山人为18世纪日本天才作家,译虽未知真伪,但其声名正足与墨憨抗衡,故书坊遂取用之亦未可知"。周氏编《明清笑话四种》即参用两种和刻本收入《笑府》一百六十七则;后来,王利器先生编《历代笑话集》收入《笑府》五十三则,也是以日本所刻二卷本为据的(按:参王书,其所据前有书影,即据藤井孙兵卫刻本,正为此书店所刻)。周作人所说的二卷本为日本明和五年(1768)所刊,弘化三年与明治十六年亦曾重印,他所说的一卷本名为《删笑府》,为安永五年(1776)刊本,题为风来山人删译,风来山人即江户时期著名小说和净琉璃作家平贺源内(1728—1779),周作人怀疑此书为书坊伪托,其实反倒是以明代书坊之惯技来推测日本了:在中国,著名的文人一般不会为书坊点校出版物,那些挂着李卓吾、陈继儒大名的绝大部分是伪托;但日本却不同,日本的作家与学者地位再高,也会为书坊点校出版物,关于这一点,我们前文提到的几乎每一个和刻本都可为佐证,日本自有汉籍出版以来,历史上有名的汉学家几乎都会出现在其中。而且,这册《删笑府》出版的时候,平贺源内还在世,那就更不可能伪托了。所以,此书可以确信是平贺源内删编的。而我买到的正是《删笑府》,不过却并非安永五年的刊本,而是一个抄本。因为最近买到过稿本与上板底本,所以开始时我颇怀疑这就是风来山人的稿本,因为与刊本行款全同,连附注的假名也完全一样,但仔细查看,却发现可能不是，因为书后有数行字，分别为"于时 天保九载 仲春上旬写焉终"，"斋藤藏本"，那么可以认为此为天保九年的一个斋藤氏的抄本。由于安永刊本存世甚少，即日本公藏亦仅立命馆大学、三康、东北大学、公文书馆四家有藏，国内则国图与辽图有藏，故此抄本亦可珍贵，只是现在无法查出抄藏者斋藤其人。两种和刻本中，自然要以二卷本为要，以其所收篇目更多之故也，只可惜我一直未能看到那个版本，只能寄希望于将来了。

另外，需要补充说明的是，周作人所说的明刻十三卷本其实还另有日本内阁文库藏本，大连藏本无人得见，而内阁文库本则于20世纪80年代以后有中国台湾天一出版社及上海古籍出版社影印本，同时亦有几种排印本。

最近，又与朋友一起再访藤井文政堂，忽然发现原来书店门口还有一块招牌，上写"山城屋"三个字，看上去似乎很有年份了，朋友眼尖，立刻看到署名是"山阳外史"，也就是日本著名学者赖襄（1780—1839），他是文政时期著名书法家，可见这块牌子或许已经保存二百年了吧。

一八　新村堂（一）
——《助语辞》的两个注本

润物清词似雨丝，金声玉振韵徒诗。
欲摹老杜多沉郁，回斡还需助语辞。

  京都市并不大，古旧书店虽然很多，但有古籍的并不算多，慢慢地也被我搜罗得差不多了。其实我一直想去东京的神田神保町旧书街，虽然东京的书价要比京都贵得多，但却有更多的书，也便有机会淘到珍品。只是一来上课很忙，平时没时间去，而到了放假又舍不得回国与家人团聚的机会；二来自己不会日语，去东京肯定也是一大挑战，所以也就不过幻想一下罢了。后来发现在日本也有类似于中国孔夫子一样的旧书网，终于给了我更大的淘书空间，虽然这个旧书网的设计很不合理——记得看到虞云国教授的"东瀛书事"系列，其中提到这个日本古本屋的网上售书平台，并说"效率也比我国孔夫子旧书网来得高"，说实话，我不知道这一判断从何而来。日本古本屋只提供一个全网的统一搜书平台,但无法对特定一家来搜索(几年后这一点上稍有改进,可搜某家了),也看不到某家的全部书目;平台给每家书店只提供三页书目的篇幅,也就是说,上了新书,以前的书目数据就会从这三页中被挤出去,很不方便。另外,其网站可能为了减轻负荷,并不保留过往的数据,如果一本书被售出,则其数据完全消失,这样,网站便成了一个纯粹的交易平台,而没有了积累数据的意义。不像孔网,积累了海量的数据,可以让买卖双方进行全方位的考察与衡量。

不过,这些都是题外话,最重要的是,有了这个网络,我的触角便可以伸到京都之外去。虽然与中国一样,凡是上了网的书都会比此前贵许多,但起码给想要的人以机会——此前买到那几张伊达家藏品的明信片便受惠于此网。

自从上了这家网站,我便一直关注一个叫新村堂的古书店,此店位于神奈川县平塚市,这是一个小城市,但这家书店的和刻本却非常多,而且价格要比一般网店都便宜一些。

因为这个平台无法按书店查询,而新村堂古书店自己的网站上又基本上没有提供书目,我只好一边把仅有的那三页书目仔细看数遍,以免遗漏;一边自己天天在网上搜书,积累各种书的情况。最后,我决定在这家书店下一大单。不过,因为语言不通,我特别怕去邮局或银行汇款。此前去过一次银行,把要汇款的信息都写清楚了,但银行还是不给办理,工作人员不会英语,比画良久才知道非让我带一个懂日语的人来才给办。实在没办法,后来只好麻烦一位同事一起去才完事。所以,我下了订单后便给店主写信,与他商量能否用货到付款的方式。当然,信是用中文写成后再用网络软件翻译成日文发出的,但是一直未见店方回信,我非常着急,又觉得再写信便有些催促的意思,似乎有些不礼貌，便只好等候，然而十天半月过去仍然毫无动静，也只好再写信，但依旧石沉大海。这期间我甚至都想直接去一趟的，但查了很久，才发现很是复杂，我也难抽出时间来，只好再等。就这样，一直等到快放寒假的时候，还是杳无音信。后来实在没办法了，只好托朋友给书店打电话询问情况，得到的回答让人啼笑皆非：原来他们收到了我的信，但看不懂我的意思，所以没敢回复。我把信的原文拿给朋友看，他也说确实难懂，我才知道，原来网络软件的翻译很不靠谱，翻译软件中，英文是最成熟的，好的软件准确率可达百分之八十以上，但日语的据朋友说连一半都不到，有不少地方直接把意思译反了。知道这些的时候已经要放寒假了，我也只好请朋友转告书店，请他们把订单为我保留，我寒假结束回来就办理。但对方说不能保留，寒假回来再看书的情况。所以整个寒假我都有些提心吊胆，想着回去后一些十分想要的书或许已经没了。

收假回来，赶快上网查看，果然有一些书已经没了，叹惜之余，还是尽快把还有的书下单，并委托朋友代我用日语写信，终于顺利成交了，得书颇多，大致如下。

一是《文选正文》十三册，为文政十一年风月堂刊本，点校者为日本折中学派儒者片山兼山（1730—1782），即前所提及的朝川鼎之父。此书其实此前买到过零本，当时想着，日本和刻之《文选》甚多，当有机会配齐，但现在看到了全本，也只好下手了。另外，此为白文本，作为阅读本最好，开本阔大，字大墨浓，又无注疏扰乱，正可焚香静读。

二是《韵府一隅》十册十六卷。此书本为清人颜懋功据《佩文韵府》缩编而成者，据其自序知编成于嘉庆八年（1803）。然或因其书不免兔园册之讥，故国内存本甚少（《中国古籍总目》仅录南图所藏嘉庆八年云留堂刻本一种,未知是择录还是仅此一部),然日本在其书编成后的文化十一年(1814)即有了此书的覆刻本,即日人渡边奎辅所刊之养贤堂本,可以说相当迅速了。再到文政十一年,书贾英某又请了当时大儒中井丰民对此书重加校正并出版,正是我买到的版本。另外,此书"仄韵"部分川西贞潜序言后有"邨嘉平刻"四字,证明至少这篇序言是木邨嘉平所刻。

三是《晏子春秋》五册,元文元年(1736)植村腾右卫门刊本。书甚新,行款疏朗,字体端严。其书原据明黄之寀本覆刊,黄本国内所藏亦少,仅黑龙江、济南、福建三馆有藏,故可购藏备阅——我很喜欢《晏子春秋》,但在国内却一直没有买到喜欢的版本,吴则虞先生的大著《晏子春秋集释》早已绝版,其书本为中华书局《诸子集成初编》之一种,但后来此套书整体推出时却无此书,据云与版权有关;后其书交另一出版社出版,装帧有如盗版,排版亦甚触目,实在让人下不了决心,以至于直到现在我仍然只有此书的选译本。现在买下此本,聊充阅读之本吧。

另两本书更有趣了,都是元人卢以纬所作《助语辞》,而且都是由梅村弥右卫门刊行的,但并不一样。一本名为《鳌头助语辞》,为天和三年(1683)刊行,其书正文只占版本的一半,另一半则为日人所作的注疏,这些注颇有价值,王克仲先生《助语辞集注》一书便全录了此书的"冠解"。另一本则名为《重订鳌头助语辞》,为京都名儒毛利贞斋所辑,享保二年(1717)刊行,其书对前书的注疏踵事增华,更为详尽。日人注释工作颇有所获,其价值也为国内学界所认可,如李学勤先生主编《中华汉语工具书书库》即将天和本收入影印而非胡文焕原刻本;更有趣的是,当代规模最大的丛书《续修四库全书》又将享保本收入,亦未及胡文焕本。则此二本之价值亦可知矣。最后还要

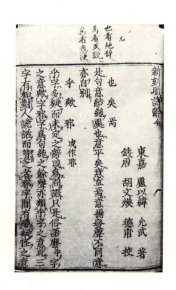

宽永十九年刊《助语辞》

说明,《助语辞》一书在日本还有宽永十九年(1642)刊本,存世稍稀,日本仅山口大、东大总、大阪府立冲之岛三家有藏,当为此二本之底本,我后来亦搜得一册。

一九 新村堂（二）
——文天祥《指南录》

读史从来是读今，沛然正气总存心。
落樱何必知多少，风雨入诗自啸吟。

在新村堂买书，他们还随书寄来了一册《新村堂书店汉籍目录》，是第十五号，发行日期为2013年4月，可以说是最新的售书目录了。这下弥补了日本古本屋的不足，我都来不及拆包看新买的书，连夜考察这本目录。

目录共附汉籍一千二百余种，我反复斟酌，最后确定了十三种书，计有六十四册，这可是一次大手笔，从来没有这样豪掷千金了。但确实因为书都不错，价格也不算很贵。选完书连夜给书店发信下单，因为书目不算是新的，生怕有些书被别人买走了。第二天接到了回信，结果却令人十分失望，回信中说十三种书中的九种已经售出，只剩四种了。不过，这个时候，也顾不上自怨自艾了，又怕这四种再被人订走,忙再加一种此前有些无法决定的书,算是下了订单。又过了一天,书店回信确认,这才放下心来。

这次因为是即目考察来选书,所以书的质量都还不错。

第一种为《读史管见》六册,安政三年京摄五书堂梓,如射书院藏板。虞云国先生数年前在京都三密堂购得此书零本,他说:"见有《读史管见》零本第二册至第五册,不知作者。宋胡寅有同名之书三十卷,评论所据似为《通鉴》,而此四册皆选《史记》文而附以评论,虽也涉史论,但颇多文评,有的天头载有钟惺评语,显非胡寅之书。明周绍节、郑伉各著有同名书,不知究出谁手,决定买回待考。"(见虞先生网上博文《寺町书店街巡礼》)可见零本之误人,因为缺首尾二册,则不知其书之来龙去脉了。其实,此书为清代才女李晚芳(1691—1767)所著,李晚芳是广东顺德人,出身世家,中年守寡,晚年,她把居所命名为绿猗园,自号绿猗老人,被远近称为"女宗"。

此和刻本之所以颇为珍贵,原因在于其出版时间。李晚芳虽然写了数部著作,却并不愿意让家人刊布,所以在她生前这些书均未刊行,死后近二十年,其《女学言行纂》方始刊行。《读史管见》前有李晚芳写于康熙丁亥(四十六年,1707)的序,但从序作内容看,这并非成书时间,更非刊刻时间。另外,书前谢方端序写于乾隆丙午(1786),其侄梁景璋序写于乾隆五十年(1785),书末有李履中乾隆五十一年(1786)跋,而最晚的是姻亲伍鼎臣作于嘉庆丁丑(1817)的序,则其刊行或已至嘉庆之时了。不过,这个最早的刊本现已无存,国内现存最早为1937年至德周氏师古堂刊《李菉猗女史全书》本。相较而言,此和刻本距伍鼎臣作序之时仅三十九年,而较师古堂本早八十一年,所以,此本无疑是其书现存最早的刊本。

此书所评颇有精当处,韩兆琦先生在其《史记选注集说》中多有引用。此和刻本为日本幕末儒者陶所池内（1814—1863）校订，前有其序。另外，有趣的是，书中还夹着原藏者于明治十五年的购书发票。

第二种是《文天祥指南录》三册，明治三年（1870）先忧阁藏板，开本阔大，天头与书根皆甚宽，九行二十字，字体方正严谨，版面疏朗有致，首安达忠贯庆应元年序，次王守仁序，再自序与后序，后有"文信国公真像"。因为中学便学过文天祥的《指南录后序》，所以对此书十分崇敬，但国

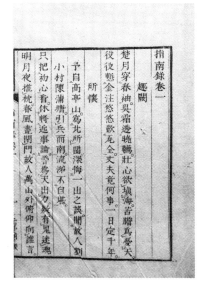

明治三年先忧阁藏板《文天祥指南录》

内刊行的此书单行本很少，现在仅有北大图书馆及安阳图书馆藏有万历本，此和刻本倒满足了我的愿望——另外，和刻本中还有文山先生《集杜诗》的单行本，亦是今后要重点寻访的书。

第三种书是《尺牍奇赏》四册十五卷，贞享四年（1687）柳枝轩刊本，署为"长洲明卿陈仁锡选，竟陵伯敬钟惺评，瓯粤邻周郑国校"。此书非常有趣，总体上像类书一样，分为天文、地理、时令、人物、人事、珠宝、文史、花木、衣服、饮食、器用、果品、身体、宫室、鸟兽十五品，不过，与类书不同的是，每品之下不是辑录词藻，而是直接录入相应的尺牍作品，如"天文"部的前几封尺牍分别是吴从先《招友赏月》、宁仕卫《请袁石龙赏雪》、汪道昆《雨中请客》、祝允明《重九遇雨请》之类，真是古人撰写尺牍的宝典。不过，也正因

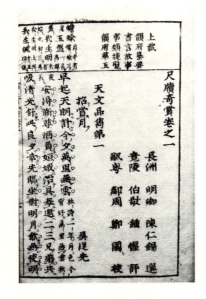

贞享四年柳枝轩刊《尺牍奇赏》

为有模板,尺牍之性情尽失。周作人藏此书,其在《夜读抄·五老小简》中曾云:"前年夏天买得明陈仁锡编的《尺牍奇赏》十四卷,曾题其端云:'尺牍唯苏黄二公最佳,自然大雅。孙内简便不免有小家子气,余更自郐而下矣。从王稚登、吴从先下去,便自生出秋水轩一路,正是不足怪也。'"

陈仁锡喜著述,故其书传于今者极多。仅以"奇赏"为名之选本便有《古文奇赏》二十二卷、《续古文奇赏》三十四卷、《奇赏斋广文苑英华》二十六卷、《四续古文奇赏》五十三卷、《明文奇赏》四十卷(万历四十六年至天启间刻本)、《苏文奇赏》五十卷(崇祯四年刻本)、《奇赏斋古文汇编》二百三十六卷(崇祯七年刻本),仅此便近五百卷之巨(以上均收入《四库全书存目丛书》中)。然其《尺牍奇赏》十五卷却似佚失无存,遍检国内各家公藏及公私书目,均未见此书踪影。日本龙野历史文化资料馆有《尺牍奇赏》三册,仅标为"明陈仁锡辑",未知是否明本;另公文书馆藏有《尺牍奇赏》四卷,标为"明陈仁锡编,明钟惺评,明刊",然仅四卷,或非全帙,或为另本。总之,此十五卷本之书仅赖此和刻本以传。此书前陈仁锡序末云"予于古文及名文诸选,皆以'奇赏'名之,是种也又异乎哉",可知此书与其前选多种以"奇赏"为名之选本亦为同一系列。然因陈序未署日期,故不知此书明刊为何时所刻,因其序提及"古文及名文（当是'明文'）诸选"，则当在天启之后，又序末有"壬戌探花"印，又当在其中进士的天启二年之后，而天启初年，钟惺任职福建，又因父丧回乡守制并卒于家，则此书云"钟惺评"大抵为伪托。

最后一种是《花历百咏》二册，文政七年（1824）芳润堂藏板。此书为清人翁长祚所著，然国内仅南图有康熙本存世，是为孤本，则此和刻本使此书得以延续，功莫大焉。翁氏在撰于康熙四十七年（1708）的自序中说："余两人……当长夏无聊，论文暇，亦复言诗，而苦于无题。一日偶检花历，得四十余种，皆效《吕览》体，爰取而损益之，按月得百有六十，每一花赋近体一律，随兴会所至，一日之内或一二题，或五七首，不一而足。"以花为题，颇有些类似《红

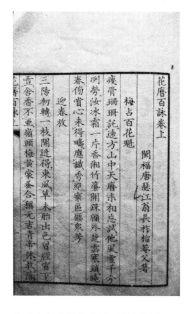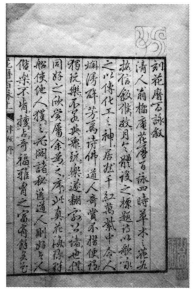

文政七年芳润堂藏板《花历百咏》

楼梦》中的分题吟咏菊花诗，很有趣味。此本前有津阪孝绰序，即前文述及《历代绝句类选》稿本之作者。次为占春老人曾槃序，曾槃（1758—1834）为江户后期的本草学者，编有博物学著作《成形图说》，又著有《本草纲目纂疏》等，他为此书写了《百花和称记》一文附于书后，可为此书增辉了。后为日人加藤序、俞崇引、翁氏引以及陈枚的《凡例十则》。此和刻本国内无藏，日本则有十几家公藏。另外，日本国会图书馆竟有享保八年（1723）的摘抄本，则此书传播之快，实在令人惊叹。

两次在新村堂买书，都有相当满意的收获，希望以后可以亲自去这家书店拜访一次，相信一定会有惊喜。

二〇 『龟虎文库』——失之交臂的书市

雷电仙官取坠星，青钱丽制泄东瀛。
归乡曾误上毛市，百载谁知河世宁。

  2012 年的日本黄金周，也就是我初抵日本还不到一个月的时候，刚刚认识的一位日本友人给我打电话，说京都会馆在黄金周会举办书市——她刚认识我，只见了两次面，便已经知道我是个"书虫"了。我正因无法去北京的夏季书市而懊恼，得知这里也有，仿佛是上天的补偿。于是，某一天，我兴冲冲地骑车去了。但当我满头大汗骑到地方时，却发现一片冷寂，阒无一人，我也百思不得其解，只好再开启第二计划，就是到位于京都会馆附近的京都府立图书馆看书。
  后来，对京都的书市稍有了解，才知道当初自己走错了地方。2013 年 5 月 1 日，我终于真正经历了京都的春季古本祭，而且，经历之后心中大为感慨——人生在世，偶然因素确实太多，人的书缘更是如此。京都春季书市总是在京都劝业馆举行，2012 年那位朋友曾带我去平安神宫游玩，当时介绍了劝业馆与京都会馆，后来打电话时说了一下地方，我记得说的是会馆，其实也可能是我听错了——所以，当我 2012 年在京都会馆前百思不得其解时，数百米外的劝业馆里正人头攒动，万千古书正待价而沽；接下来我又去了京都府立图书馆，实际上与当时的书市会场仅一墙之隔——这对于不熟悉日本、不会日语的我来说，是名副其实的咫尺天涯，每当想到这个，都感觉像错失了百宋千元一样。那次不遇之后，黄金周结束，我回到紧张的工作中，此后虽然也四处搜寻书店，但很少看到古籍，便也未敢再起妄想。直到 2012 年 8 月在夏季古本祭买到抄本《孟子》后初试锋芒，然后在 10 月无意中闯进了尚学堂，才复活了访书的梦想——如果我当时运气好一点可以进入春季书市的话，那么我的东瀛访书之旅一定会大为不同。这一点，从以下数篇就能看出来。

这次我早做了准备，查清了路线，计算好了时间，而且，为了不与好书失之交臂，我有意早到了二十分钟。到达之后才发现大厅已经有几百人在排队等候入场了，还专门有一个人举着"队尾"的牌子（仔细一看，举牌的是丸太町通牧村书店的小伙子，我在这家书店买过不少旧书），让新来的人排在后边。我排上后，那个"队尾"的牌子很快就离我更远了。每当看到这种情形我都心情复杂，一方面是喜悦，原来总还是有人爱读书的；另一方面却有些失落，日本人的爱读书显然比国内的人更纯粹些——在北京书市上人也很多，但绝大部分是学生，那是他们不得不做的功课，而普通的上班族绝大部分似乎已经不知道这个世界上还有书这种东西了；但日本这里很分散，什么样的人都有，看什么书的人都有，因为对于这些人来说，看书不是为了功课，而是一种生活方式。

日本人很严格，所以这二十分钟也等得很扎实，其实里面已经布置好了，工作人员和读者都在等，但就是不开。我排的这个队比较短，前边有二三十人便是入口，另外几个队都上百人了，但我知道，以日本人的习惯肯定不会让那边排了很久的长队与这边的短队同时进场的。果然，十点到了，这边的入口用绳拦着不让进，先让另外两个入口进，那边进完了这边才放行。

我在前一天晚上就在网上抄下了会场各书店的分布图，为的是能尽快到达特定书店——不过来后发现这也是多余的，因为组织者已经印好了示意图给每位读者发放，所以我排队时也没闲着。我前边的入口其实是开着的，我努力看最近的书店是哪个，然后与分布图联系起来，并推测我要去的紫阳书院在哪里（2012年秋季书市紫阳书院还有一种书，我犹豫良久没买，后来却后悔不迭）。进场后二话不说，拿起篮子（春季书市是集中结账的，所以可以像超市一样，拿篮子采购）冲过去，果然与我想的一样。不过，计划虽好，奈何运气不佳——紫阳书院2013年虽然也拿了不少古籍来（这一点比2012年夏季书市好多了），但却几无可买之物，而我2012年没买的书也已经不见踪影了。

接下来便开始一家一家地浏览，发现了一些新的书店。有一家叫キトラ文庫的书店原本位于奈良县生驹市，如果不是书市，我可能今生都没有机会去的。这家书店的名字就是用片假名书写，但查工具书知道，这其实是奈良一个7、8世纪古坟的名字，那座坟可译为"龟虎古坟"，我就把这家书店叫"龟虎文库"吧。

首先收获了一套和刻本《战国策谭棷》，原为宋鲍彪校注、元吴师道重校、明张文燿校辑，出版于明万历年间，乾隆时期编《四库全书》时列入存目，一般来说，《四库全书》的存目书佚失的可能性很大，此书现在存世也确实不多。据《中国古籍善本书目》知万历原刊本国内仅国图与上图各藏两种，杜泽逊先生《四库存目标注》载天津图书馆、中山图书馆、泰州图书馆亦各藏一种，可知甚为少见，近年拍卖场曾出现一种，拍出了四十六万元高价。此和刻本为日本宽保元年翻刻者，共十卷，十五册，行款与万历原本全同，唯字体稍拙，国内仅上图与辽图有藏。

另有一书虽非汉籍，但仍值得一提，我一看到便立刻拿来放进篮子。为什么会如此坚决，这还得从当初再去尚学堂书店的经历说起。那天在尚学堂买了一些书，但有几套书我一直犹豫不决，其中有一套叫《书画鉴定大日本名家全书》，一函七册，函套与书品都很新，我打开仔细翻了一遍，书是宫崎幸麿所编，明治四十一年（1908）青山堂书房刊行，皮纸线装，印制颇精。我在东瀛访书的重点是从文献角度看较为珍稀的和刻本，但要能挑出真正珍贵的和刻本也不大容易，因为数百年来，日本刊刻了数量并不算少的和刻汉籍，其间也是鱼龙混杂，在国内要鉴别古籍，自然首先要了解各种古籍的作者、时代、书坊、藏者等因素，在日本当然也要如此，这于我来说却非常欠缺，只能靠自己平时阅读来做一点捉襟见肘的准备，这自然是不够的。此书却正是一部很好的工具书。其书首册为索引，余六册

宽保元年《战国策谭棷》

分为三个部分，分别著录儒家、画家和书家的资料，每人有一小传，介绍其字号（日本人的字号中日混杂，对于中国人来说，很难理清）、时代、著作等信息，最重要的是，其书主要篇幅是摹印了所录之人的多枚印章与签名，这对于鉴定古籍版本用处极大——中国作为古籍大国，似乎到现在为止也没有这样一部完善好用的工具书，真是一件遗憾的事。说到印章，确实令人感慨，因为日本人从中国学会了篆刻，却比中国人还要看重，直到现在，在日本如果没有印章将寸步难行，所以日本的和刻本盖了不少印章，有作者的、出版者的，更有藏书者的，但却较国内的印章更难辨认，因为他们在刻章时有些字的变形会很厉害，所以就要借助工具书来了解他们的习惯。

不过，我当时之所以犹豫，是因为其书索价不低，有点超出我的心理价位，于是便想，这种工具书应该不会很快就卖掉，我先放下，再考虑考虑。之后的一段时间，每到要查阅一位日本汉学家资料时便痛切地感受到那套书的重要，于是有一天我专程再去尚学堂，没想到，那套书真的没有了。我没好意思问老板，但自己找了几遍，未见踪影，只好长叹而回。

所以在这家书店我一眼便看到了这套书，当然，品相比尚学堂那套差了些，而且没有函套，但这都无所谓，一定要赶快买下，因为书太有用了。好在此书亦无缺无损，有八成品相，而且价格较尚学堂那本要便宜一些，也算平衡一点吧。

翻了翻这套书，有件事倒值得一提。前文在论《墨场必携》时提到作者市河米庵之父市河宽斋，此人在《全唐诗》问世后率先对其进行补辑，得《全唐诗逸》三卷（其中收入了《游仙窟》中张鷟的多首艳诗），并由其子于文化元年刊行，米庵并以此书赠予中国，后于道光三年（1823）收入《知不足斋丛书》。不过，直到1998年佟培基先生发表《近三百年〈全唐诗〉的整理与研究》一文时才指出,鲍氏刻本误将作者姓名署为"'日本上毛河世宁',显脱'市'字,此误一直沿袭到中华书局排印本至今"。想来鲍廷博或误"市"字属上读为"上毛市"吧。看到佟先生文章后我自己也恍然大悟,还将此作为文献考证之例在课堂多次提及。不过,看了这套《书画鉴定大日本名家全书》后,却发现鲍氏虽误,但亦可称不误。日本受汉文化浸润甚深,所以日本汉学家大都会模仿国人起字、号,不过,字、号的确可以与中国人很像,但姓氏却截然不同,因为日人之姓大多数为两个字的(像"林"那样单字姓是很少的),所以,便有不少汉学家把姓也改成一字的,以求与中国人姓名一致,比如著名的汉学大家荻生徂徕,他本姓物部,字茂卿,于是便给自己起了汉名叫"物茂卿"。而市河宽斋也当为自己起过这样的汉名,因为在此书中收录了他的一方印章,即"河世宁印"。此外,我们还可以在他的序跋中找到证据,比如董康《书舶庸谭》卷三录《文馆词林》卷六六八后之题跋中,即有此人一跋,署为"戊子八月海上毛河世宁拜观";再如文化八年刊宋人高翥《菊磵遗稿》前亦有其序,署为"宽斋老人河世宁序"。由此可知,他的名字写为河世宁也不算错。

二 『菊花』书店
——失而复得的《简斋诗集》

杏花疏影简斋句，海上心情会孟词。
胡马窥江聊月旦，山中岁月复谁知。

  这家书店叫キクオ，就在河原町，书很多，也颇有些名气，但书店的名字却一直不知其义。日本的文字其实有些尴尬，因为古时自己的语言只有发音而无文字，后来借助汉语创造了自己的文字，但整个语言系统中关键的字词仍由汉字来担当，加上对汉字的读音又分为音读与训读两种，即使是音读也有吴地方言、福建方言等不同版本，所以弄得非常复杂。芥川龙之介生前最后一封信是给朝鲜人金九经的，其中便说道："'决'与'译'均为借用汉字，生于这样的国家，自己亦觉得万分可笑。终究不如直接写假名'わけ'为好。唯望了解，使用'决'字并非校对者之错，则幸甚。"这里我们只看到芥川龙之介的自嘲，却没看到他提供更合理的解决方式。其实，之所以借用汉字，是因为"决"与"译"日语发音完全相同,若仅以假名书写无法区分,便只好用汉字来区分。不过,近来日本社会似乎也出现了假名化的倾向,许多商家的店名便直接用假名来写,但有的只表读音,却无意义,比如这个"キクオ",我翻阅了许多工具书也不知其义,问了不少日本友人,得到的回答都是说只是一个读音而已,只好依其前两个假名的音译为"菊花"。

这家书店此前已去过几次,有不少日本学者研究中国的书,但都很贵,而且似乎没有看到古籍,便不再去了。但这一次却在书市遇到了珍贵的《简斋诗集》。

说起与《简斋诗集》的缘分,还真是一言难尽。记得内子赵锐撰写博士论文的时候,因为要考论陈与义《无住词》的笺注,我帮她从书架里翻出很久以前买到的中华书局版《陈与义集》,并去图书馆借回了白敦仁先生《陈与义集校笺》。过了一段时间,她把用完的书放在书桌上,我拿起来随手翻了翻,看了看前言什么的,发现前书的点校者利用了一部日本刊刻的十五卷本《须溪先生评点简斋诗集》,并且指出其书比国内所存宋刊三十卷本多出七首诗与一篇铭,还有刘辰翁评语一百余条以及增添的新注,增注不但多有可补正胡笺疏漏的地方,更重要的是,"还引用了胡笺本、武冈本、闽本及简斋手定本的校勘文字,后三种刊本早就亡佚,幸有此本,我们还能粗知各本的异文"。而校笺本的作者白敦仁先生则没有看到此和刻本的原书,只能利用前书来转引,并在凡例中说"未见原书","冀能得原书一覆校也"。这样看来,此书保存了《陈与义集》的珍贵面貌,很有价值。

此事给我的印象很深,所以在日本开始搜求古籍时,心中的最佳目标便是《须溪先生评点简斋诗集》这样或有类似价值的和刻本。然而,好书难遇,此书国内仅有三家图书馆有藏,其中北大图书馆藏本为清末著名藏书家李盛铎于戊戌政变后出使日本时"购之东京市上"者，初"亦未以为珍异也，顷得八千卷楼钞本，姑取此校"，才发现此本"源出宋刊本无疑"，与铁琴铜剑楼所藏宋椠孤本犹"虎贲中郎矣"。湖南省图书馆藏有两种，其一有清代著名藏书家黄丕烈跋，叶启勋题识——古籍收藏中，黄跋本身便是一种古籍的最佳鉴定书，则此本之贵重可想而知；另本有王礼培题识，王氏为民国间著名藏书家，戊戌变法后亦曾流亡日本，则当为王氏自东瀛携回者。还有辽图所藏，然本末未详。此外，傅增湘《藏园群书经眼录》多录经眼珍本，亦录此书于卷十四，且其末注"余藏"，知傅氏亦曾得是书，其藏书大部捐国图，小部捐四川图书馆，然此二馆现在均无此书，未知何故。由上可见，即便在百年之前，此书亦颇罕遘，故虽有此念，亦知为妄想。

  但在这个平凡的世界上，奇迹竟也常常出现。有一次在东京一家著名的书店诚心堂的网站查书，突然看到了《简斋诗集》，当时还想，不会是真的吧？点开一看，果然就是庆安元年（1648）所刊十五卷本的《须溪先生评点简斋诗集》，只是全书原本五册，此处缺第一册的三卷，价格亦稍昂，颇感犹豫，很快又说服了自己，一定要买下来，到时自己再去北大图书馆借李盛铎藏本抄出首册来配齐。不过，很不凑巧，当时已近寒假，我又正陷在与前文所提及的新村堂古书店的交流之中，所以不敢贸然下单，等到新村堂的事理顺之后，已经到了放假前的最后一天，肯定也无法下单了，因为订单保留期限最长为一周，我这一回国就是两个月，会让店主觉得不守信。只好先回国再说。等到再回日本后，有一堆的事需要做，其中最重要的便是到诚心堂下单。但遗憾的是，我在网上却无论如何也搜不到这套书了。那天真是欲哭无泪，把诚心堂的书目翻来覆去地看，就是没有；又不死心，再上日本古本屋广撒网，希望可以在别的书店见到，哪怕再贵些也可以。但是此书网上出现一套已是奇遇了,哪里会再有呢?最后,只好自怨自艾地承认,或者与此书无缘吧。

然而,正如此前多次说过的,人与书或者真是有缘分的。这次春季书市虽然也很抱期望,甚至在去书市前一天都有些睡不着觉,但没有想到会再看到这套书。那天进入书市后,先去了紫阳书院,发现没有可买的书后便依顺序一家家书店查看,快看到中间了,忽然想起另一边是藤井文政堂,便又去最边上看,最后才又慢慢回到中间来。也就是说,就我而言,几乎是把书市上的书店全转遍了,最后才来到"菊花"书店的,因为一直对这家书店的印象是没有古籍的。但这次刚到他们家却发现了不同,他们的摊位上放了一个专门的书架,与其他书分开,上面平放着的全是古籍。我连忙去看,在一个角落突然发现了这套书,我都不敢相信自己的眼睛,赶快先拿到篮子里,然后反复确认——事实上,日本刊刻《简斋诗集》也仅此一次,更不会错了。而且,价格比诚心堂还要便宜些,尤为有趣的是,此本或许也曾经缺过第一册,但现在却配齐了,因为后四册显然原即一套,而首册却是配本,其封面为红色,不像余四册那样为蓝色;开本也比余四册小一点,虽然是配本,但却也可以

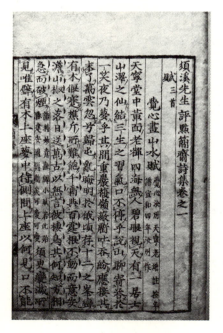

庆安元年野田弥兵卫刊《须溪先生评点简斋诗集》

肯定同样是庆安元年之本：一来据长泽规矩也先生《和刻本汉籍分类目录》，《简斋诗集》仅此一刻，据日本全国图书馆汉籍联合目录所查结果亦如是——关西大学图书馆标为正保元年（1644），那是因为主持刊刻的江宗白（即江村讷斋，1623—1673）书后的跋文标为"甲申"，有的印本后有"庆安元戊子年六吕良辰 野田弥兵卫板行"的字样，有的印本无此标识，收藏后者的图书馆便循例将跋文的日期当作刊行日期了，其实，这只是不同印次间的区别；二来此首册在行款与纸张上都与后四册完全相同。

此书封面题签均为"简斋集"，而正文则题为"须溪先生评点简斋诗集"，所以一般目录书均著录为"简斋诗集"。此书之末有朝鲜人柳希春的短跋，后署"嘉靖二十三年甲辰五月上澣承议郎行茂长县监柳希春谨跋"，后边还有金章文、宋麟寿等十二个校刻者的名字，可知此和刻本的底本是朝鲜嘉靖二十三年（1554）刻本，而朝鲜刻本的底本则当为元刊本。将此书与日本公文书馆所藏朝鲜本对比，会发现其从字体上看，是朝鲜活字本比较忠实之仿刻本，只是改变了行款，朝鲜本原为半叶十一行十九字，和刻本改为二十字。另外，此书之鱼尾颇有趣，全书竟然并不一例，大部分为双对的花鱼尾，少数叶则为黑鱼尾，即使是花鱼尾，也有的繁复一些，有的简单一些，而朝鲜本则均为普通的双对黑鱼尾。

补记：在看本书校样时，才看到苏枕书《京都古书店风景》中提及此店，称其"用的是初代主人前田菊雄的名字"，则其当为"菊雄书店"。

二一　其中堂
——与鲁迅先生『相遇』

琅嬛残念久成空，曾有珍船付片鸿。
嗟我晚来三万日，可堪旧梦在其中。

　　其中堂位于寺町通，据说此书店原在名古屋，后来转到京都。在寺町通这样的核心地点，其店面之宏阔疏朗，实在令人惊叹。
　　之所以对这家书店有印象，是因为我不但在刚到日本时便误打误撞地进来过，而且后来还专门去"随喜"过一次。之所以说"随喜"，是因为第一次逛街时看到了这么大的书店，便一头扎了进去，不过一进去，刚才的惊喜一下子就烟消云散了，因为书虽多，但全部是佛教典籍，便知此为佛籍专卖店，可知与我无缘。而之所以说"专门"，是因为后来突然觉得这个名字有些熟悉，果然在鲁迅先生1923年2月7日的日记中翻到了一条记载"晚得其中堂寄来之左暄《三余偶笔》八册，《巾箱小品》四册，共泉三元二角"，这让我十分惊喜，原来鲁迅先生曾在此店邮购过书籍。于是，我又特意找了时间再去其中堂——我本来很想在2013年2月7日这个日子去的，因为这恰恰是九十年之后的时间，只是这个时间无论用阴历还是阳历来算，都恰在年假之中，所以是不可能的了。于是，只好找一个天清气朗之日，怀着对鲁迅先生的敬意，如去北京八道弯胡同一样，骑车再来其中堂瞻仰。

那次去主要的目的是发思古之幽情，自然并未有买书的任务。同时要凭物抒情，也不能像探手入汤一样倏进倏出。所以也就安心在里面仔细转了数圈，倒也看到不少好书。

首先看到的便是几乎占据一面墙的巨帙，正是整套气势宏大的《大正新修大藏经》。我虽无意收藏佛典，但此书早有耳闻，若有可能，自然愿意橐载而归，但如此大的体量，恐怕无论购置之经费还是庋藏之空间，都是不可能的——后来曾经在百万遍秋季书市上看到过这套书的零本，价格也极便宜，但那时的我正发愁苦心搜集的和刻本怎样才能方便地拿回去——又不能像杨守敬一样雇巨舟舶载而回，就必须考虑收书的重量与体积了。所以，当时也仅仅打开一帙，经眼一过而已。

其店书架非常高，约有丈余，真可谓顶天立地，然而，在书架顶上还放了一圈古籍，远远看去，都是整部大套的书。我注目良久，才发现其中有一套挂有名签，竟然是一套《韵府群玉》，还有书箱。这不由得让人想起近年来广韵楼从日本巨资购回的宋本《钜宋广韵》和元日新堂本《韵府群玉》。但看样子，此书店里不一定会出售，所以不问也罢——因为若果为元本，亦无力罗致，就不要自苦了（当然，事后想，那很可能是和刻本）。不过，看到这些书那样放着，积满了灰尘，有的书都可以看到有蛛网和虫迹，想来在那里也是慢慢喂蠹鱼，甚是可惜。

没想到这样的书店也会参加书市,而且,在他们摊位前看书的读者很是不少。我扫了一眼,发现他们带到书市上的也基本都是佛教书。不过,他们竟然也带了一部分线装古籍来,与藤井文政堂的古籍放在一起,我仔细翻检了藤井文政堂后,就顺便把这家的书也翻看了一番。翻检的时候,当然希望突然发现一套《三余偶笔》,若真如此,也不枉二十年前靠咸菜为生数月以省钱来买《鲁迅全集》的诚意了!不过,看来看去,还是比较失望,上天并没有给我这个机会。虽然心有不甘,翻了无数遍,还是不得不放下这个奢望,随便挑了几册普通和刻本,以为纪念。

回家后,仍不甘心,继续上网搜寻,终于在东京琳琅阁发现一套《三余偶笔》,价格也是这家书店一贯的风格,但有其中堂的激励,反而觉得这个价格也颇可接受。于是赶快下单,买下此书。书虽从遥远的东京寄来,但在我心中,还是愿意把它当作从其中堂搜得者,所以,就把此书记在这里。

一般来说,和刻本中最有价值的是早期刊本,以其底本多为中国的宋元本,而宋元刊本现在百不存一,所以这些以宋元本为底本的刊本也便凸显出其在文献上的价值。不过,事情总有例外。在和刻本中,也会有一些覆刻明本甚至清本的书,由于原本留存较少而颇显珍贵。刊于清代嘉庆年间的《三余偶笔》便是一例。

《三余偶笔》为清代学者左暄所作,最初嘉庆十四年(1809)赵绍祖刻本仅八卷,嘉庆十六年桂林书屋刻为十六卷,此本国内多家图书馆都有藏本。其中国图所藏,我颇怀疑实为和刻本,因据《中国馆藏和刻本汉籍书目》载国图有一和本,然国图网站却无,仅有此嘉庆本。事实上,嘉庆十六年之后三十年,即天保十二年(1841),日本和泉屋金右卫门将其覆刻行世,其扉页仍标为"嘉庆十六年镌""桂林书屋藏板"

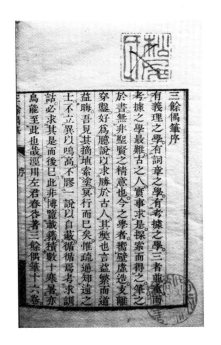

天保十二年和泉屋金右卫门刊《三余偶笔》

的字样,若不细察,恐易致误。

此书国内虽存,但亦如亡佚一般,学者使用较少。据我所知,余嘉锡先生《世说新语笺疏》第一则第五条注即引用《三余偶笔》卷五之材料,其《目录学发微》亦引;陈登原先生《中国文化史》及《国史旧闻》均一引及,此外便不多见。则其书亦可宝惜。

最后,说一下此书价格吧。由鲁迅先生日记后附之书账可知,其书花费为两块二,这在当时大概能买到四本《呐喊》吧,而现在却要两套《鲁迅全集》的价格了。

一二三 文荣堂
—— 书圣『换鹅书』

五千言是明心法，万代笔随逸少裾。

道士飞升无世累，还传一卷换鹅书。

文荣堂也是一个专业书店，去了一次发现不对口，就没再去过。但这次在书市上却有了新的收获。

话须从头说起。2012年10月15日，我第一次去了远在五条的藤井文政堂，意外地买到一本王羲之草书《孝经》。在买的时候完全不知道其书有什么价值，而且基本上判定是伪书，因为我从来没有听说过王羲之写过《孝经》。

回来后四处查检，想看看有没有文献记载了这个作伪的版本。但是检查的结果却让我十分惊讶，一方面，在大陆的文献系统中，几乎没有此书的任何资料；另一方面，有一位台湾学者却以此书为题进行了多个课题的研究，并且刊发了一些论文，搜集他的论文来看，发现他确认这是真品，而且其渊源亦甚明显。当然，我后来写了文章对此做进一步的研究，也得出了不同的结论，但其书之珍贵则毫无可疑。

记得刚开始在网上搜索王羲之与《孝经》关系时，无意中看到了一则"新闻"，文章发表于2010年9月14日，题目是《王羲之与褚遂良同帖书法惊现朝阳》，说的是辽宁省朝阳县一位民间收藏家有一份祖传字帖，为王羲之书老子《道德经》，字帖之末有王羲之印章，最后还有褚遂良手书跋语。过了几天，这一报道引起了读者的浓厚兴趣，记者又罗列了大众观点、书法界看法和文史界态度，一致认为此字帖为清朝拓印本，弥足珍贵云云。

看了这则报道与其所附图片，十分感慨：对报道与专家发言中的硬伤这里略过不提，只说我自己吧，那便是看了图片后十分羡慕，因为这个字帖妩媚而富韵致，对我这个书法"票友"来说要比我那本草书体的《孝经》更耐看。当时便想，如果我收藏的不是这本草书《孝经》而是小楷《道德经》多好。当然，这仍然只是梦话而已。

半年时间过去了。这半年中，我四处搜求，买到了百十种和刻本汉籍，并在这个过程中对和刻本也有了更多的了解。而且再去书店搜书时对书的判断也更准确了。不过，书囊无底，我还是经常遇到让我无法定位的书。遇到这样的书，有时候先买下，回来再研究；有时候更谨慎一些，先放一放，回来研究清楚了再去买。这次在书市上看到了三套书，都很犹豫，另两套不提也罢，因为我第二天再去的时候，书已被人买走了；第三套便是文荣堂的王羲之书《道德经》。

看到这本书，我第一反应是"伪作"，因为从2012年研究王羲之草书《孝经》以来，对有关王羲之的资料了解得更多一些，似未听说过有这样的字帖；加上2012年刚刚买到珍稀的王羲之字帖，2013年便再遇到同样的情况,我自己也觉得这太戏剧化了,不大可能,所以基本态度是倾向于不信任。不过,本来还想无论信任与否可以先买回研究一下再说。但此书索价甚昂,若买回发现已有明确定论为后人特别是近现代人伪托,岂不后悔。于是决定先放下,回家考察清楚再说。

当天回来后便四处查找资料,也没有定论。但至少明确了两点:一是此刊本刊刻时间甚早,为日本宝历七年(1757)——天下事竟然这样巧,与我前边买到的王羲之草书《孝经》刻于同一年,距今已二百余年,即使不是真品,也自有其价值;二是此本甚为稀见,日本公藏目前所知也不过东大总图、东北大学与早稻田三家,国内则没有。最后还在网上看到香港收藏家、书法家李兆良先生一文,他收藏了一册民国刊本,与此相同,谓此为其书法启蒙者,并认为这是真品。这些因素加起来也就够了。于是,第二天早早便又驱车前去。进场直奔文荣堂,前一天放下的三本书我都觉得可以买下,但仔细翻检,却始终找不到另两本,而这本《道德经》却还在。

结了账出来,准备回家。刚走了几步,不知为何,脑中竟然灵光一闪,忽然想到,今天买到的这本王羲之书《道德经》似乎正是2012年查阅《孝经》时看到的"新闻"中所说的那本,也是我当初梦想能拥有的那本!连忙停车检查,更加确定。当时便惊出一身冷汗,时不时停车看看那本书,确定已经被我买到,而不是放了一天后失之交臂。想来的确危险,因为第一天看到不少无法确定的书后来都不见了,更何况字帖之类的书在日本现在仍然大受欢迎(据一个日本朋友说,在日本的中小学,书道是必修的课程,与体育、音乐一样;而在国内,现在的中小学早就为了升学把这些东西逐出课堂了),所以没有被买走只能说是幸运。

回来后,仔细对比了一下李兆良先生藏本及朝阳民间藏本,大致可得如下的结论。

首先，此三本字体如出一辙，当有共同来源，我买到的宝历本后有刊刻者识语，中有"余友田纯卿近得宋搨本，乃右军《道德经》"之语，知其源出宋本，李藏本与朝阳本与此同，则亦当源于宋拓。

其次，宝历本为日本宝历七年摹刻，这在刊刻者跋语中有明确的时间记录。李兆良先生藏本之末有汪荣宝、潘飞声于庚午年（1930）所作之跋，亦为摹刻者，故其本之刻印，自在1930年之后。朝阳本的行款及一些特点与李藏本同，当为同一系统，但与李藏本亦有不同处，如李藏本为竹纸，而朝阳本为白棉纸；李藏本天头、地脚、书口均甚浅窄，朝阳本则甚宽大；另外，首页有一圆形龙凤花纹印，二本摹刻亦有细微不同。可知此二本非同版，朝阳本当为清代摹刻者，而且，其本之褚遂良跋语一笔不缺，非常完整，李藏本则缺"齐"字，知为所摹底本不同所致。

宝历七年摹刻王羲之楷书《道德经》

然而，李藏本及朝阳本均为半叶八行者，而此宝历本则为半叶六行者，可以肯定必有一本改动了原本的行款。我倾向于认为宋拓原本即为六行本，因为若原为八行，摹刻者没有理由要将其改为六行；而相反的情况下，书坊为了节省纸张，可能会将六行改为八行——事实亦正如此，宝历本正文共二十八叶，而国内之本则为二十一叶，省了三分之一的篇幅。另外，《黄庭经》为六行，我收藏的王羲之草书《孝经》也是六行,当可互证。最后,宝历本摹刻极精,摹刻者以保存原貌为目标,自然不会轻易对原本进行改变。宝历本后有主持者跋语,所述其本颠末甚详,迻录如下:

> 或谓王羲之换鹅者《黄庭》也,非《道德经》。按《晋书》本传:"道士云为写《道德经》,当举群鹅相赠。"初未尝言写《黄庭》也。而《王氏法书苑》辨之曰:"盖《道德经》是偶悦道士之鹅,因为之写;若《黄庭》,是道士闻其善书且喜鹅,故以是为赠以求其书。此是两事,颇分明,缘俱以写经得鹅,遂使后人指为一事,而妄起异论。唯李太白知其为二事,故其《书右军》一篇云:'右军本清真,潇洒在风尘。山阴遇羽客,要此好鹅宾。扫素写道经,笔精妙入神。书罢笼鹅去,何曾别主人。'此言书《道德经》得鹅也;《送贺宾客归越》一篇云:'镜湖流水漾清波,狂客归舟逸兴多。山阴道士如相见,应写黄庭换白鹅。'此言书《黄庭经》得鹅也。太白于两诗亦各言之,未尝误,乃后人自误也。"观此则谓非《道德经》者属不稽。余友田纯卿近得宋搨本,乃右军《道德经》也,首有"宣和"记识,后有"右将军会稽内史"图印及唐褚遂良跋语,虽摹仿既久,不失其神采,筋肉丰壮,位置典古,楷体全带行笔,大王风致,宛然可挹。惜此帖世不多见,尝使余以双钩法摹得之,且命善镌者重入之木板,纯卿素善书,自尽赀力,检校精密,字画万失一则改窜,务归于真,凡三阅季而就,以视宋搨本,几无毫发差谬。盖此帖也,不啻布之不朽,固当为法书冠冕。姑并存王氏之辨,以拒后之异论。时宝历丁丑春正月,大日本平安村井渐甫题。

可知此本为村井渐用田纯卿藏宋拓本以双钩法摹出，然后刊板，前后费时三年之久，而且态度极为认真，"字画万失一则改窜，务归于真"，达到了与宋拓本"几无毫发差谬"的地步。此之村井渐即村井中渐（1708—1797），其人在《书画鉴定大日本名家全书》的"儒家"类中有记载，云其名渐字中渐，号痴道人、邱壑外史等，京都人，儒医，能书善画，精通数术，那么，此本之渊源自然清晰可信。

最后要提一下的是，我在北大图书馆终于查到了其所藏的一部王羲之书《道德经》帖，著录为清代翻刻，则当与朝阳本相类。只是图书馆竟然标为"（晋）王羲之书；（晋）褚遂良临 唐贞观十五年（641）三月二十八日书"，初看此条记载还以为确是褚遂良临写的另本，但细查则当为北大图书馆误录，因其标为"唐贞观十五年（641）三月二十八日书"，这正是褚遂良跋王羲之帖的时间，其跋语原云："右《道德经》乃晋王羲之遗山阴刘道士书，道士以鹅群献右军者是也。历宋齐梁陈，今入秘府。遂良备员内省，因得厕观，敬记其后。贞观十五年三月廿八日 谏议大夫 知起居注 褚遂良书。"这与上面所说是同一天，褚遂良在同一天跋王羲之原帖并临写一份的可能性极小，所以其帖自当为右军之书帖。另外，后边的书写日期已经有了"唐贞观"的标记了，前边却仍将褚遂良的时代写为"晋"，则更可佐证其误了。

二四 汇文堂
——稀见印谱《秋闲戏铁》

文献旧曾识景云，今来还遇铁将军。

书缘不负深深意，阡陌夕阳刻篆文。

  汇文堂书店我慕名已久了。有段时间翻阅胡适的日记，发现他曾在这家书店买过书，这自然让我对其肃然起敬；后来又看到辛德勇先生文章，说店主人以前常与内藤湖南等大家来往，对当下之无学颇为不满云云，进而对其主人亦肃然起敬。然而，我多次乘兴而去，却未得其门而入，不得不废然而返，倒不是没找到——在京都，或许汇文堂是最好找的旧书店了，因其位置就在河原町通与丸太町通的交会处，那就相当于王府井与长安街的交会处一样显眼。没能进去的原因很简单——没开门。我去了五六次，均是如此，但那张京都古书绘图上标得很清楚，这家书店只是星期日和节假日休息的呀。所以我一直在想，也许这家店已经关门了吧。一念及此，不禁颇感惋惜，顿觉商业势力对坚守传统文化的经营者的侵蚀不只国内才有,这里原来也并未逃脱。所以,每次吃闭门羹的时候都只好瞻仰一下内藤湖南所题的饱满苍劲的匾额,然后吁嗟而去。

但在考察京都春季书市的时候,却意外地发现这家书店也参加了。所以,只好去书市看汇文堂的书了。

不过,或许他们选书时特意考虑了当下的潜在读者群吧,其摊位书虽不少,但都是很普通的当代出版物,只在最边上放了两个小纸箱,象征性地放了半箱子线装古籍和一堆古代字画。那些字画大都数万到数十万日元不等,我在日本字画方面没有什么知识,所以只是打开欣赏一下,并不敢购藏。重点便在那箱子古籍上,但是,把箱子翻了数遍,却仍没有一本拿得定主意的书。最后买了一些普通书,也买了一本颇为奇特的书。

先说普通本吧。买了一套广德馆校正的白文《五经》,其中的《书经》品相稍差,就放下了,只买了《易经》《诗经》《礼记》《春秋》四种,共九册。之所以买这套书,主要是其刊刻非常精美,字很大,每个字都有一点五厘米见方,这么大的字体,在古籍刊刻中还真的很少见,其版面半叶九行,行十九字,因为是白文,只有少数注音的小字,所以看上去十分豪阔,而且字体也非常漂亮,用的是颜体字,这在宋以后其实已经很少见了。用纸也十分考究,纸张细密温润,非常耐看。此广德馆为富山藩的藩学,故实为官刻本,则刻工用纸之精美亦理之自然。另外,我还看到同为广德馆校正的白文《四书》(《四书》未买,原因即在于其用纸已经不如《五经》好了),其前有总序,大意是说国家现在正在危急之时,需要维新,但也需要加强传统教育,于是刻了这套书云云。

其实,在汇文堂最大的也是最有趣的收获是下边一本书,因为这本书很奇特,此前我从来没有听说过,而且汇文堂要价也相当贵,所以我非常犹豫。其实早就挑好书了,却一直没去结账,在书市上转了很长时间,主要是在考虑这本书要不要买下。最后,实在是因为很喜欢,便拿下了——幸亏如此,不然第二天去估计又没了。

这本书名叫《秋闲戏铁》,只一册,是一本印谱,其卷端署为"闽漳严乘佛宣摹",知为福建刻印家严乘的印谱,所附之印为秦汉以来之历史人名印,非常有趣,其末又有一部分师友印和习语印,很是赏心悦目。书之用纸为薄如蝉翼的泥金纸,且为双层,则即有逼真之效,亦使双面互不相扰,可见书做得极为用心。

不过,此书未见于国内公藏。2011年10月30日,《南方都市报》发表哈佛大学图书馆善本室主任沈津先生的文章《访印谱收藏家林章松记》,文中提到香港的林章松先生收藏印谱一千五百种之多,沈先生

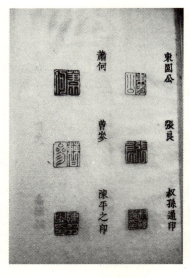

日人勾摹本《秋闲戏铁》(一)

专程去拜访，便指明要看《秋闲戏铁》和《超然楼印赏》两种，可见此书之珍稀（其实，《超然楼印赏》哈佛大学图书馆中便藏有一部，但《秋闲戏铁》却未见。此外，经与林先生联系得知，其所藏之《秋闲戏铁》并非原钤本，而是勾摹本）。然而，也正因为没有公藏信息，所以其具体信息也甚难确定。据《中国篆刻大辞典》可知，严乘曾于雍正四年（1726）刻成其印谱《秋闲戏铁》十册，前八册为严乘所治之印，后二册为罗公权所治。一至六册选择秦代李斯以下至明代的历史人物，共有姓名印八百六十二方，第七册为师友印一百一十六方，第八册为成语印一百一十六方。其书有罗公权的序和跋。此后的乾隆十九年（1754）又有《摹雕秋闲戏铁》本。但是我得到的本子却与其所述不同，此本为一厚册，前之人物姓名共有一百一十五方，后之人物与成语共六十五方，较全册仅五分之一而已。仔细与北京德宝公司于2009年拍卖的严氏原书对照（拍卖者误其名为"秋间戏铁"），其印亦有细微之异处。是知此书并非雍正本，自然亦非乾隆本。

  此书前有陈常夏、张居昌、罗耿辰、唐朝彝、李襄猷、李荃益、罗逸七人之序及严乘自序，序文颇长，占了整本书的一半篇幅，而且序文实为手写，并非刊刻，每人所用字体均不同，陈常夏为草书，张居昌为刊刻体的匠体字，罗耿辰为隶书，唐朝彝为行书，李襄猷为楷体，李荃益为行草，严乘自序为楷体，罗逸为行草，均极工丽，尤其是张居昌的匠体字序，一板一眼，竟如刷印上板一样。其中陈常夏（1630—1694）为顺治十八年（1661）进士；张居昌为顺治九年（1652）进士；唐朝彝（1640—1698）为康熙六年（1667）进士；李襄猷为顺治十七年（1660）武科举人；此数人均为福建人，题序时间也均在康熙年间。罗逸序署"丙子秋"，当为康熙三十五年（1696），如果这些序都是他们亲笔书写的，那此书便当成于康熙年间，但其中严

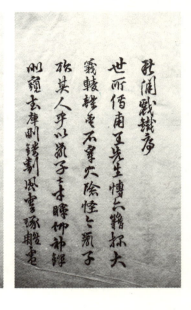

日人勾摹本《秋闲戏铁》(二)

乘的自序却又署为"丙午中秋",这个"丙午"却也只能是雍正四年。所以,应该还是后人的摹录之本。

查日本公藏,发现共有六家机构藏此书八种,其中新潟大学图书馆所藏两本最有特点:一为日本抄本八卷二册,一为日本摹刻本不分卷二册,为日本释韬玉摹雕,有宝历四年(1754)序,大和郡山柳泽里恭刊本,套印本。此书本来很可能是后者,但前边已提及,此书序言均为手工书写,故非刻印之本,正文中的印章释文也当是手写,所以,这本书只能是某个非常喜欢此印谱的人手摹者。仔细看印章本身,可以发现印色极浓,边缘也很清晰,应该不是钤印本,当然更不可能是印刷复制本,最有可能的便是勾摹本,即有人以薄纸覆原本上将其原印摹出,然后再用印泥填色,实际上相当于书籍中的影抄本——将其与原本对照可见其勾摹之精细，连书前之序文亦有虎贲中郎之似，至于印文，甚至比钤印更美观，因为原印有印泥模糊处，此书却没有。

我曾在一次书市上搜到数册昭和三年（1928）的售书目录，店家是位于东京神田南神保町的书店细川智渊堂。在其1月号的第三十页，竟然发现有一套《秋闲戏铁》在出售，注云"闽漳严乘佛宣摹"，并注明"第五卷缺"，故只有七册，定价为十八元；根据这本目录所标书价与当下比较，可以看出二者间的比值基本是一万倍，也就是说相当于现在的十八万日元——但现在用这个价格也买不到了。此书在后几个月的书单中均在，在6月号里，店主终于降了价，变成了十七日元，这一改变果然见效，它从8月书单中消失了，自然是被人买走了！但9月书单中又出现了，只是，这次却为十册本，未注有缺，定价也重新回到十八元，自非同书——这家书店很厉害（可惜的是，现在已经没有了），这么稀缺的书随时变出一个来。我很好奇，这两套书最后被谁买去了，现在无论日本还是中国都并无此书的踪影，看来应该是被某位藏书家养在深闺了。

由于这本书太精美，回来的路上，时不时停下自行车拿出欣赏一番。这时，夕照把京都市错落有致的建筑倒影齐齐地印刷在建筑之间的街道上，那错综复杂的街道与细瘦而整齐的楼房似乎篆刻家刀下的阴文或阳文的字迹，与我手上的印谱一样，甚是迷人。

二五 赤尾照文堂
——珍贵的《真山民诗集》

诗似珍珠粒粒新，云生松下世皆春。
虽然不识真名姓，留得清风吟绿筠。

  赤尾照文堂其实是我最早知道的京都旧书店，也是最早去拜访的书店，其地理位置亦极优越，就在河原町大街的正中间，夹在庞大的电玩城与百货大楼之间，与对面京都最大的ジュンク堂书店对峙，但这栋古色古香的两层小楼并未输掉气势。我第一次看到的时候便很惊叹，对这家旧书店充满了敬意。其店主营为绘画、纹样之类，很有日本情调，不过，却少有我要的书，所以去了几次，除买了一本长泽规矩也《和刻本汉籍分类目录》以备查检外，再无所得。然而，就好像在舞台上突然看到平时熟悉的邻家女孩一样，这家书店粉墨登场参加京都春季书市时却带来了不同的观感——在其摊位上，赫然陈列了一些古籍，虽然并不多，但也有令人欣喜的收获。

我在浏览祝尚书先生《宋人别集叙录》时，特别注意其中提到的那些有独特价值的和刻本。印象中，宋集的和刻本中，最有价值的便是《真山民诗集》，因为国内所存其集经过四库馆臣的补辑也不过一百一十七首，而和刻本则溢出五十一首，几乎是国内所存数量的一半，自然十分珍贵。再加上我读真山民的诗，语淡意新，诗思秀丽，最难得的是，他的全部一百余首诗仿佛挑拣过的珍珠一样，粒粒圆润可喜，少有枯燥的凑数之作。因此，一直想买他的诗集，但学界至今尚无整理本，而读诗又不便总对着计算机屏幕，于是便常幻想能求得一部线装本以便诵其清词丽句也。不过好书难求自古皆然，抵日已久，仍无缘邂逅。

没想到，这次书市竟然在赤尾照文堂找到了这本薄薄的《真山民诗集》。不过，这本并非和刻本，而是"和抄本"，书末署"明治廿八年 平安冈崎良隆 净写"，知其为冈崎良隆抄于明治二十八年（1895）。其书严格按照泉泽充编刊的和刻本抄录，仅未抄前之序文及后附之传记资料，其余行款一如刊本。而且，此本用纸有红格栏线，每叶书根处有"文雅堂制"字样，抄手之书法很有功力，加之严谨认真，所以十分赏心悦目，允为精抄之本。

关于此书，尚有几件事需要考辨。首先最需考证者为抄者冈

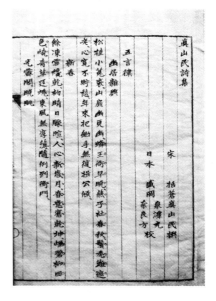

明治二十八年冈崎良隆抄校本《真山民诗集》

崎良隆，然百般求索不得其情。其实，此书中夹了一张抄者的信件，只是其汉字与假名并陈，且为行草，龙飞凤舞，确难辨认，想来其中或许有关于此人的资料，但只能寻访通人认读后再论了。

其次要考察的便是此抄本的底本。泉泽充所刊和刻本最早由北林堂西宫弥兵卫刻于文化九年（1812），其后多次重印，又于文政八年（1825）由玉山堂山城屋佐兵卫修板再印，长泽规矩也在《和刻本汉籍分类目录》中指出其修板是"董序补文"，细勘二本，发现文化本之董序有"前者取其醇，后者取其醨矣"一句，而文政本则补为"前者取其醇，后者取其醨，取之不已，今不知其第几醨矣"，显然文化本因有两个"醨"字而漏刻十一字，文政本发现此误而补正之。实际上，文政本的修补尚不止于此，其对朝川鼎序文亦有修改，在其序中加入"《龙泉邑志》收其《留槎阁寓感》《题济川桥》二诗，而此本一有题而无诗，一有诗而无题，其间盖脱一诗一题"一句，当是文化本刊行后，朝川鼎于《龙泉邑志》中发现新的佚诗，于是有修板之举（《龙泉邑志》一书国内似未见，然其所收二诗则已被嘉庆本《真山民诗集》的编刊者辑出收入补遗之中）。当然，这些序文抄本均未抄录，据此仍未知所抄为何本。但二本正文也有不同，文政本在书末补刊了《留槎阁寓感》一诗，而且七言律部分

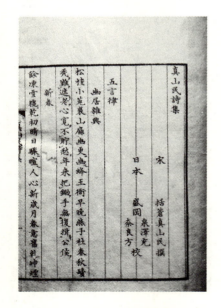

文化九年北林堂西宫弥兵卫刊《真山民诗集》

的最后一诗文化本原题为《留槎阁秋望》，亦据朝川鼎的发现在题下注云："此题当据《龙泉邑志》作'题济川桥'。"卷末泉泽充之跋亦有不同，其末句文化本为："视诸提要所收本多五十一首，而彼所载而所阙者九首，今附录卷末，以备其遗云。"文政本则改为："视诸提要所收本多五十一首，而彼所载而所阙者八首，又提要本从《元诗体要》增入《陈云岫爱骑驴》七古一首，善庵先生于《龙泉邑志》得《留槎阁寓感》七律一首，今皆附录卷末，以备其遗云。"可以看出，这次修板主要针对的是新增的那首诗，泉泽充是朝川鼎的弟子（朝川鼎《古文孝经私记》一书首页便标有"门人南部泉泽充校"的字样），自然要把老师的发现表彰出来。从这个角度来看，《真山民诗集》之和刻本中最佳者当为文政本，长泽规矩也《和刻本汉诗集成》据文化本影印，实有未察之憾。查此抄本，上述几点均与文政本相同，则其抄自文政本无疑。

此外，抄本之眉端尚有朱笔校记八十五条。仔细考察，发现这些异文并非来自文化本与文政本，亦非《四库全书》本，实不知抄录者所据何本对校。或许来自文化十年（1813）出版的村濑之熙校本吧（按：初撰此文时没有看到村濑之熙校本，后来搜到一套，二者对勘，知当初之推测是正确的）。

获得此抄本后，我在网上继续留心《真山民诗集》的刊本。有

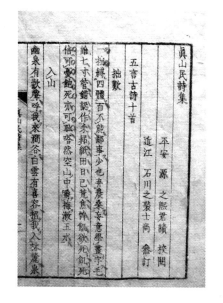

文化十年村濑之熙校刊《真山民诗集》

次在大阪一家叫吉田书苑的书店里看到了,但那家书店对其书的标识不全,我不能确定完整与否,便决定立刻去店里看一下,在大阪天神桥三丁目的小胡同里找了很久才找到这家书店,可惜的是那位店员帮我找了半天也没找到,只好空手而回。后来又在神户一家名叫泽田书肆的店里看到了,我又找时间专门去了一次。到书店里,发现古书不少,正想细细搜寻一番,店主出来比画半天,大体意思是不让看,我只好把写了书名的纸条拿出来给他看,说我要找这本书。他随便看了一眼便摇头说没有,我解释说我是在网上搜到的,他不高兴地上网看了一下,又不情不愿地翻箱倒柜,可惜找了近一个小时,仍然没有找到。我也只好悻悻而回了。又过数月,终于在东京的中山书店看到了,不过,书店在网页上没有任何标识,并不清楚为何本,立刻下了订单。拿到书后才知道,正是一套玉山堂的修板再印本。

最后,还有一事令人慨叹。和刻《真山民诗集》刊行于二百年前,国内亦有辽图、上图、大连图书馆三家藏本(华东师大亦有藏本,然并非此本,而是村濑之熙校本),但《全宋诗》却仍以明代潘是仁辑刻《真山民诗集》为底本,补录《四库全书》所辑一首,再从嘉庆本及《元风雅》中各补二诗,共一百二十一首,其所补四首,此本均有(像《全宋诗》自《元风雅》补入的《春游阻雨次韵》诗,此本题为《次韵邵古心春游阻雨》,显然是《元风雅》在收入时对原题进行了改动),而另四十八首则仍未能收入。后来出版的《全宋诗订补》亦未再补真山民诗,学术界前数年为《全宋诗》补遗成为热潮,但此书却仍然被忽略。此例实际上很有代表性,显示出中国学界在研究传统学问时的保守倾向,也就是说,面对一个课题,总是习惯性地在国内现存馆藏文献甚至是《中国古籍善本书目》的基础上来进行,很少把目光投向更广阔的海外——虽然近年来南京大学张伯伟先生力倡域外汉籍研究，也对学界起到了很大的推动作用，但由于各种因素的限制，一般研究者对日本汉籍尤其是和刻本的关注还是不够。这一点其实在国家编制《中国古籍善本书目》和《中国古籍总目》的时候便已经显露出来了，现在又有"国家珍贵古籍名录"的认定，但这几项带有清理家底意义的大工程却总是画地为牢地把和刻本排除在外（《中国古籍总目》的经部收入了不少和刻本，算是难得的例外），这也使和刻本难以进入主流学界的知识背景中去，成为个别学者的边缘性学术课题。其实这一现象是不正常的，因为和刻本虽然是在日本刊刻的，却是地地道道的中国古籍，是承载中华文化的物质载体，我们不能因为它出生在境外就否认这一点，这种狭隘的思维定式只会限制我们自己的文化建设——其实，作为对比，我们看一看日本政府公布的日本国宝与日本重要文化遗产中触目皆是的中国唐写本、宋元刊本就知道了。

二六 中尾松泉堂梅田店（一）
—— 《王阳明出身靖乱录》的题名

曾至荒台拜古坟，扶桑幸可访遗文。
云遮青史今谁在，四海千秋唯有君。

  自从在日本访书以来，我一直想去两个地方，一是东京，二是大阪。

  东京的神田神保町被人称为旧书的天堂，我一直很想去感受一下。但客观上因为工作的缘故很难抽出较长的时间，主观上则因为不通日语，这样贸然闯入，难度实在太大。在我快要回国之前，我的朋友山崎先生知道了我的想法，他每个月都要去东京工作，所以他说可以带我去，这样住宿、交通之类的问题都迎刃而解了，那个主观困难便不存在了；而且日本的秋学期断断续续有不少假期，客观因素也峰回路转了——可是，这时却又有新的客观阻碍产生，说来也颇有些窘迫，那就是一年多来我买书花费太多，到山崎先生提议时，我的购书费用早超预算数倍，不敢再轻易去东京了。所以，两年来我一次也没有去过。不过，对东京的向往仍未消减，这期间倒是找到了其他的替代方式：一是瞻仰，在谷歌地图的实拍场景上把那条举世闻名的书店大街逛了数遍，足迹虽未至其地，却早为熟客了；二是买书，自从发现日本的网上书店后，几年后清点一番才发现，我的大多数订单还是来自东京。

与东京不同，大阪离我还是相当近的，自然应该去一趟。不过，真要实施仍然有难度，主要还是不懂日语，对大阪也不熟悉，一个人去确实有些恐慌。但这么近，两年中不去一次也说不过去。终于有一天，我决定去一趟了。

以前多次听说大阪梅田站那令人恐惧的复杂——日本坊间流传梅田站的笑话基本与北京的西直门立交桥类似。有个朋友在京大读博士，日语很好，但每次去大阪却不坐阪急电车，就是为了躲开梅田站。这回我也算是领教了。其实，那天决定去大阪，主要目的地就在梅田阪急车站里，那里有一个书店林立的小街，叫阪急古书のまち（"阪急旧书小镇"的意思，最近似乎搬家了），几十米长竟有十数家古书店，所以不出梅田站即可逛书店——我来的时候便想，就算梅田非常复杂，可是要在里面找一条书店街应该是简单的吧，因此来之前便没有做进一步的工作，只是记住了大体位置。但一到地方就傻了，别说找书店了，就是出站都找不到出口。后来我就像走迷宫一样，试了无数的路线，花了一个小时的时间才终于找到了。

阪急古书のまち约有十数家书店，我全部细淘一遍，有收获的只一家，就是中尾松泉堂。

中尾松泉堂是大阪非常有名的一家古书店，专营唐本与和本，我也是久闻其名。其本店在大阪另一个商业中心的船场，我这回在梅田转完后也冒雨去随喜了一番，看到了上百种唐本，只不过大多是清末民国的版本，定价却都有明末清初本的风范，所以空手而出。梅田这家是他们的分店，书自然也很贵。但我在来之前便在网上看到他们的目录，其中有套书是我一直梦寐以求的珍本：中国已经失传的历史人物传记小说《王阳明出身靖乱录》。此书我一年前就在中尾松泉堂本店的网店目录中看到了，而且极为便宜，只要三千五百日元，但那个目录是2006年上传的，现在已过去七年，很可能已经被人买走了。而出人意料的是，我前些天在阪急古书のまち的网上下载到他们为开业三十七周年纪念而印行的现存书目，没想到此书赫然还在，只是从其船场店转到了梅田店，时隔七年，价格却翻了不止七倍！此前四处寻找此书，当时想无论在哪里找到，无论什么价格（当然，其时也想着明治间印行的三个小薄册子，价格或许不会太离谱），都一定要努力买下。但今天在这里真的看到了，一时间却又有些犹豫，因为价格确实有些贵，不过，最后还是英明地咬牙拿下了。记得2010年到绍兴参加学术会议，会后拜谒了王阳明的墓地，一代伟人，与青山同在，令人欣慰；但荒台乱草，景甚凄凉，亦令人唏嘘不已。那么，买这套书也算是对这位中国历史上少见的文治武功均臻不朽者的纪念吧。

此书原为冯梦龙所辑《三教偶拈》的第一种——其余两种分别记录佛家的济公与道家的许逊，以表达其三教融合之思想。《三教偶拈》一书国内不存，天壤间仅存长泽规矩也所藏的孤本，后入东京大学东洋文化研究所。事实上，此书的三篇作品中，后两篇为袭用他人旧作，故均曾单行，唯首篇为冯梦龙自作，却从未单行过，所以《三教偶拈》的失传事实上只造成了《王阳明出身靖乱录》的失传。不过，日本却刊刻了此书的单行本，也算为此书存亡继绝了。此和刻本为庆应元年（1865）弘毅馆刊本，共三册，此后又有青木嵩山堂的后印本（后印本仍用原板，仅将天头减少）——我买到的便是后者。

关于此书还有个有趣的问题需要辨析——可能对古代小说稍有了解者会以为我这里是不是写错了字，因为在一般人的印象中，这部小说应该叫"靖难录"才对。事实上，此书的名字确实是"靖乱录"，"靖难录"是一个因误记而叫错的名字，我以写"白字"之例称其为"白名"（参见拙文《笔记小说"白名"例考》，《读书》2013年第8期）。

此书在国内最早被孙楷第先生著录于《中国通俗小说书目》（1933）中，云："《皇明大儒王阳明先生出身靖难录》上、中、下三卷，存，日本刊本。明冯梦龙撰，梦龙字里见前。书题'墨憨斋新编'。此书所记皆实录。"在这个著录中便将原名的"靖乱"误为"靖

庆应元年弘毅馆刊《王阳明出身靖乱录》

难"了。此后,《中国通俗小说总目提要》著录更为详尽:

> 皇明大儒王阳明先生出身靖难录
> 　　原刊本已佚。日本庆应纪元乙丑(1865,即清同治四年)晚夏弘毅馆刊本。……内封正中为"王阳明出身靖难录",右上为"明墨憨斋新编",左下为"弘毅馆开雕"。上中下三卷,不分回,无回目。卷上卷端题"皇明大儒王阳明先生出身靖难录",卷中卷下卷端及板心均题"王阳明先生出身靖难录"。……

　　1993 年出版的《中国古代小说百科全书》录此条目,并附有"明刻本《皇明大儒王阳明先生出身靖难录》书影"——其实,此题有误,从题解文字中亦可看出作者对此书不甚了解,一言未及《三教偶拈》,因此便在图下直接标为"明刻本",并在题解之末云"今存日本嵩山堂刻本"(其实说"嵩山堂刻本"便有误,因其原为弘毅馆刻本,后来青木嵩山堂不过用其板片再度印行罢了,故其标为"青木嵩山堂藏板"而非"开雕"),似乎将日本嵩山堂本等同于"明刻本"了,这也并非妄测,其书影确非明刻本《三教偶拈》之图,而是和刻本的书影。这些都且不论,书影为小说的首页,题目分明是"靖乱录",但题解及图题却仍然标为"靖难录"。(按:承井玉贵兄告知,《中国古代小说百科全书》1998 年修订本中,此条有所修改,书影题为"嵩山堂刻本《王阳明出身靖难录》书影"。然此句仍有二误,一是其本原为弘毅馆刻本,嵩山堂仅据原刻印行,不当称"嵩山堂刻本";二是其书名仍用"难"字。)

　　2004 年出版的《中国古代小说总目》是中国小说目录学的集成之作,著录此书基本与前相同,亦误为"靖难"。不过,有趣的是,此书也收录了《三教偶拈》，撰者与前条为同一人，但此条中却说"本书是三部小说《皇明大儒王阳明先生出身靖乱录》《济颠罗汉净慈寺显圣记》《许真君旌阳宫斩蛟传》的合集"——也就是说，前条的部分内容很可能抄自《中国通俗小说总目提要》，并且也没有发现与另一条目发生了冲突。所以，到目前为止，国内的小说目录专书均依此白名立目。

那么，此书为何无缘无故地从"靖乱录"变成了"靖难录"呢？原因很可能在于被王阳明平定的朱宸濠之乱与朱棣"靖难"十分相似——吴敬梓在《儒林外史》中曾借娄四公子之口说："宁王此番举动也与成祖差不多。只是成祖运气好，到而今称圣称神；宁王运气低，就落得个为贼为虏。也要算一件不平的事。"胜者自然可以按照自己的要求来重写历史，所以，朱棣的"叛乱"在明代历史上被定性为"靖难"，也就是说，不是他叛乱而是他起兵帮助皇帝平定叛乱，而平定的结果是他当了皇帝，建文帝则不知所终。"靖难"一词在历史上本来是平定变乱的意思，在朱棣之后却变成了他的专用词，如《明史》中此词用了二十二次，均特指朱棣之事，无一例外。其实，《靖乱录》中也曾提及朱棣之事，说"后燕王将起兵靖难"云云，这是《靖乱录》一书唯一一次出现"靖难"二字；另外，冯梦龙的其他作品在用"靖难"一词时也均特指此事，如《警世通言·杜十娘怒沉百宝箱》中云"到永乐爷从北平起兵靖难，迁于燕都，是为北京"；《智囊补》"卓敬"条后的评语云"齐、黄诸公无此高议，使此议果行，靖难之师亦何名而起"。可见，这个白名的形成其实是人们思维惯性造成的结果——坦白地说，我在没得到此书之前也一直以为是"靖难录"的，由此亦可见，掌握第一手资料是何等重要。

二七 矢野书房
——《论画诗》与《笑府》

> 心画心声怎易知，却从温厚论风诗。
> 俳优深解俗中趣，谑语琳琅亦妙辞。

大阪之行，最主要的目的还有一个，是去看看网上查到的天三古本节。这个古本节一直不间断，而这几天正是和本专场，网上有几张特意选取了角度拍摄的照片，放眼望去都是线装书，真令人眼馋。

这个古本节名字叫"天三"，指的是大阪北区的天神桥三丁目，这一片有好几家古书店，于是便联合起来搞个古本节——最有趣的是还有和本专场，这似乎也是前所未闻的创意。

从梅田站出来后，我便按照此前在网上看到的印象走，虽然下着雨，气温很低，可是我硬是走出一身的汗来。我在网上地图中查看，此地距梅田站不过三里路而已，这对我来说是小菜一碟，但走了很久还不到，仔细看路牌，似乎到了一个叫梅新的地方，我因为没有地图，也不知道自己走到什么地方来了,反正可能是走错了。忙找人问,那人看我写的地址后告诉我,从原路返回,然后再向另一个方向走,他这样一说,我突然明白了,在某个大十字路口可能走错了。

好事多磨,辗转了数里路,最后终于找到了。这里是一条很长的商业街,上面有顶棚,下面什么店都有,很是繁华。最后也看到了天三古本节的主持书店——矢野书房。一看到既激动,又失望:激动的是终于找到了;失望的是说是古本节,其实仍然是他们一家书店的独角戏,那个古本节不过是个幌子罢了,因为店里仍是正常营业的样子,没有任何特殊的表示。不过,既来之,则安之,先把店内的和本全部过一遍,也算淘到了一些有价值的书。

说到第一种书便不能不感叹遇合之奇。此前我曾经在藤井文政堂意外买到一本《删笑府》的抄本,因为国内很久以来都没有《笑府》原本的消息,所以在很长时间里大家以为《笑府》原书已失传,周作人对其书评价甚高,却也只能依靠两种和刻选本来讨论。我买到的《删笑府》算是收录较少的一种,当时便想,若能遇到二卷本的《笑府》多好。没想到,在这家书店还真淘到了。其书本为明和五年所刊,但此本后署"菱屋孙兵卫",据长泽规矩也书目可知为弘化三年

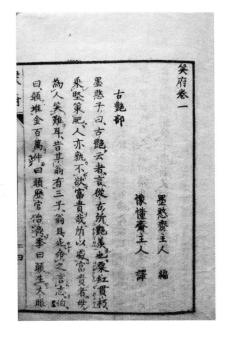

明和五年刊《笑府》

的后印本。书前除"墨憨斋主人"的序外,还有"负暄斋主人"的序,而且正文中还有"懵懂斋主人"的日语译文。此书在卷次上相当混乱,原本每卷一部,而此本想要节略,于是便产生了分类的错乱,如其卷一题为"笑府卷一 古艳部",然后便有"笑府卷二 腐流部"和"笑府卷三 世讳部",但后面却又郑重地标出"笑府卷一终",然后开始"笑府卷二 方术部",中间又有"笑府卷三 广萃部",最后结尾时又是"笑府卷二终"——所以一般此书的著录都是二卷,但其实有五卷,只是每卷都很单薄。

另外,还买到一种书,既珍贵又遍地都是,那便是《古文真宝》。我此前也已经搜得过数次,但都年代稍晚,便未簿录。这次则得到了元禄二年(1689)刊行本,也算比较珍贵的了。

此前曾提及长泽规矩也说《十八史略》与《文章轨范》太滥,其实,遇见这套书,就只能用"没有最滥,只有更滥"来表达了,长泽规矩也在其《和刻本汉籍分类目录》中,明确地把这几种书从明治时期开始的版本都删去不录,即便如此,《古文真宝》仍然占了近四页的篇幅(前边举的两种书在这个目录中都没到一页),前文曾提及日本的畅销书《唐诗选》,在长泽规矩也的目录中包括明治时期在内共录了六十余个版本,而此书在不计明治时期的情况下也超过了一百种版本,实在壮观。

印量这样大的书,按理亦无甚价值吧。但世间之事有时就是如此诡异:这部书在日本虽然已经泛滥成灾,连版本学家都懒得载录了,但在中国却几乎失传。此书为宋人(有学者说是元人)黄坚所编,然而自明代以后便默默无闻,以至于今天禹域仅绍兴图书馆藏有一个元刊本,是为海内孤本,另有零星的几个明刊本,也若存若亡,几乎无人知道它们的存在。就连韩国人和日本人因此书在其国的风行而进行深入研究时,想追根溯源找一下此书在中国的祖本,却也一头雾水。

不过,这里也有一个问题需要辨正一下,因为封面的书签直接写着"古文真宝"四个大字,打开第一页就是《古文真宝叙》,共有两册,第一册题"乾",第二册题"坤",当然是全的。等回来凭窗展读时才吃惊地发现,此书在正文复杂的名字"魁本大字诸儒笺解古文真宝"下竟然还标了两个字:"后集"。原来并不全,而且只是个后集,当时颇为失望。不过仔细研读《和刻本汉籍分类目录》发现,原来此书在日本是前、后集分刻的,也就是说,只买到后集也不算是残书。而更奇怪的是,无论是《和刻本汉籍分类目录》还是到日本几大图书馆里去查目录,后集的数量远远多于前集,这是为何呢?有一天,我找到了岩崎文库中所藏室町时代抄本《古文真宝后集》,见其叙下抄写者的注有"本朝多爱后集"之语,才算恍然大悟。仔细想想也对,前集开篇便先是两篇皇帝老儿的《劝学文》,确实令人气闷,接下来又是五言古风、七言古风、长短句、歌、行……总之,对于韩国人与日本人来说,都是意思不大的文体;而后集则不然,《渔父辞》《过秦论》《吊屈原赋》……基本上是《古文观止》的路子,也就是说,这本书的名字叫《古文真宝》,但名副其实的只是后集。所以也便释然了。

除了刊本以外,这次亦收获了两种珍贵的稿本。

第一种几乎把我骗过了。扉页题名为《论画诗》,右题"春琴先生著",左题"诸名家高评"。此"春琴先生"即江户后期著名文人画家浦上春琴(1779—1846),其人名选,字伯举,号春琴,他最有名的著作即此《论画诗》,刊于天保十三年(1842),其书在日本甚有名声,后尚有研究之作。我看到的书与刊本极似,前有二序,后有一跋,书中板框、鱼尾、栏线均全,正文字体亦为刊刻之体。然仔细审视,则会发现,其字乃至于板框、鱼尾等均为用细笔描出者,有的地方还留

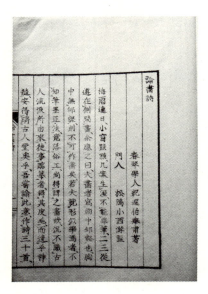

浦上春琴《论画诗》

有未涂全的笔迹,再仔细看前言后记,确实均为手写者,其下的印章也用细笔摹出。如果有人抄录刊本,一般不会如此细摹正文之字,除非其本为宋元旧刻才有此必要与可能;而且,若是将正文毫无艺术感的字都这样摹下的话,那又有什么道理不摹序跋呢?即此可知此为浦上春琴的上板稿本。

第二种更加珍贵。封面无题签,打开第一页有"笔记四"的字样,首叶题为"读左笔记卷九",下署"石原愚者固稿",则可知此为增岛兰园《读左笔记》的稿本,增岛兰园(1769—1839)为江户后期名儒,曾为昌平黉教授、幕府儒官,精通本草学,名固,字孟巩,别号兰园,不俗庵主人,最著名的著作即此《读左笔记》。其书前未刊行,直到昭和三年才被收入《崇文丛书》出版,共五册十五卷,但不知为何缺第八卷。此第四册为卷九至卷十一(如果能在这家书店再找到卷八就真成奇迹了——不过,古人类似的访书奇迹并不少)。另外,此书还曾经江户后期著名汉学家近藤元粹(1850—1922)的收藏与批校。一是书前有两处"近藤氏藏"的印章,二是末叶有朱笔标识云"庚辰八月十三日校了,南州外史识于浪华寓舍",南州外史为近藤之号,此庚辰即明治十三年,其时近藤方三十岁;另外,书中有大量红笔点读的痕迹,有一处以朱笔加按语,即云"元粹案:'别加'之下脱'一豆四升,则二斗为区,四区六斗四升为釜,别加'之一行十九字",

查《崇文丛书》本（第四册卷十叶11A）仍缺此十九字，可知虽《崇文丛书》本为每行二十一字，但其原稿当为每行十九字，因有"别（则）加"二字重，故抄漏一整行。

又：卷九叶5B有"衹见疏"条，引了惠栋之语："疏当为诡字之误也。《吕览·先识篇》云：'无由接而言见诡。'高诱曰：诡读为'诬妄'之'诬'，下云'欺其君，何必使余'明疏为诬。欲之而言叛，非诬乎。"此语引自惠氏《左传补注》卷四。然后，作者对此又有补充与

近藤元粹藏《读左笔记》稿本

评价："诡，呼光反，见《说文》。此说新奇，故录之。然字见为疏，臆揣改之，亦无忌惮之事。陈华树（当为树华）云：'杜氏好改古文，故古文古义存者少矣。'"此引陈树华语出自陈氏《春秋经传集解考正》卷十九，有趣的是，陈氏此书清代仅有抄本（参《中国古籍总目·经部》第591页），并未刊刻，不知增岛氏如何得见（日本目前所知公藏并无陈氏此书抄本）。更有趣的是，查惠栋原书与陈氏原书，知所谓"杜氏好改古文，故古文古义存者少矣"一语实为惠栋之语，陈氏只是引用而已，但增岛氏却误以末句为陈氏之评。

此外，这句评语之下仍有"杜不为无其失，而清人亦未必得之也"的评价。此语颇突兀。据稿本此处有红笔增文云"愚者谓：清人好据古文改字，因此失古义者往往有"。据此知此及下文为增岛氏的评语（其评或径附所评之后，或以"愚者按"之类标识）。又上阙之字为

二十字,大约仍为一行,可知确为阙文。

查《静嘉堂文库汉籍分类目录》,有《读左笔记》,注为"增岛固撰""写",表明是写本,又注为"十二卷(卷八缺)",我颇疑我所觅得此本即静嘉堂所缺之本,此书原为十五卷,而静本标十二卷,则缺三卷,此即为三卷。

另外,日本文教大学所藏池田芦洲(1864—1933)旧藏有另一写本,七册,估计或为《崇文丛书》底本,此为七册,或即十四卷,少卷八。池田氏名四郎次郎,为当时著名汉学家,曾是近藤元粹弟子。我颇疑其藏书抄自近藤氏藏本。并且,其人在大正、昭和时编过多种书,如《日本诗话丛书》与《日本艺林丛书》,所以颇疑其亦参与《崇文丛书》的编辑。蓬左文库有《崇文丛书刊行趣旨并会员募集书》,应当有相关资料,可惜无法看到。

此后我又去这个古本节数次,均无收获。其实,有无收获并不重要,重要的是,只要还在,就有遘得异本的希望,但这种希望破灭了——有一次我再次拜访这里,发现这个古本节还是消失了。

二八 学院书店
——『雅韵欲流』的抄配本

冰河铁马放翁梦,磁石指南奈势穷。
攻战若如退之笔,肯教胡骑下江东。

广岛有一家书店,叫アカデミイ书店,可能是英文 academy 的音译,所以我称它为学院书店。

在这家书店我发现了几套很不错的书,便在网上下了订单。不过,还没等我与老板商量货到付款时,他已经把书寄了过来,并说让我接到书后的十天内汇款就可以,如果觉得不满意,也可以一周内把书退还给他,同时还附上了打印好的邮政汇款单,若去邮局汇款什么都不用填,只需要付款就行。真是方便啊,这么好的服务态度,顾客也自然会更包容一些,就是有点不满意的也不会退货的。

第一种是《文天祥指南录》,此书以前在新村堂古书店买到过,分为天、地、人三册(和刻本凡分两册,必以乾、坤为序;三册者则近一半用天、地、人为序），而此本却仅一册，我有些纳闷，不知与我手上的版本是否相同，便买来看看。结果发现完全相同，只是把三薄册合订为一册罢了，首页的书签也把原本的"上"字改写为"全"。不过，此本的第四卷与年谱应该是缺失了，所以原藏者把所缺部分非常工整地补抄了一部，附在全书之后，抄录很严谨，行款甚至书眉的校记也都与原本相同，书法也甚有功力。其实，此书论品相，不如前次所得者，但因后有补抄的部分，却让我更加喜欢。黄裳先生记载参观宝礼

《文天祥指南录》抄配页

堂藏书时看到"绍定严陵郡斋刻的《巨鹿东观集》十卷，却是残书，其卷四之六配的是元人补抄，写手精极，雅韵欲流。斐云小声对我说：'这种抄配岂不比全本更妙。'彼此相视而笑"（《书之归去来·断简零篇室撼忆》）。此书抄手虽甚晚，与《巨鹿东观集》之元抄或明抄（黄先生《谈影印本》一文又指此为"明人抄配"，当是）不可并论，亦不能当"雅韵欲流"之评，然对于见浅识陋的我来说，其喜悦之情或可得赵、黄二公"相视而笑"吧。

　　第二种是《陆放翁诗钞》四册，其书实为清初人周之鳞、柴升所选，国内有康熙间刊本。不过，购此和刻本的重要因素之一是其覆刻极精，字体全仿康熙原刻本，端方秀丽，十分耐看，其正文本附有日语符号，但刻得极小，不像其他书那样让版面凌乱不堪。事实上，我

一直很喜欢明末与清初一些端严有度的宋体字刻本，想备一本以为赏鉴之物，却一直未能如愿。此本也算一偿宿愿吧。

此书长泽规矩也之目仅录享和元年（1801）和泉屋庄次郎本、元治元年（1864）印本、大阪堺屋新兵卫本及后印的大阪秋田屋太右卫门本，却未载此青木嵩山堂本，此本未标时间，但看其页末之"和汉书籍"字样，知当在明治时。

另外，此书之分册亦颇有趣，和刻本中，分四册者多用"元、亨、利、贞"为序，而此则以四灵为序。《礼记·礼运》云："何谓四灵？麟、凤、龟、龙，谓之四灵。"则以麒麟为走兽之长、凤凰为飞鸟之长、龟为介壳之长、龙为鳞甲之长，举此四者以概言之。但日人对此说法并不熟悉，竟将"麟"写为"鳞"，则百兽之长麒麟变成了鳞甲类了。另外，这种排序自然不够清楚，就是比日人最喜欢使用的"乾坤""天地人""元亨利贞"也要差些，故易致混乱。我看到庆应义塾大学收藏之本便排为"鳞、龟、龙、凤"，后三册全错，想来是印好书后，贴书签的人只知道"鳞"应该贴在有序言的首册上，而后三册因此书不分卷，便没有了数字的参照——实际上其书以诗体为序，对于中国人来说，古、律、绝和五言、七言的次序已是一种传统，但对日本贴书签的书坊伙计来说可能并不容易——不过，幸运的是，我这一套的次序却是正确的。

第三种则是这次收获的重点，为《韩昌黎集》五十卷二十五册，万治三年（1660）刊行。此书为覆明蒋之翘三径草堂刻本，蒋本刻于崇祯六年（1633），国内所存甚少，据《中国古籍善本书目》知仅国图及湖南师大各藏一套（日本则有东洋文库、前田育德会、广岛大学、京都大学、静嘉堂、东京都立中央、公文书馆等数家有藏），而此和刻本国内无藏。

万治三年覆明蒋之翘三径草堂刻本《韩昌黎集》

古代韩集的整理最重要的是南宋廖莹中世彩堂本,但廖氏为贾似道门客,人品颇为世不齿,故累及其书,一直声名不彰。到了明代嘉靖年间,东雅堂覆刻其书,非常用心,故其本亦极精美,这一来便像洗钱一样为世彩堂本改换门庭,"洗净"了其原本的负面意义,使其重新焕发生机,从此成为传世韩集中最为人所重之本。不过,东雅堂本在翻刻世彩堂本时,因为是忠实地覆刻,故对世彩堂本"校勘疏略"之病"未事校正",故仅就内容而言实有疵处。而此蒋之翘本则又源于东雅堂本,据常思春先生为《中国古代诗文名著提要》所撰本书提要云,其本"目录与东雅堂本脱衍错讹全同,失之校正,然正文则据朱熹《考异》及元明翻王伯大刻朱熹校本一一校正了东雅堂本脱衍讹字。注文十之七八为删改东雅堂本旧注,即旧注引朱熹《考异》校语亦加删改。增补之注多为前人评语及己之评语,缺乏知人论世之考据,而于古文奇字及地理沿革训释颇详悉"。则其正文自有胜于东雅堂本处。所以常先生评价此本说:"清人不重此书,仍推东雅堂本。然此书正文校勘甚精,实后传朱熹校本之精善者,注文亦于旧注有删繁之整理及补益,采前人评论甚丰,为明人研治韩集一有价值之书。"

蒋氏刻本问世后,不到三十年便在东瀛出现了覆刻的和刻本,已经算是很迅速了,考虑到同时刊刻的还有蒋氏辑注的《柳文》(篇幅与此相当），工程浩大，所以其着手进行应该更早。其刊刻也很忠实，除依当时和刻本惯常的做法将栏线去掉之外，余与原本基本相同，尤其是行款完全一致，字体也尽量照原样仿摹，当然，由于17世纪时日本刻书技术还尚未精，故其仿摹不如前云之《陆放翁诗钞》那样逼肖，但已经难能可贵了。不过，从版心亦可见当时人刻书的随意，蒋刻本版心有"三径藏书"字样，此亦照录，但卷首的目录册与卷一、卷二是全都有的，此后的二十余册中，只卷一〇与卷一一还有，其余则均零星出现，这种不规则的情况在此前所记《简斋诗集》中也曾看到。其实，纵观日本效法中国的刊刻书籍之路，明显可以看出前期不以形式为意而以内容为主的倾向，所以才会出现这种前后不一致的形式性问题，但后来也越来越规范、精致，可以与清代佳本媲美了。

二九 东城书店（一）
——《儒林外史》申二本

斯文千古是脊梁，奈陷名锁与利缰。
彩笔穷形无遁处，永留秦镜一函霜。

　　此前，已经多次提到东京的神田神保町，也在谷歌的地图街景里把这条街逛了数遍，但直到现在为止却并没有在东京买过书。按道理人虽不能去，但还可以在网上买的，可我目前已经有过多次网上购书经历，却没有一次来自东京。

　　不过现在，我还是出手了。导致这次破例的书店是位于神田神保町的东城书店——此前我一直以为在日本销售中国古籍的书店中执牛耳者为琳琅阁书店，后来才发现，就其可供唐本的数量与质量而言，还不能望东城书店之项背——东城书店唐本的储量基本上是琳琅阁的十倍，但质量能持平或略有胜之，这是极其不易的。

　　第一次在网上忽然"发现"了东城书店，我如入宝山，赶快开始研究这家书店的唐本目录，以至于忘了吃饭，甚至忘了睡觉，熬到了凌晨才沉沉睡去。第二天，再看自己密密麻麻抄了数页的记录，才发现书的确是好书，但价格对我而言都太高了，只能作为一张巨大的画饼放在我的笔记本里，时不时翻出来把眼睛"喂饱"而已。比如在此店竟然看到了五册《四库全书》的零本，因其前均钤有"古稀天子之宝"的印章，当为南三阁所佚零本无疑（最有可能的是文澜阁），若能购归，自是稀世之珍。其标价最初竟然少看一个零，摩拳擦掌，想着砸锅卖铁购归为镇斋之宝，后来细数，才发现改砸锅卖铁为倾家荡产也不能企及，因为大概接近两千万日元了。我辈清贫之人自不敢问津，遂写信给浙江图书馆，希望他们能购回以补其文澜阁《四库全书》之阙（我在浙图网上查检了一遍，其所藏文澜阁本确缺此数种），亦算为文澜阁《四库全书》之聚散与数度补抄增一佳话（此价格放在中国市场倒也正常）——发信几日后，也收到了馆方的回信，但未说明意向。约一个月后，东城书店网站上忽然没了此书，我心里颇有些打鼓，不知是否为浙图所得，若不是的话，这几本书可能还在东瀛流浪吧。

不过，其中有几种书虽贵但还是很让我动心，其一便是《儒林外史》，这几天实在忍不住，便下了订单，把这套书买回了家。

《儒林外史》是我最喜欢的中国古典小说之一，若要排序，则在《红楼梦》为第一的情况下，可与《三国演义》《西游记》相颉颃。不过，此书历来版本颇为寥落，不像其他作品那样直到现在仍可买到刊刻本把玩。据资料知乾隆间曾有金兆燕刻本，但世已无存，现存最早的是嘉庆八年卧闲草堂本，这距作品的成书当已超过半个世纪了。但就是这样一个版本却也存世甚少，目前所知除国图及复旦大学所藏外，哈佛大学与伦敦大学也各藏一部，以收藏中国古典小说版本而闻名的日本竟无一部，可知其本之稀见。不过，此本虽早，但其内容却

"刻校不甚精细"(《中国古代小说总目》之评价),形式上看也并不美观,为巾箱小本,版框高十二点八厘米,宽九点五厘米,所以字有些拥挤,字体也一般(人民文学出版社影印本等只好扩印才有点气派,至中华再造善本按原大来印,便只好让天头地脚极为轩阔了,厚皮小馅)——明代的四大奇书都有过刊刻精良的善本,而清代的《红楼梦》与《儒林外史》都没有,也算是小说史上一大憾事。此后的清江浦注礼阁本与艺古堂本基本上是卧闲草堂本的后印本,亦与前者相同。同治八年(1869),有了苏州群玉斋活字本,此本从形式上看是《儒林外史》版刻史上最美观的一个本子,开本较大,版框高有十八点五厘米,宽有十三厘米,这基本上是古籍比较正常的尺寸了。而且,字体也实在比卧闲草堂本好看一些。但此本的内容基本沿袭卧本,所以李汉秋先生说它"同样是个校勘不精的本子"。此后便是申报馆本和齐省堂本,齐省堂本擅加四回文字,又对回目进行了不少拙劣的臆改(请参看拙著《中国古典小说回目研究》第七章第二节的相关内容),实属恶本,更可不论。申报馆有两次排印,第一次是在同治十三年(1874),其在《申报》上的告白称:"仅止印一千部,既为聚珍版,亦已随印随拆,不能随意再印矣,故贵客欲买者请即来订购可也。"果然很受欢迎,数月后便需重印,再发告白云:"本馆前用活字版排印千部,曾不浃旬而便即销罄,在后购阅者俱以来迟弗获为憾,是以近又详加雠校,重印一千五百部。"也就是说申一本共印行二千五百部,但目前存世亦不多,据查似乎也仅国图与上图各有两部、北大图书馆有一部而已。此版亦为袖珍本,半叶十五行、行二十八字,天目山樵(张文虎)曾嫌它"字迹过细,大费目力",且无评点。光绪七年(1881),申报馆再次排印此书,校改了不少错误,从内容上看应该说是《儒林外史》最为标准的版本;从形式上看,其虽亦为巾箱

光绪七年申报馆第二次排印本《儒林外史》

本，但版框高为十三点七厘米，宽为十点一厘米，比之卧闲草堂本要大一些，虽然其半叶十一行，每行二十七字，但因为是排印，所以十分清楚，并不显得密集；就是从附加的评点上看也当是最有价值的版本，因为《儒林外史》的评点中，卧闲草堂评语最有抉微发隐之功，而天目山樵评则被称为"卧评之外影响最大的《儒林外史》评点"（李汉秋先生为《儒林外史》汇校汇评本所作序言之语），颇有才气，亦多谐趣，评者曾自评说是"凿破混沌，添了许多刻薄"——《儒林外史》虽刻画入微、穷形尽相，但却全不加褒贬，而张氏之评偏偏一一揭出，且多嬉笑怒骂之致，与小说正文对看倒别有风味。申二本则既录了卧评，又加了天目山樵评，可谓兼有二美。但是，此本亦甚罕遘，目前能查到的只北大图书馆与上图有藏，而国外似亦只京都产业大学有藏（小川环树旧藏）——当然，现在国内缺少一个全国性的古籍全目——《中国古籍总目》已出版，贡献甚大，然其著录却在关键之时有含混处，并不像此前的《中国古籍善本书目》一样有书必录，而是珍稀本全录，普通本只录数条，但著录中却并未做出标记，因此其目仅收国图与上图所藏，亦不知是仅有此数还是因普通本太多而仅为例举。不过，我在决定购买之前，曾经想方设法了解此本情况，哪怕只看到一张书影也好，但经过了大半年，却连一点影子也没看到，这应该可以表明此书的确很少见了。

正因如此，我最后下定决心，在这家米珠薪桂的书店买下这套书。几天后，书终于到了。原主人保存得很好，所以书品完好，而且，还有日人所配函套。每册封面有后人所题"儒林外史"字样，并以天干分册，封面的右上角则注明本册回数的起止，均为隶书。扉页有署为"平江忏因生"所题的书名，右上角题为"光绪辛巳春月"，次页有"上海申报馆仿聚珍版印"的字样。白口，单鱼尾，四周双边，正文之末有"武进陈以真璞卿氏校订"的字样。

这部书对我来说还有特别的意义。作为一个小说研究者，其实我最想买到的就是各种古代小说的版本，但实际上却很难。原因有三：一是近代以前，小说向来为人所轻，故不如正经正史、诗文别集乃至佛道二藏那样得到很好的保存，所以传世甚少；二是近代以后，小说渐成显学，小说版本的价格也扶摇直上，一般人自难承受；三则是古来小说之刊刻多甚粗劣，以高价买一粗劣之本，则不如买当代的版本来看了。所以，到现在为止，我基本上没有收藏过古代小说的版本，这次买到《儒林外史》，则是第一种。

三〇 书砦·梁山泊
——《醉古堂剑扫》的命运

曳裾王门云里鹤,清言神骏便支公。
梁山原自有三尺,紫陌红尘一扫空。

在寺町通(江户以来古书店聚集之地)的南端,有一个规模很大的书店,店名也很有气派,叫作"书砦·梁山泊","砦"便是"安营扎寨"的"寨"字,一看店名便颇有好汉们打家劫舍上梁山的江湖豪气。我刚到京都不久便到此处投名帖、拜山头了。入寨一看,亦觉心惊:店内收书极多,与向来所见之日本旧书店不同,我拜访过的店大都在十五平方米以内,而此店则或有上百平方米,而且书架密布,确实称得上"武将如雨,谋士如云"了。因为书太多,便需要把书进行分类摆放,一进门便会看到书店平面示意图,指明每个区域各为何种书。书的质量都很高,多为学术性的著作。所以,在这家书店我也买了不少书,只是多为旧书而非古书。

不过，在春季书市的时候，我却在他们家的摊位上看到了几箱子线装书，这让我很惊喜，心想他们或许如我以前去过多次的紫阳书院一样，有惜售的传统，只是在这种大型书市上，才把压箱底的东西拿一些出来，以壮声势吧。不过，我翻了数遍，却没有什么收获。

前次到大阪去访书，在阪急古书街发现，原来这里也有一个梁山泊（以前一直以为大阪这家也叫书砦·梁山泊，2018年故地重游时才发现，这个店没有"书砦"两个字），据说这里的才是本店，而京都是后开的分店，但此处或许是因为建在电车线路之下吧，只能缩成与普通古旧书店一样大小了。我随便转转，就发现上次春季书市看到的线装书都在这里，原来并不是京都那家分店送去参展的。除了那些旧相识外，竟然发现了一本《醉古堂剑扫》，也算没有白上梁山一回。

说到《醉古堂剑扫》，让人忍不住连带着要发一些牢骚。

晚明出现了一种新的小品文体，叫作清言，或创作或辑录清言隽语，来表达著者的理想、情趣、生活境界与人生态度，此类书最有世俗声名者为洪应明的《菜根谭》，但正因其为世俗所喜，所以在当代出版物中想买一本值得收藏的《菜根谭》而不可得，因为凡出此书者，大都将其设计成地摊盗版书的风格，让人实在提不起兴趣。

相比《菜根谭》，《醉古堂剑扫》则可称为明代清言小品的集大成之作，其书为晚明名士陆绍珩所作，共十二卷，分为醒、情、峭、灵、素、景、韵、奇、绮、豪、法、倩十二部，每部录百条左右，其篇幅在晚明清言中是最大的（大概是《菜根谭》的五倍），内容则多为辑录而得来，辑录的范围在书前的引用书目中列得很清楚，像陈继儒、屠隆、吴从先、曹臣等晚明清言的主要作者及其作品都有参考，所以说此书为集大成之作应得其实。

此书的命运与《菜根谭》可以形成鲜明的对照：一方面是当代以

来几乎从未刊行（之所以说"几乎"是因为2003年岳麓书社出版过唯一的一册，却是节本），所以相当长的时间里我们只知此书之名，却不知此书之实，后来据《中国古籍善本书目》才知道此书其实有天启四年的套印本存世，且有六家收藏（清华大学图书馆、北京文物局、复旦大学图书馆、华东师大图书馆、山东省图书馆、苏州图书馆），此外，国图亦有残本，但未有学者进行研究，出版界亦几无反应；但另一方面是，此书的内容对于许多喜欢清言的人来说却并不陌生，原因就在于，此书在乾隆年间被清人改头换面，以《小窗幽记》的名字出版，并改作者为晚明人气很高的陈继儒——当代出版界其实也很热衷这个《小窗幽记》，仅从国图的检索中便可知道，近十数年间，坊间便有近百种版本刊行，其中也不乏在古籍整理方面颇有声誉的出版社，但它们显然也是当作普及读物来出的，并不交代其书的来龙去脉，也不说明所据底本。一家执古籍整理之牛耳的出版社在其前言中甚至已经提到有人指此为改篡《醉古堂剑扫》的伪书，但仍用其旧名、旧作者，实在让人不能理解。

与国内真本久湮、伪本泛滥不同的是，在日本，未见《小窗幽记》的踪影，而《醉古堂剑扫》则于江户后期开始刊刻，并多次重印。就是当代，也出版了数种认真的日语译本。

此书的和刻本最早出现于嘉永六年，而且同时出现了两种，一为常足斋藏板，其末有"邨嘉平刻"四字，知为日本名工木邨嘉平所刻，共五册；另一则为星文堂、文泉堂、文荣堂梓行者，为两册。前者前有松堂序，故其扉页称为"松堂先生鉴"；而后者则为陶所池内及赖醇共同商议刊刻者。不过，二者行款全同，序文字体亦同，知所据底本相同。松堂序本未提及底本，陶所序本中陶所之序云："往年偶获鬶本，欲刻之以当一部说剑。然鲁鱼颇多，因循未果。顷者借崇兰馆所

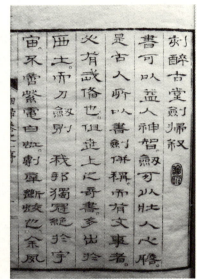

嘉永六年和泉屋吉兵卫刊《醉古堂剑扫》

藏原本,校订而开雕之。"知以日本藏书大家狩谷掖斋旧藏之本所刊,而其格式又与今存明刊本全同,可知其底本当即明天启本。陶所序本在嘉永之后板片曾多次易主,故传世者有原印本,亦有山田茂助(即印行过《痴婆子传》的圣华房主人)印本及竹苞书楼印本,我得到的正是竹苞书楼的后印本。

不过,将陶所序本与松堂序本相较可发现颇有意味的不同。松堂序本刊刻清秀雅致,信出木邨嘉平手,然似有意漏刻了两篇序文:在松堂序后分别是任大冶、汝调鼎、倪煌、何其孝、陆绍珽、陆绍珩六人之序,接着是凡例、书目和目次;而陶所序本则除陶所序外,依次是陆绍珽、汝调鼎、何其孝、倪煌、任大冶、倪点、陈国琬、陆绍珩之序,多出两则来,接下来又多出"参阅姓名"一种。从二本相同的序文可知，二本序文均为摹刻原本者，以其字体皆同之故也；而从松堂序本所缺二序看，则或缘刊刻草率，或缘刊刻时避难就易——此二序一为金文、一为草书，刻板难度较高，然陶所序本则均摹刻下来。

　　最后有必要再提一下竹苞书楼。竹苞书楼创业于宽延四年（1751），当时便在京都的寺町通，元治元年时被大火烧毁，后来又重建，据说川端康成常去这家书店。而且，幸运的是，这家被誉为京都最古老的书店现在还块然而存，就在寺町最繁华的地段，我也曾多次拜访，一直想为它写一篇的，却总无机缘，原因是我在这家书店一本书也没买过。倒不是说这家书店没有书，恰恰相反，小小的屋里堆满了古书，一进屋子，光书根处露出来的价签便密密麻麻让人眼花缭乱——同时，那上面的数字也会让人头晕目眩。当然，关键还不在此，而是其书多为日本艺术类图书，并非我的关注点，所以我每次去都只是瞻仰而已。现在买到这本书，虽非购自竹苞书楼，但却是这家书店百余年前印行的，也算一偿夙愿了吧。

三一 新村堂(三)
—— 单集本《论语集解》与《管子纂诂》

> 管子齐平首富民,王尊夷攘世维新。
> 奈何肉食多粗鄙,还看春风绿近邻。

东瀛访书的两年时间中,有一家虽未亲自拜访,却是买书最多的,那就是位于东京附近平塚市的新村堂书店。而且,在这家书店购书也是东瀛访书中网购的开端。当然,万事开头难,第一次下单经历了千辛万苦,前后拖了数月才完成。其后,书店便每隔两个月给我寄来一本售书目录。此店图书丰富,亦多有上乘者,售价又相对公道,所以,每次拿到目录后我都是立刻下单,稍迟一点,一些珍贵的书便被人捷足先登买走了。

有一次,刚刚接到他们的目录,但那几天买书太密集了,想稍微控制一下,便拖了几天。最后还是忍不住,选了十数种书,立刻写信去下单,但对方回信称只有二三种尚有货,余下的都已出售了,好在剩下的几种里也有心仪已久的品种。

第一种是《缩临古本论语集解》。这套书久在我的搜书目录中，这次能买到，实在是意想不到。看目录时其店里有两套，一套是天保八年（1837）津藩有造馆原刊本，稍贵一些，另一套是明治时期三重县藏板本（津藩有造馆刊版之后印本）。我本想两套都买下的，但前一套已经售出了。

《论语集解》是《论语》历史上非常重要的书，其重要性有二：一是除定县汉墓出土、敦煌写本之类外，现存《论语》基本上都是从此本而来的（黄怀信先生《论语汇校集释》前言之语）；二是何晏的集解是《论语》历史上最重要的一次整理笺注，也是直到现在研究《论语》必读的书。但这样重要的典籍在邢疏、朱子集注问世后逐渐失传，后世仅有注疏合刊本，何氏之单集本便无从寻觅了（按：本文在最初

天保八年津藩有造馆刊《缩临古本论语集解》

发表于《文史知识》2014年第7期时,我自己误把"单集本"写成了"单疏本",一字之误,相去甚远。特此更正)。不过,与前边多次提及的一些书一样,日本保存着此单集本,就是大名鼎鼎的正平本(正平十九年,1364)。其书刊刻甚早,为日人刊刻汉籍现存最早的本子,亦可视为日人刻书之始(本以陋巷子本《论语》最早,但其书已不存)。

　　清初藏书家钱曾在《读书敏求记》中著录一本,云为"辽海道萧公讳应宫监军朝鲜时所得",萧应宫于壬辰倭乱时至朝鲜监军,知书得于1592年左右。钱曾又于"甲午初夏"(1654),"以重价购之",善本收藏极富的钱曾也对此次收获颇为自得,不但指出其文更为近古可信,还说其"笔墨奇古,似六朝初唐人隶书碑版","不啻获一珍珠船也"。此后,其书亦被历代藏书大家珍视:先归苏州碧凤坊顾氏(黄丕烈题跋仅云"顾氏",未明指为谁。或为顾应昌,钱谦益绛云楼藏书失火后,他曾收集烬余之书,则其后或亦注目钱曾散出之书),后入吴中乾嘉藏书四大家之一的顾之逵小读书堆,嘉庆二十四年己卯(1819),黄丕烈"以重价购得",道光二年壬午(1822)初春,归张金吾爱日精庐,然后流入陆心源皕宋楼,1907年,又随着皕宋楼二十万卷藏书一起东渡扶桑,现藏于日本静嘉堂文库(参钱曾《读书敏求记校证》第31—34页;《黄丕烈藏书题跋集》第43页;李富孙《校经庼文稿》卷一七《书日本论语集解后》,《续修四库全书》第1489册第512页;《日本汉籍书目集成》第四册《静嘉堂秘籍志》第110—113页;《静嘉堂文库汉籍分类目录》第144页)。由上可见,此书传入中国后,虽几经易主,但从未被有清一代最著名的藏书大家忽略,即此亦可见其价值了。只是,此书在国内流传三百余年,给钱曾、黄丕烈们带来了很多惊喜,并躲过了无数的绛云之厄之后,最终却仍未能留存中土。

不过，此书"得而复失"虽令人慨叹，但其书却并非正平原本，而是一个后人的抄本（之所以断为"后人抄本"，是因其没有独属正平刊本的"堺浦道祐居士重新命工镂梓"字样），"不知几经钞胥，愈失其真"，所以价值已然打了折扣，而真正的正平本之舶归却还要等待杨守敬的出现。杨氏访书东瀛，非但搜得正平原本，且有复本入藏，后将其一部转于黎庶昌，并以之上木刻于《古逸丛书》之中。他评此书云："验其格式、字体，实出于古卷轴，绝不与宋椠相涉。其文字较之《群书治要》《唐石经》颇有异同。间有与《汉石经》《史》《汉》《说文》所引合，又多与陆氏《释文》所称一本合。彼邦学者皆指为六朝之遗，并非唐初诸儒定本。其语信不为诬。"则知正平原本渊源既古，价值亦高。

由上可知，正平原本很久以前便是可遇不可求的珍本了。目前，杨氏携归之本早已随故宫大批珍藏迁于中国台湾，大陆仅有上图、辽图及清华大学图书馆三家有藏。所以对原本自不敢抱有奢望，也只好考虑一下后刊本了。

好在此书在日本有过数次覆刊：一为明应八年（1499）杉武道复刊本，然亦罕见；二为文化十年市野光彦覆刊本，同样难遇；还有一种是改变了原本的行款，但正文依然严格按照正平本刊刻的版本，即津藩有造馆于天保八年刊刻的《缩临古本论语集解》，此本时代虽晚，但我也一直没有看到。这次的新村堂却一下到了两部，虽然津藩原本未能买到，但买到三重县藏板后印本也已经很幸运了。此书前有津藩督学兼侍讲石川之裵（1794—1844）的长篇序言，介绍了《论语集解》的渊源与其刊刻此本的来历，很有价值。全书刊刻精雅，且无日语训读符号，更显疏朗雍容，颇有宋元精刻本的风致。

第二种是《管子纂诂》二十四卷十二册，庆应元年玉山堂刊

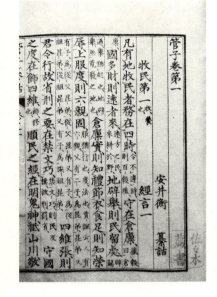

庆应元年玉山堂刊《管子纂诂》

行。此书为日本著名学者安井衡（1799—1876）的代表作之一。安井衡字仲平，号息轩，为日本江户汉学的集成性学者，对儒家经典均做过精研，如《诗经》有《毛诗辑疏》十二卷十一册，《左传》有《左传辑释》二十五卷二十一册，这些都与《管子纂诂》一样是大部头的著作，此外还有《书说摘要》《论语集说》之类。江户后期的竹添光鸿曾有三部集成性的会笺之作，如《毛诗会笺》《左氏会笺》和《论语会笺》，取径其师安井氏处甚多。

《管子纂诂》与中国还有些有趣的话题值得表出。《管子纂诂》刊成，安井衡曾托中村正直（其人率领留学生赴英国途经上海）将此书带往中国。中村记此事云："仲平手授是书曰：'子赴英国，必道由苏松，苏松者，学士文人之渊薮也。请携此书，赠之彼国人，或者余著书得传于彼邦，亦生平一幸也。'"（中村正直《敬宇文集·记安井仲平托著书事》）中村氏路过上海时将此书赠予上海道应宝时，次年书入俞樾处。俞氏《与戴子高书》云："近得彼国人安井仲平《管子纂诂》，足下亦得之否？其书似不及物君之《论语徵》，然仆实未及细读，惟记其订《正戒篇》之'里官'为'厘宫'二字之误，颇自有见。又时引古本，仆未尝详校，未知与今本孰胜也。"这里说此书似不及荻生徂徕（物茂卿）的《论语徵》，这种比较实属不伦，前者为考据之书，后者为义理之作,性质大相径庭何能较短量长。不过,近四十年后,他在给竹添光鸿《左氏会笺》作序时又说:"见而与之言,始知君与安井仲平先生有师友渊源之旧,先生著有《管子纂诂》,余读而慕之。"似又有赞赏之意。后来此书又经戴望(子高)而入张文虎(即天目山樵)手中,张氏在同治六年(1867)腊月二十日的日记中记云:"戴子高从俞荫甫借得日本人安井衡所著《管子纂诂》示我,刊本精美,其解释处颇有发前人所未发。所据昌平素无注,元刊本颇远胜今本者。其他援引如《群书治要》,固中国古书之佚存于彼者。又采及近儒金坛段氏、高邮王氏之书,知声教之广被矣。其所引猪饲彦博校语,亦有精核处,盖亦彼中之铮铮者。"可见当时中国学人对此书的评价。1867年,二度来沪的日本人名仓从应宝时处得到《管子纂诂序》一文携带归国,然当时日本国内维新战乱,直到1870年安井才收到应宝时序。为此安井作《书应宝时〈管子纂诂序〉后》,感慨当时日中文事交通辗转之难:"明治庚午正月十八日,此序传自名仓氏。据落款,其国同治六年所撰,为我庆应丙寅,距今五年,隔海为国,犹幸其不致沉没腐败也。……余服其学识,以其为海外一知己……余既以应君为知己,欲修书质所疑以厚交谊,而国有大禁,乃装为横幅,因记其所由,以答盛意。"(《息轩遗稿》卷三第四十一至四十二叶)不过,他的《管子纂诂》时已出版,所以未收此序,后来,安井继作《管子纂诂补正》,终于将应序刻入。多年后,他的《左传辑释》出版,仍然请应宝时为序,他还在自己的著作中称应氏"为海外金兰",安井去世后,其门人于1879年托人将碑文寄给应宝时,请书墓碣篆额。所以,围绕此书的前前后后也算是中日学术交流的佳话了。

甚至在一百年后,此书在中国的流传仍有"佳话"可寻。《北京日报》曾发表《一个可疑的"藏书家"》一文,作者十分怀疑江青的"万余册书许多是抢掠来的",他举例说:"比如,北大教授王利器先生藏有一部近代日本学者安井衡写的《管子纂诂》,极宝贵,后被江青掠去,并被盖上了'江青藏书之印'。"由此可见,这部出版时间并不算早的古籍在当时也像宋元刊本一样成了珍品。

　　最后,这本书又引起我一些感慨:此书出版于庆应元年,再过几年便是明治,这颇有些象征意味,因为就在此时,日本也处于西方列强的虎视之下,然其志士开始以尊王攘夷为号召,进行强国富民的明治维新运动,终于成为亚洲唯一没有被西方列强操控、殖民的国家(当然,他们后来殖民他国则又另当别论),而"尊王攘夷"与"强国富民"正是管子佐齐称霸的政策核心;反观此时的中国,其实也有所谓的"同治中兴",却最终不过是一场无可奈何的迷梦罢了。

三二　雅典堂
——十八卷本《鹤林玉露》

击壤能生雅颂音，朱程七字总司箴。

论诗可有疏凿手，玉露纷纷入鹤林。

  雅典堂是位于福井的一家书店。他们店里有一套宽文二年（1662）版的《鹤林玉露》，我其实在最开始上网查书时便注意到了，并收藏了页面，但一直下不了决心，因为网上还有几家比这个便宜的，但或者注明有"虫损"；或者全书仅三册，则定有过重装；或者为后印本——总之，各有各的问题。经过很长时间的考量，最后还是决定在这家下单：一来此本绝非后印；二来其为六册本，自然也经过重装（原当为九册），但每册不至于太厚；三是并未标"虫损"字样，那么想来保存或甚好。下了订单后我发信向店主询问其书是否有虫损时，店主回信说只封面有，正文没有，想想也便认可了。没想到，书寄来后才发现，书里也有，看来与店主的沟通还要再加强——不知店主是撒了谎还是

宽文二年中野市右卫门刊《鹤林玉露》

没仔细检查。不过，对于刊刻于宽文二年的书来说，保存成这个样子也可以接受了。

此本自然经过了重装，封面题签分别是天集的上、中、下和地集的上、中、下，原藏者用红笔将其点改为天、地、人三集，每集分为上、下二册。由此可知，其原本为九册，重装时只用了六册的封面。

《鹤林玉露》国内所存最早只有明刊本，且均为十六卷，而日本流传的刻本却均为十八卷，仔细对校可以发现，和刻本确实更为完整而近真。所以，近代以来，整理《鹤林玉露》一书莫不以日本刻本为底本，如1920年，涵芬楼出版夏敬观校订本，即以日本宽文二年刊本（我买到的版本）为底本整理；1983年，中华书局出版王瑞来先生整理本，也自然使用了日本庆长、元和间（1596—1623）活字本为底本，并成为此书最精良的整理本；最近，上海古籍出版社出版校点本，以夏敬观校订本为底本，则亦算用宽文本了。

《鹤林玉露》的作者罗大经及其作品似乎与东瀛有着不解之缘，试举如下：

第一，罗大经在《鹤林玉露》丙编卷四的《日本国僧》条记录了一位到中国"取经"的日本僧人"安觉"，即日本平安—镰仓时期的僧人安觉良祐（1160—1242），据《讲谈社日本人名大辞典》载，他于日本的文治三年（1187，相当于淳熙十四年）来到中国，安贞二年（1228，相当于绍定元年）方归，在中国滞留四十二年之久。有宋一代，日本僧人来中国的并不多，安觉良祐是其中的佼佼者，而他在中国生活四十二年之久，国内却从无文献载录，罗大经所载就目前所能见到的资料而言是唯一的记录，所以很珍贵。

第二，罗大经的这条记录在国内所存的十六卷本中只有一半，而日本所传十八卷本此则之末，还有一段介绍日语的文字：

> 僧言其国称其国王曰"天人国王"，安抚曰"牧队"，通判曰"在国司"，秀才曰"殿罗罢"，僧曰"黄榜"，砚曰"松苏利必"，笔曰"分直"，墨曰"苏弥"，头曰"加是罗"，手曰"提"，眼曰"媚"，口曰"窟底"，耳曰"弭弭"，面曰"皮部"，心曰"毋儿"，脚曰"又儿"，雨曰"下米"，风曰"客安之"，盐曰"洗和"，酒曰"沙嬉"。

所谓"天人国王"即现在所说"天皇"，这是意译，下面大概都是音译，但安抚、通判、秀才、僧数种难得确解。而在日语中，砚读为すずり（Suzuri），笔读为ふで（Fude），墨读为すみ（Sumi），头读为かしら（Kashira），手读为て（Te），眼读为め（Me），口读为くち（Kuchi），耳读为みみ（Mimi），面读为ひふ（Hifu），心读为むね（Mune），脚读为ゆび（Yubi），雨读为あめ（Ame），风读为かぜ（Kaze），盐读为しお（Shio），酒读为さけ（Sake）——则皆与罗氏标音相同或相似。其中"面、心、脚"现在所用词皆与此不同，上举为改用其他称呼者，知当时通用者或与今不同。另外，"风"读"客安之"，而今读为（Kaze），似不同，然据日本友人相告，"か"音老

人们常读为"くわ",是亦可读为"くわぜ"(Kuwaze),则与"客安之"相似;又"酒"字,罗大经标为"沙嬉",而日语实读为"さけ(Sake)",日本友人云"喜"字日语即读为"け(Ke)",是则此"沙嬉"亦即"沙开"之音也。这些读音绝大部分都与现在日语的发音接近,有一些小差别,可能是罗大经在记录语音时的误差,但更可能是八百多年前日语的发音本即如此。

有趣的是,在日本的雅虎网站上,有人把这一条贴出来征求注释和翻译,下面有人做了详尽的回复,注出二十七条,但在注那些他们本国的发音时却捉襟见肘,或者把"牧队"分开注说"牧是古代九州的长官","队是古代的兵制";把"在国司"注为"在国,诸侯在自己的领地上停留;司,官吏"。对于"毋儿"和"又儿"只好说"不详"。另一个帖子也有详注,但只是猜对了砚和笔的音,而且还不自信,在平假名后打了问号。

不过,后来我看到了日本学者渡边三男《中国古文献に见える日本语——〈鹤林玉露〉と书史会要について》一文。他的大部分推测与我相同。在我不了解的几个词语上他是这样认为的:"黄榜"即"お坊",音为おぼう(Obo);安抚曰"牧队",当为"地头"之误,因为镰仓幕府治下地方机构分别为守护、地头、国司,故猜测此处本为"地头",先误为"持头",后误为"牧队";通判曰"在国司",衍一"在"字,实即前云"国司";秀才曰"殿罗罴",当为"殿罴罗"之误,因为日语中男子的敬称是とのばら(Tonobara),与此音同。此外,他在"面""脚"二处打了问号,表示不能确定,而在"风"的读音中他认为"安"字为衍字。他的研究大部分我都赞同,但他很轻率地用衍字或者改变语序来解释,我实在不能同意,因为在没有版本依据的情况下一般不改动原文去迁就自己的看法是文献研究的一条原则。

事实上，他把"殿罗罢"改为"殿罢罗"就全无必要，因为とのばら的读音与"殿罗罢"更相似。当然，从文献上来看，此处是否有衍字已经无法考察，因为此条后半记载日语发音的文字国内刊本均无，仅存于和刻本中，而和刻本实际上又都是同一个版本系统，文字上都基本上没有大异。所以也只能在现在文字上来解释了。

第三，更有趣的是，这条记录也同时为罗大经自己的生年考证留下证据，可以算是意外的收获。

罗大经的生年一直并不清楚，王瑞来先生从《鹤林玉露》乙编卷四《月下传杯诗》条载"余年十许岁时"听杨万里诵此诗推测"生年当不应晚于宋宁宗庆元元年（1195）"，这个范围太过宽泛。真正有说服力的资料还是来自这条《日本国僧》的前半部：

> 予少年时，于钟陵邂逅日本国一僧，名安觉。自言离其国已十年，欲尽记一部《藏经》乃归。念诵甚苦，不舍昼夜。每有遗忘，则叩头佛前，祈佛阴相。是时已记《藏经》一半矣。夷狄之人，异教之徒，其立志坚苦不退转至于如此。朱文公云："今世学者，读书寻行数墨，备礼应数，六经语孟，不曾全记得三五板，如此而望有成，亦已难矣。"其视此僧，殆有愧色。

根据上文知道安觉邂逅罗大经时"自言离其国已十年"，则时间为庆元二年（1196），此时罗大经为"少年"，当然，"少年"一词也并不精确，但若定于十三岁到十七岁是符合国人用语习惯的，这样便可知罗大经的生年当在淳熙七年（1180）至十一年（1184）之间（详细考证参见笔者《罗大经生卒年及罢官原因小考》一文）。

第四，便是罗大经《鹤林玉露》的流传史。从和刻本来看，此书当很早就传到了日本,但最早如何传去不得而知,不过,日本获得中国典籍最可能的途径便是通过僧人。另外,日本江户僧人策彦周良曾两次入明,著有《初渡集》与《再渡集》,其中有明嘉靖十八年(1539)七月九日"以银二钱换《鹤林玉露》四册"的记录(参严绍璗《日藏汉籍善本书录》)。

《鹤林玉露》之传入日本实在是中日典籍交流的大事,因为此书国内传本都是十六卷残本,而原书在流入日本后经历了诸多的抄、刻,依然以十八卷本的面貌流传。这不只是多出两卷的问题,其他卷次还多出一些条目,还有一些条目比通行本多出许多,最好的例子就是上引的《日本国僧》条。

此外,原本十八卷还保留了其分甲、乙、丙三集(也有后刻本分为天、地、人三集)、每集六卷自成起讫的格式,可知罗大经创作此书以六卷为一集。每集前还有小序,从这些小序中也可以得到有关罗大经生卒及罢官的重要信息。

最后,顺便提一下,为中华书局整理《鹤林玉露》的王瑞来先生后来也到了日本学习院大学任教,不知这是否也算罗大经与东瀛缘分的延伸呢。

三三 东城书店（二）
——三种《咏物诗》

云烟千载书中过，时入视窗觅夕曛。
若问诗情尚余几，精金美玉定秋芸。

东城书店好书不少，但也正因为书多，反倒使其网站极不方便——因为网站只把唐本与和本分开，却不再细分部类（最近稍有改良，比如将和本按经、史、子、集分开），这样的话，如果想要浏览一遍以便确定有什么自己想要的书，将是一个很大的工程，因为仅唐本便一直在两三千种左右，每页只显示二十条，总共就要一百余页，没有别的方法，想要看只能一页一页地翻。最要命的是，如果你好不容易翻过了一遍，过一段时间想确定他们家有没有新上的你感兴趣的书，对不起，你还得再重新完全地翻一遍，因为他们每次上的新书都按照经、史、子集的类别分列各部中去了，那么几十种新书也就一下子撒进两三千种书中，了无踪影。作为对比，可以看一下琳琅阁书店的设计,他们的唐本通常只有百十种,很轻松便可浏览一遍,而且就这百十种还分为文学、思想、历史、考古等门类,更可按照自己的兴趣去搜索了;最重要的是,他们新上的书总是在融进原书目的同时,也会放在一个专门的条目下,老顾客不用每次都去总目里查检,看一眼新书目就可以了。

但是不管如何,东城书店的数量很大,好书也多,所以,虽然有这么多不便,我还是尽量花时间去翻那长长的书目。这次便翻到了新上的好书,而且,有趣的是,这两种书之间还有着密切的关系。

第一种是《三家咏物诗》,文化八年须原屋刊本。书为三卷,分三册,开本阔大,天头尤为轩敞,可达七点五厘米,版面亦清雅精致,黑口,单鱼尾,左右文武边,写刻上板,刻印俱佳,十分好看。书前有北山逸老之序(为日本幕末三笔之一的卷菱湖所书),中云:"吾门人美浓菅原冰清,精于学,善于诗,为人温润敦厚,其中还洒洒落落,如光风霁月。与仙台诗人松井长民、美浓诗人梁伯兔相善。长民、伯兔亦皆洒洒落落,不羁乎尘俗矣。三子于诗殊好咏物,尝得合刻谢、瞿、张三家咏物善本,与友人诗佛淡斋绿荫校雠数回,遂命剞劂氏。"知此书为菅原冰清、松井长民及梁伯兔三人主持刊刻的。

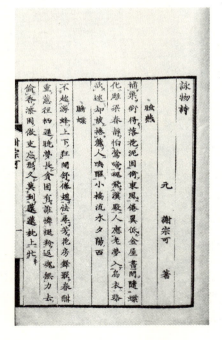

文化八年须原屋刊《三家咏物诗》

此书原为清初人贺光烈所编，出版于康熙五十三年（1714）。其实《三家咏物诗》在明末出版过一种，为万历二十三年（1595）状元朱之蕃刊于天启二年（1622）者，所收三家分别为元人谢宗可、明人瞿佑和朱之蕃自己，《千顷堂书目》卷三一曾著录《谢宗可瞿佑朱之蕃咏物诗》六卷，当即此书，现仅台北故宫博物院有藏本。而康熙年间，贺光烈再编《三家咏物诗》，谢宗可与瞿佑仍入选，却将朱之蕃换成了自己的老师张劭。不过，此书现在存世亦不多，《中国古籍善本书目》仅录天一阁与河南图书馆有藏，此外国图（被列为"善本"）与复旦大学（此本首卷有缺页）亦有藏。

此和刻本在文化八年初刊之后，于文政八年还有芳润堂的后印本，我后来从新村堂书店也买到了这个后印本。此和刻本国内则仅华东师范大学图书馆有藏，日本公藏初印本仅五家（九州、国会、东京都立中央、三康、宫城县），而后印本则仅两家（堺立市中央、民博），可知流传甚少。

另外，关于此书还有两个有趣的话题。

一是贺光烈之师张劭亦有可论，其人与清初著名才子佳人小说《平山冷燕》有密切关系。孙楷第先生在《中国通俗小说书目》中曾列出两条资料。先是清代沈季友《槜李诗系》卷二八"张秀才匀"条载："匀字宣衡，号鹊山，秀水诸生。年十二作稗史，今所传《平山冷燕》也。"又有清人盛百二《柚堂续笔谈》卷三载："张博山（劭，号悔庵）先生，嘉兴人，与查声山宫詹僚婿也。幼聪敏，十四五时，私撰小说未毕，父师见之，加以夏楚。其父执某续成为之解纷，曰：'此子有异才，但书未毕，其心终不死，我为足成之。'今所谓《平山冷燕》是也。"二者皆言之确凿，因此有学者曾经认为张匀与张劭为同一人。此后冯伟民先生发表《张匀父子与〈平山冷燕〉》一文，根据

《嘉兴县志》确定张匀为张劭之父。有学者曾推测张劭的年龄与查升（1650—1707）相仿，可能大体不差，但据此书前张氏自序可知，他于康熙五十二年（1713）编定其咏物诗，则至少活到此时。

二是此和刻本出版后，日人井伊友直于弘化元年（1844）刊刻了《朱之蕃咏物诗》，行款、版式与此本同，显系仿此本而成者。其前池桐孙序云："近日家刻《朱之蕃咏物诗》，以续前三家。之蕃于三家，虽不无轩轾，亦有一种骨格，具眼人能辨之，不待余喋喋也。"此所谓"前三家"即指贺光烈所编者。井伊友直序则更明确地说："往岁仙台诗人松井长民镌元明清三家《咏物》，以布于世，诗家多取为著题模范，至今盛行。另有明朱之蕃《咏物》，其原本的不知其所出，世之所传，悉皆誊本，间有活板，字颇讹误，亦多错出，无足取正者。今校雠数本，拣较佳者，编次家刻，以颁同志。"贺光烈虽然退朱而进张，但从井伊氏补刻朱之蕃诗可以看出，其人虽不知朱氏亦曾辑三家同刻之事，但仍有此补刻之举，可证东坡"文章如精金美玉，市有定价"之论，也算是和刻汉籍史上一件趣事。

而我得到的第二本书恰恰便是《朱之蕃咏物诗》。此书很值得详述一番，倒不在于前述"三家"进退之巧合，而是《朱之蕃咏物诗》本身的原因。此书原有万历

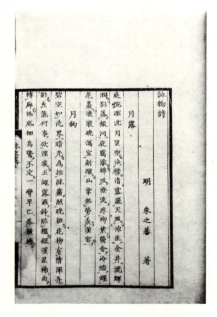

弘化元年井伊友直刊《朱之蕃咏物诗》

间刻本，但如前所述，仅存于台北故宫博物院，日本公文书馆亦藏一册。故其书已近于亡佚（崔建英《明别集版本志》一书便未收录）。此和刻本不但将此濒危之书重新印行，得广其传，而且还做了相当大的校订与增补工作，编者井伊氏序中已经说明了相关的情况，"世之所传，悉皆誊本，间有活板，字颇讹误，亦多错出，无足取正者。今校雠数本，拣较佳者，编次家刻"，可知当时日本流行的多为抄本，且有活字印刷之本，也就是说，编者所据底本并非现存的万历本。这一点从篇目之异同上亦可了解，万历本自《松涛》始，至《鸿雁来宾·阁试》止，共七十九首，而此和本则自《月露》始，至《落花十四首》终，共计一百二十首，不但数量超出不少，就是排列次序也不尽相同。所以，此书一定是据当时流行的某些抄本与一个目前尚不知其详情的活字印刷本编校而成的，可以说是保存了曾经相当流行的状元朱之蕃咏物之作的功臣。

　　第三种书并非购于东城书店，亦非汉籍，是又一次去大阪天三古本节的收获，不过，这本书与《三家咏物诗》小有关系，所以放在这里一并论述。

　　书名叫《风外咏物百律绝》，为日本近现代著名诗人水野昌雄所作，昭和二十七年（1952）刊行，为非卖品。此书出版比较晚，故已非刻印者，而是用写本影印者，书后注明"笔者栗山能势政"，不过仍用皮纸与线装的形式，亦颇雅致。全书分为两个部分，前为一百二十首律诗，后边的绝句亦为秦关之数。

　　书前有作者自序，开篇即云："予尝读谢、瞿、张三家咏物诗，叹曰：'何其命题之新而体物之巧也。'"又于题言（即凡例）中云："诗咏物始于姬周，其具体备形在齐梁，至李唐最极盛，杜甫以旷代之才，开众妙之门，咏物居其一……杜甫以外，别开径畦者，元有谢宗可，明有瞿宗吉，清有张劭，三家皆把新题赋之，斗奇逞巧，尽咏物能事。后世谓咏物者，先屈指三家。"可以看出，作者其实是把《三家咏物诗》当作范本来写作的，而他所能看到的《三家咏物诗》，自然便是前边那个和刻本了。

三四 中尾松泉堂梅田店（二）
——《元典章校补释例》的命名

秦灰冷后史难真，扫叶丹铅墨未匀。
四法津梁开世界，青山不改旧时春。

  中尾松泉堂因为专营线装古籍，所以店里好书甚多，只是有的价格太贵，有的则被店主放在橱窗里收藏起来，暂不出售。前一次拜访此店的时候，事先在其网站上下载了 PDF 版的书目，看到了不少好书，但有几本因为价格太贵，未敢问津。过去了一个多月，我对这些书仍念念不忘，现在终于还是决定去买下来。

  但是，事先看好了三种书，再来时只剩下一种，另两种遍寻不获，只好拿着他们柜台上摆放的与电子版相同的目录翻到那一页问店员，店员遗憾摇头，我明白，真的被人捷足先登买走了——看来，这些纯粹的汉籍（我看到的三种全是唐本）在日本仍有市场。

  不过，或许我更应该这样想：还好，至少有一种给我留下来了。

这是我们北京师范大学老校长陈垣先生的一部名作《元典章校补释例》。其书开本阔大，扉页为陈垣先生自署的"元典章校补释例六卷"字样，扉页背面有"中华民国廿三年十月国立中央研究院历史语言研究所刊于北平"的牌记，知其刊行时间在1934年，这已经是相当晚近的时间了，此时中国书籍的生产方式也早就从传统的木板刊刻转向了石印甚至铅字排印，但这部书仍与其内容相得益彰地使用了最为传统的刊刻技术，其书以宋体雕版，然笔画纤细，又颇类仿宋。全书刻印精美、版面雅致，继以皮纸精印，实可称为民国时代刻本书之精品。我买到的这一本保存精良，品相完好，几近新书，令人不忍释手。

不过，因为此书刻印实在太规范了，印制也一丝不苟，几无瑕疵，加之刊行时代较晚，以至于有些图书馆竟将其标为"排印本"：日本共藏此书十种，其中爱媛大学及东京大学所藏的三本便均标为"排印本"。更有甚者，美国普林斯顿大学东亚图书馆更进一步地标为"铅字排印本"——20世纪50年代初期，胡适曾在此任馆长，并与助手童世纲一起对全馆图书进行整理编排，若此著录产生于这个时期，那无疑是一个不应该的疏失，因为此书前有胡适的长篇序言（见下文），知胡适对此书相当熟悉。另外，台湾地区仅藏此书两部，其中便有一部也标为"排印本"。

此书国内的收藏亦呈两极分化之势，国图及北大图书馆分别藏此书近十册，可谓夥矣，但其他图书馆却很少见，上图及作者曾任校长之职的北京师范大学的图书馆各有一本入藏，虽亦署为"国立中央研究院历史语言研究所，民国二十三年（1934）"，但又标出"励耘书屋丛刻"字样，这种情况在其他图书馆也有，凡有这样标识的藏书，或者只是1949年后据原版重新刷印之本（1955年起曾重刷过五十部，1980年中国书店再次重刷）；或者便是误录。陈垣先生著作以"励耘书屋"名义刊行者确有数种,后来收入《励耘书屋丛刻》八种中的三种(《元西域人华化考》《史讳举例》《清初僧诤记》)即如此,但另五种却并不是这样。《元典章校补释例》之所以署史语所也是有原因的,因为此书的出版史语所是出资方。在《陈垣来往书信集》中,收有与时任史语所所长的傅斯年信数通,其民国二十二年(1933)十月十九日信中说:"弟深以二书得在研究所出版为本所莫大之荣幸,愉快何似。自今年暑假,所中情形较往时有不同处,谨述其有关涉者如下:一、自丁在君先生就任后,厉行支出按照预算之办法。故凡有追加及改变,均须得其许可。此事提出时,弟固当请其立即批准,然如此一千五百元本年度无法全数追加时,当于下年度中设法补齐。"十一月一日信中又有类似的表述:"因在君先生厉行各所不欠主义,故追加

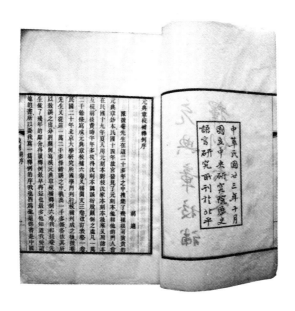

1934 年史语所刊《元典章校补释例》

预算上各节，均须呈院批准后方可支付。而每月如无盈余，即须改至下月再付，本年度如无盈余，即须改至下年度再付。先生所提支付方法，当呈院请其批准，然非所中所能自决（因非列在原预算中者）。"可知陈垣先生因此书向史语所要求追加经费，而后来此事得到圆满解决，傅氏次年五月十七日信中说："《元秘史译音用字》一书印就甚快。封面式样，照已往各书抄下附呈。《元典章校例》单印本事，已照尊旨通过所务会议矣。"也就是说，此书书板自然属史语所，并非励耘书屋出品。

与此两极分化的收藏可以并提的另一现象是，此书如此重要，但甚少为人提及，其原因就在于此书在1949年后重新付印时改变了书名，直到现在，此书都是以《校勘学释例》这个名字而为学者所熟悉的。

以上的两种现象似乎可以找到同一个原因，那就是胡适。

此书初印时陈垣先生曾请当时同住米粮库胡同的邻居胡适为其书作序，在其九月十日的信中说："《元典章校例》已遵示改正数点，仍不甚惬意，奈何！兹将序、目录呈乞正。"同日又有一信云："拙著《元典章校补释例》灾梨已毕，谨将校稿呈阅，专候大序发下即可刷印。"三天后又有一信云："正值开学时候，要先生作序，似不近情。但此书刚刚刻好，即承金诺在前，知对此题目必有好些新议论，足补土法之不足，亟所愿闻也。"由此可以看出陈垣先生对胡适序文的期待之殷。而胡适也不负所托，写出了长近万言的美序（胡适在《读陈垣〈史讳举例〉论汉讳诸条》一文中说"我曾经给他写过两万字的长序"，应该是计数之误；另外，陈垣先生原书不过六万字），序中以亲身的校勘经验指出了中国校勘学的不足，并在这一背景下对陈著进行了高度评价，说它是"中国校勘学的一部最重要的方法论"、"是中国校勘学的第一伟大工作,也可以说是中国校勘学第一次走上科学的路",放眼历史,"前乎此者,只有周必大、彭叔夏的校勘《文苑英华》差可比拟"(巧合的是,陈垣先生在自序中也说了"以较彭叔夏之《文苑英华辨证》,尚欲更进一层"的话),最后,更像下结论似的说:"我们承认他这件工作是'土法'校书的最大成功,也就是新的中国校勘学的最大成功。"

此序胡、陈二人均甚重视。胡适将其收入《胡适论学近著》(更名为《校勘学方法论——序陈垣先生的〈元典章校补释例〉》,有趣的是,胡适在文下还作了一个注,注明"定价二元",印制如此精美的书,这个定价大致相当于现在的二百元,可称物美价廉了),与《说儒》《评论近人考据〈老子〉年代的方法》二文并列于卷一,可见其重视。陈垣先生也很看重,据陈智超先生言,1947年,陈垣为张尔田(孟劬)遗札作跋时云:"人各有所好,不能强同。忆民国廿三年拙著《元典章校补释例》刻成,适之先生为之作序。一日,于某宴会中,孟劬先生语予曰:'君新出书极佳,何为冠以某序?吾一见即撕之矣。'余愕然曰:'书甫刻成,似未送君,何由得此?'孟劬曰:'此吾所自购者。'余曰:'君购之,君撕之,乃君之自由,他人何能干预。'孟劬默然。"(见陈智超先生编注《陈垣来往书信集》一书)张尔田曾与胡适同执教于北大,然分属旧、新二派,以遗老自居之张氏不满胡适自为意料中事。而陈垣先生之记此事,亦可见其对胡适序文之"好"。不过,张氏撕胡序或许还有一因:即胡序用白话文写成,而陈著却全用文言,于张氏而言,或甚觉扞格罢——1919年,时任教育总长的傅增湘曾想将胡适新著《中国古代哲学史》木刻印行,便为以开新文化自任的胡适拒绝(见胡颂平《胡适之先生年谱长编初稿》所记),此或与张氏"心理攸同"也。

然而，事情很快发生了变化。1949年，胡适奉蒋介石之命赴美国，而后百万雄师过大江，国民党败退台湾，就在这个时候，陈垣先生在1949年5月11日《人民日报》上发表了《给胡适之一封公开信》。这封信从陈垣先生的角度看实有争取老朋友回国的意思，虽然不免有些操之过急，但这在美国做寓公的胡适看来却不啻为讽刺，所以胡适初见此信的态度是"全函下流的幼稚话，读了使我不快。此公老了，此信大概真是他写的"，但后来又发表《共产党统治下决没有自由——跋所谓〈陈垣给胡适的一封公开信〉》一文，认为此信为人代写，并论定陈垣先生已经没有不说话的自由了。然而，1990年，刘乃崇先生（陈垣先生弟子刘乃和先生之弟）发表《不辜负陈援庵老师的教诲》一文，1994年，刘乃和先生也发表了《陈垣的一生》，二文均回忆了此信的写作经过，证明此信完全出于陈垣先生的意思，只是具体执笔者为刘乃和先生，其文虽曾送范文澜过目，也仅将题目中的"胡适之先生"去掉"先生"二字而已。

无论如何，此信之后，陈、胡二人之交谊就此中断。更重要的是，陈垣先生的公开信其实也代表着当时国内大部分人对胡适的期望。然而在复杂的情势之下，1951年大陆还是开展了批判胡适的思想运动。对于这本十七年前出版的小书而言，这些宏大复杂的历史纠葛已经为它的命运埋下了伏笔。当时及后来的革命小将们或许不知道，他们对胡适的态度与此前的清代遗老张尔田如出一辙，而且激烈程度或恐过之——因为他们一定不会购之而后撕，也自然不会仅撕序言而后止。此书的收藏甚少且分布不均衡，当与这一因素有关。

在这种形势下，1959年中华书局再版此书，自然要抹去胡适的痕迹，首当其冲的当然是胡适的序文；而在我看来，书名的改变亦当与此有关，此书与胡适的关系太过密切，自然是换一个书名更为保险。

而作者在《重印后记》中却只轻描淡写地说"本名《元典章校补释例》",一笔带过,并未做进一步的解释。

半个世纪过去了,2004年中华书局重新出版此书,自然不必再将胡适当作禁忌了,所以又补入此胡适之序,但书名仍为《校勘学释例》:从表面上看,那篇序倒是易删去也易恢复,似乎没有什么影响,但那篇序的名字也只好尊重事实叫《元典章校补释例序》,出版者也并未对两个书名的不同做出解释,这正是因为书名的改变原因在暗处,既无法明确地证明书名的改变与此有关,当然也就无法以此为据而回改。于是,这个名字便成为此书的定名(2009年安徽大学出版社版《陈垣全集》即用此名)。但台湾地区再版此书时并未用作者修改后的名字,仍用原名,或者他们也认为这个改名并非出于学术需要吧。

事实上,这个后改的名字与此书本身并不能名副其实,因为此书是对《元典章》一书进行校补后归纳出来有关校勘的义例,虽然亦有其理论色彩与适用性,但直接以《校勘学释例》为名则仍嫌过大。倪其心先生在其《校勘学大纲》中对此书给予了高度评价,认为它"是标志校勘学建立的里程碑",但也指出:"《释例》的特点和优点是通过沈刻《元典章》这一典型专书的校勘实例,全面、具体、深入地概括并阐述了校勘学理论。由于只以一种古籍为实例因此也不免局限,不能更为广泛地选择各类古籍的典型事例,也不能在理论上作更为充分的阐述论证。"这一评价应该是深中肯綮的,但如果此书仍用原名的话,这一批评便算打偏了靶子。

通观陈垣先生的著作,会发现其命名的功力极深。学术著作命名很难不落窠臼:一方面,研究领域相似,便易重名,观今人研究著作命名翻来覆去在数十个字里打转可知;另一方面,也不易名实相符,以研究现象复杂,难以概括之故也。所以,就此而言,当代人学术著作命名已远不及有古学根基的学者,即在现代学林中,陈垣先生的著作命名仍有独秀于林之感,如《史讳举例》《旧五代史辑本发覆》《明季滇黔佛教考》《清初僧诤记》《通鉴胡注表微》等名,文简而义丰,雅致而妥帖,既不像胡适《中国哲学史大纲》《白话文学史》《丁文江的传记》之类浅白而陷于套路,更不似今人动辄以"大名"跑马占地的"气魄"。不过,这个《校勘学释例》却稍显例外,虽然也有学者认为这个名字"更能体现其价值和意义",却没有考虑到这个改名产生的时代因缘,也没有意识到此名在拔高其"价值和意义"的过程中露出了罅隙。

三五 善书堂

——两种印谱与《石头记》佚本

红楼残曲绕云霄，不在午桥在六桥。
小册戋戋天赐我，可堪引梦到潇潇。

从地图上看京都，可以发现在其中心偏左一点有一个纵贯全市的"Y"字形水系，这是京都最著名的三条河流。源自西北的是贺茂川，源自东北的是高野川，两条宽大的河流快到京都御苑的时候汇而为一，就是鸭川。这三条河及其沿岸都是京都有名的风景点，每年4月，这里便成为京都最胜的赏樱之地。而对于我这个淘书者来说，这三条河流也有重大意义——当我仔细端详"京都古书店绘图"时，不得不慨叹，京都市的古书店基本上分布在这个"Y"字形的沿岸，或许这就是传说中的文脉吧！

有一家书店的位置很好，恰恰坐落在三川交汇之地，但我却从来没有进去过。本来有一次年初大举远征时是计划好要去的，可惜当时这家书店并没有开门；后来有几次路过，也因为有别的事情未能一入宝山。今天我决定要专程拜访一下这家名叫善书堂的书店。

一进书店我便大吃一惊，因为在京都和大阪前前后后也去过上百家古书店了，风格大同小异，基本特点就是非常狭小，如果同时有三五名顾客进来便腾挪不开。但这家书店营业面积很大，比起一般书店大得多，虽然书架林立，但仍轩敞明亮，简直让人怀疑是一家新书店了。不过，幽暗的光线、安静的氛围以及书架上的旧书告诉我这的确不折不扣是家古书店。

刚进门，路过收款台，与店员打了个招呼，一转头便看到收款台附近依墙放了一摞书，最上面有一套很标准的中国式线装书——开本修长，六眼锁线且中间两眼距离比两边的短些，看上去便让人感觉很舒服。我忙要求看一下，书的封面已经没有题签了，翻开才知道，是一套印谱，共五册，白纸精钤，开本阔大，很是漂亮，从版心知道书名原为《天香阁印谱》。正在努力找线索想进一步确定作者时，营业员见我似乎颇喜欢，便又给我拿了一套书来，是一套《匋斋藏印》，不过仅有第一集的三册，而且缺了首册，不过，此书倒有所闻。那么，起码后者我是可以买的。翻到书末，看了价签，却颇有些犹豫。二书索价均甚昂，但各有问题：后书我有了解，自然愿意买下，但仅第一集，且无首册，自然是很遗憾的事，而且此书为清末民初有正书局印行者，国内所存亦当不少；前者则有些冒险，因为不大了解是何人所刻。于是，我再仔细翻看其所刻之印，想大致看看刻印的水准。

正在这时，店员告诉我，如果两个都买，按店里规矩是可以半价的，这样一来，基本上达到了我的心理预期。于是决定买下。当然，同时把整个店里的书也都匆匆扫了一眼，但也奇怪，除这二书外，其余的书基本全是当代出版物了。

我从初中临毕业时开始"藏书",也附庸风雅地用橡皮认认真真地刻了一个藏书印,四处乱盖,后来一位擅长治印的好友专门为我刻了一枚精美的藏书印,这才结束了我和藏书共同的橡皮章历史。从那时起我也喜欢上了篆刻,曾在我们小县城的新华书店里买到一本中国书店影印的孔云白《篆刻入门》来看,自己也曾经买了刻刀和石头试刻,但总无进步。后来由于学业日重,渐渐不再治此"无益"之事了。直到前段时间无意中买到《秋闲戏铁》的摹本,时常展卷把玩,倒也颇觉有趣。若在以往,即便看到此二谱也难动心,因为价格还是太高,但现在因为又拾起了兴趣,所以反觉可以接受。

先说《匋斋藏印》,我买到的只是第一集,开本甚小,末册版权页云"匋斋藏印初集共四册,定价大洋八角",然缺首册,总发行为有正书局。看到有正书局,我这个《红楼梦》迷自然会想到著名的有正本《石头记》,所以对此书又多了几分好感。

此书所收为清代封疆大吏端方(1861—1911)的藏印,端方,字午桥,是清末之风云人物,从戊戌变法到八国联军侵华,从考察宪政到保路风潮,都有他的身影。而在文化事业上他亦多建树,魏小虎先生在《晚清第一收藏大家——端方》一文中总结说:"先后创立湖南、湖北、江苏三省的第一所现代公共图书馆,设立两江地区(江苏、安徽、江西)最早的法政学校、商业职业学校,被尊为暨南大学首任校长,中国第一所私家博物馆、公共幼儿园、公共动物园的创办者,筹办了中国第一次商品博览会,派出了中国第一批公费女留学生(其中有宋庆龄、宋美龄),主持收购丁氏八千卷楼藏书归江南图书馆(南图前身),避免了重蹈陆心源皕宋楼藏珍贵古籍流失海外的覆辙……"但就是这样一个人物,他的生前身后事却是不折不扣的悲剧:一方面,在1911年的保路风潮中,他被派往四川接替原总督赵尔丰,却"被手下邀功心切的军士斩杀，拿他的首级作'革命投名状'"，死而不得其所；另一方面，在历史上，他因为各种原因一直被当作"死有余辜的顽固反动官僚"，亦未得到客观的评价。

端方一生喜爱收藏，既饶资财，又精识鉴，故在清末允为大家。据《世载堂杂忆》"张之洞与端方"条引高友唐《高高轩随笔》记载，郑孝胥评论时人说："岑春煊不学无术，公（张之洞）有学无术，袁世凯不学有术，端方有学有术。"这个评价未必准确，但起码表明其确有着相当的学术水准。

《匋斋藏印》便是端方收藏历代官私印章的辑印本，共四集十六册，数量甚丰。只可惜此次购得者并不全，聊备一格吧。

第二种是《天香阁印谱》，共五册，开本宏阔，每叶一到六印不等，为免印色互侵，每叶仅正面钤印，背面则为空白，个别印章下以墨笔注明材质。此书从形制上看虽然是典型的中国式线装，但却是日本篆刻家的印谱。其作者为桑名铁城（1864—1938），其人名箕，字星精，号铁城，斋堂为九华室、天香阁。少年时便学习汉学和书法，出外游历时又学习剑术，后移居金泽受到北方心泉的指教，始钻研篆刻金石学。长于铁笔，名震京畿。明治间曾游中国，与苏杭士夫相往还。在中国期间搜集了不少秦汉古铜印及碑帖，如八大山人晚年代表作《安晚册》便由他带到日本（后为住友财团的住友宽一所藏）。此人的篆刻技艺也得到了中国文人的认同，如王福庵《麋研斋印存》亨部便收有桑名所刻印数方。

此《天香阁印谱》虽在桑名的简介中常常出现，但遍检日本各大图书馆，均未见有收藏。日本国立国会图书馆藏有《天香阁印存》四卷（1915），然与此并非一种。

此书五册，并未标出顺序，故仅可由题名与题词分出首册。书前

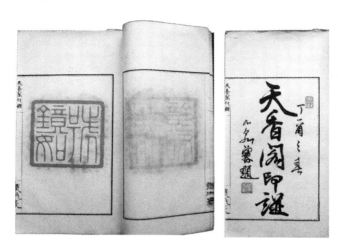

桑名铁城《天香阁印谱》

有曾家所题"天香阁印谱"的书名,署为"丁酉之春",则为1897年,然未知此曾家为何人,其引首章为"金石癖",名章为"曾家私印",二印均亦收入此印谱。

书前又有"神采秀发"四字题词,落款为"戊戌季秋 霞山人题",另有两章,上为阴文"笃麿之章",下为阳文"霞山",则知题词者为近卫笃麿(1863—1904),明治后期的政治家,为近卫文麿之父。

次为题诗一首,诗云:"已怪龙蛇蟠,又惊虎凤跃。寸铁果神通,兼穷游戏乐。"款为"丙申中秋铁城兄台大雅属题 金粟道人□"末有二章,上阴文者为"修字诚卿",下阳文为"金粟",知为明治三笔之一的岩谷一六(1834—1905),本名修,字诚卿,号一六,别号金粟道人。

大概翻了一下印谱,发现桑名与日本佛教人士尤其是真宗本愿寺关系甚密。如首册开篇两枚十二厘米的巨印便分别是"僧光演印"和"彰如",这是东本愿寺第二十三代法主大谷光演(1875—1943,号彰如）的印；后边亦有阴文"光瑞之印"和阳文"号镜如"者，这又是西本愿寺第二十二代法主大谷光瑞（1876—1948）的印章。提起大谷光瑞，研究中国古代小说的学者都不会陌生。此人以考察探险之名在中国劫掠文物甚多，损坏文物更多，然而，因为特殊的机缘，他的大部分藏书都在大连图书馆的大谷文库，其中保存了一百五十种明清小说，有不少是孤本，这也使得大连图书馆成为中国古典小说收藏的重镇。

一次收获两套印谱，确为运气。更巧的是，这两种书的作者之间还有些曲折而有趣的联系。

喜欢《红楼梦》的人都知道，在《红楼梦》的版本历史中，有不少传说中的异本，与今本情节颇不相同，却不知存佚，成为历史的一大遗憾。这其中便有一种异本为端方所藏。据周汝昌先生《红楼梦新证》引魏绍昌、徐恭时抄示褚德彝跋《幽篁图》云：

> 宣统纪元，余客京师，在端陶斋方处，见《红楼梦》手抄本，与近世印本颇不同。叙湘云与宝玉有染，及碧痕同浴处，多媟亵语。八十回以后，黛玉逝世，宝钗完婚情节亦同。此后则甚不相类矣。宝玉完婚后，家计日落，流荡益甚；逾年宝钗以娩难亡，宝玉更放纵，至贫不能自存。欲谋为拜堂阿，以年长格于例，至充拨什库以糊口。适湘云新寡，穷无所归，遂为宝玉胶续。时蒋玉函已脱乐籍。拥巨资，在外城设质库，宝玉屡往称贷，旋不满。欲使铺兵往哄，为袭人所斥而罢。一日大雪，市苦酒羊胛，与湘云纵饮赋诗，强为欢乐。适九门提督经其地，以失仪为从者所执，视之盖北靖（静）王也，骇问颠末，慨然念旧，赐赠有加，越日送入銮仪卫充云麾使，迄潦倒以终云。其大略如此。沧桑之后，

不知此本尚在人间否？癸亥六月褚德彝。

此本引起人们的无限猜想，只可惜端方死后，藏书星散，此异本亦终不知归于何处。有人猜测当在四川，然一个世纪过去了，仍无踪迹。

再说桑名铁城，此人来中国后与当时文人交往颇密，其中与蒙古正白旗人三六桥（1871—1940）有交往，三六桥本名三多，曾官杭州，爱西湖景致，取号"六桥"。后一度官至库伦大臣。他曾有《日本桑名铁城箕以印谱索题即赠》诗，可知桑名铁城曾请他为自己的印谱题词，诗中有自注云"承刻石章"。可知二人过从甚密。据云，三六桥喜收藏，其镇斋之宝有三：一为《西溪梅竹山庄画册》，一为纳兰性德画像，一为《红楼梦》后三十回。前两者在国内渊源有序，尚存于天壤，而后者则已杳无音信。然据周汝昌《红楼梦新证》中记载，张伯驹先生曾提供此本的重要线索，循此线索，由周笃文先生拜访了消息提供人张琦翔先生，张先生说1942年冬，"他还是北大文学系学生。在一次读书报告会上，他作了一个关于《红楼梦》的地址、作者及版本的报告，负责指导读书会的日籍哲学教授儿玉达童也在座，会后儿玉达童对他说：日本三六桥有百十回本《红楼梦》"。而且，儿玉教授还详细地讲述了后三十回的情节——有趣的是，这个情节与端方本大致相同。所以，学界一般认为三六桥的藏本或即端方本，而那个所谓的"日本三六桥"本自然是三多的藏本。考虑到三六桥后来曾任伪满电气株氏会社总裁的经历，可知与日人关系的密切，则此书后来流落于日本亦是情理之中。只是其书经儿玉氏提及后再未见诸文献载录，未知是否尚存于世。

在三川交汇之地购得两种印谱，却均与一个已经失传的《红楼梦》

异本有关,这种巧合不禁让人心生奢望:或许有一天,在京都的某个旧书店里,可能意外地发现那传说中被视为曹雪芹原稿后三十回的三六桥本。

补记:2018年夏,我又有机会故地重游京都,先去银阁寺拜识了一个新开的古书店,然后一路访旧,竟然一直走过了鸭川,顺理成章地要去这个"Y"字形交叉口看一下善书堂,却没有找到。日本的店铺都很挤,一不小心便会忽略,我怕是自己走过了,便来来回回走了数遍,仍然没见书店的踪影,我赶快上谷歌地图搜索,发现地图上标出了"已注销"的字样,又一家古书店消失了,如之奈何!这次来访,也想补拍一张照片的,只好放一张鸭川的图片来做纪念了。

三六 谷书店(二)
——《菜根谭》的真伪

大江流月竟天外,零落清言入释丛。
出口内销取经返,菜根滋味正无穷。

  一年一度的下鸭夏季纳凉书市又开始了。那几天家人来日本陪我,所以在时间安排上也尽量先考虑她们。书市开始的第一天本来另有安排,无法在第一时间去淘书,但原计划到中午时又取消了,我一边想着好书都被人抢走了,一边骑了车狂奔而去,仍如往年一样大汗淋漓,仍然因为着急没来得及拿手帕或纸巾。正尴尬的时候,忽然看到别人都人手一把扇子,边看书边扇凉,很是惬意,我也很后悔没拿上一把。不过注意了一下,发现他们拿的扇子似乎都一样,仔细一看,原来正是下鸭夏季纳凉书市的扇子,仔细找了一会儿,果然发现有一大箱子的扇子,上面有随意取用的标识。忙拿了一把,终于可以有点凉风了。下鸭夏季纳凉书市似乎是京都三大书市中最无书可淘的,但氛围却最好：既不像春季书市那样，把那么多人和书塞进劝业馆，仿佛菜市场；也不像秋季书市那样，在寒风中瑟瑟着找书，只想赶快买了回家，仿佛火车站；夏季纳凉书市虽然最热，但选择的地方是在下鸭公园的绿树浓荫之下，旁边还善解人意地流过一条小溪，很多人带着孩子一起来，买书似乎只是由头，仿佛一次消夏远足。

谷书店是我在京都最早的访书地之一，但因其专营与佛教有关之典籍，所以此后也再未拜访过。在日最后一年的下鸭夏季纳凉书市上看到其店面上摆出了几种古籍——没想他们来了书市，而且带了少量的古籍。细检之下，竟买到了搜寻多年的《菜根谭》，也可算珍贵的收获。

《菜根谭》因为机缘巧合，已成为近几十年炙手可热的古籍出版物。但细述其因缘，仍与前所述《醉古堂剑扫》一样令人感慨。记得还在初中的时候，很喜欢翻看各种格言集，以便在写作文甚至给同学写留言时有法宝可祭，无意中看到了《菜根谭》的清言隽语，颇为喜欢，那时没钱买书，就从图书馆借来一册手抄了一遍。初中毕业时，我开始建立自己的藏书，《菜根谭》也一直是我计划购藏的一本，但二十年来这个小计划却一直没能实现，原因很简单，就是没有看到一个让我觉得可信的版本。国内将此书都当作通俗读物，所以出版方多是以赚钱为目的，很少有严肃认真的整理。看多了那些花花绿绿的各种《菜根谭》，我甚至都开始有些厌恶它了，觉得这本书也变得庸俗轻浮起来。

不过，我现在才知道，我在初中时能看到《菜根谭》，其实也有令人感慨的内情。《菜根谭》作于明末，当时有过数刻，但此书路数与晚明流行的清言小品不尽相同，故未受重视，到清代已渐次湮没。直到乾隆年间方才出现了天宁寺刻本，之后以天宁寺本为底本的印本倒也若断若续,并未中绝。但有清一代的刊本多与寺院有关,其书被当作佛家修行或民间劝善之书(看来此书能在专营佛书的谷书店买到也并不奇怪),所以在清代和民国时期此书都并不多见。

然其书在日本江户时期却大受欢迎,一直流行。1915年,浙江奉化人孙锵出使日本,他说:"前清末年,凡有志荣途者,无不藉东游为捷径,甚至政府亦标以品题,然其所查考者,大都师范、法政、工艺、制造诸新法是已。余之东游,仅十日耳,既不能多所考查,多所购买,于阳明学派书十二种外,又得此篇(《菜根谭》)。"在当时东游的热潮中,凡访日者皆欲有所树立,孙氏东游日短,却也不甘寂寞,访得此书,携归付刻,其序中又云:"乙卯之春,归自日本,购有《菜根谭》一书……刷印多次。而大儿海环,亦因友人索观者众,在成都依式仿印,不胫而走,凡遍全国。此前世鲜见本,故海宁马绪卿先生亦以为书亡不知若干年也。其后吾浙人寓成都者陈君西庚书来,谓其与架上藏本颇有异同。余因悟中国自有刊本,并未亡失,特当求之不广耳。既而购得常州天宁寺刊本,不分前后集,而有修省、应酬、评议、闲适、概论等名目,始知日本所谓《处世修养篇》者,殆得各类而泛言之耳。"孙锵氏于版本并不通晓,但当年赴东瀛回国以得异书为风气,他在日本仅得数本意义不大的阳明学书籍,回来后只好推举《菜根谭》了。不过,也不得不说,当初此书虽或俗本不少,但均为清本系统,而孙氏本起码为明本系统,自有价值。因其时国人对此书的陌生,孙氏此举亦如访得佚书归国,颇受追捧,并在当时引起了出版《菜根谭》的风气。不过,此风不久便沉寂下去,建国后更是完全销声匿迹。

20世纪80年代,日本对此书的定位又从修身养性的宝典转为企业经营管理的秘籍,再掀热潮,中国亦步亦趋,墙里开花墙外香之后便又是"出口转内销",国人趋之若鹜,一时洛阳纸贵,至今未衰。我当初能偶然看到此书，实源于此。

从国图网站上查检可知，1949至1988年，中国大陆没有出版过《菜根谭》，1988年至今，则如雨后春笋，已出版了近五百种，但正如我前边提及的，其中很少有严肃认真的整理本，大多数版本只是辗转抄贩，从未究其版本之异同；个别整理者虽对相关版本有所了解，但也多从俗从众，致使其书原貌一直晦而不彰。

《菜根谭》的版本总的来说分为两类，一类是明本系统，一类是清本系统。

明本于海内外多有庋藏。其中，上图所藏者已被收入《续修四库全书》第一一三三册中。此系统均分为前后二集，不分类，前集二百二十四条，后集一百四十条，计三百六十四条；清本则均分为修省、应酬、评议、闲适、概论五类，共三百六十八条。两种系统从数量来看相差不大，实际上却几乎是两种书。清本前四类共一百七十余条全未见于明本，仅"概论"部分可相合，然亦仅得原书之半。由此几可论定，清本是非常不可靠的版本。

现存明本虽亦有《遵生八笺》本、于孔兼序本以及无于序之本（参见日本学者中村璋八、石川力山所撰《〈菜根谭〉解说》一文，文附日本讲谈社学术文库本《菜根谭》中），但条目、次序都基本相同，于序本前有于孔兼序，序云："适有友人洪自诚者，持《菜根谭》示予，且丐予序。"又说："洪子曰：'天劳我以形，吾逸吾心以补之；天厄我以遇，吾高吾道以通之。'"则知于孔兼为洪自诚之友，那么有孔序者则很有可能是原刊本，或者至少是更接近原本者。

而清本则不然，清本多从常州天宁寺本出，其本之末有乾隆三十三年三山通理达天序，云来琳"出所刻《菜根谭》命予为序"，"来琳初受近圆，即诣西方讲社，听教于不翁老人。参请之暇，老人私诫曰:'……吾有一书,首题《菜根谭》,系洪应明著。……今授于汝,宜知珍重。'……因追忆往事,三复此书。乃悟从前事事皆非,深有负于老人授书时之心焉。惜是书行世已久,纸朽虫蠹,原板无从稽得,于是命工缮写,重付枣梨。"知此本为"潭柘山岫云寺监院僧来琳"得于"不翁老人"者,且"是书行世已久,纸朽虫蠹",只好"命工缮写,重付枣梨",仅从文献流传的惯例来看,便可知明本与清本在可靠性上的不同了,更何况二本有如此巨大的差异,清本比明本多出的四类一百七十余条无一字见于明本,则其伪判然。前引孙锵之语以为日本刊本改编了原来"修省、应酬、评议、闲适、概论等名目",与事实恰恰相反。

  然而,不幸的是,有清一代《菜根谭》的版本正如此前述及许多书一样,恰恰以后出之赝本为底本,明本却已渐次湮没。也正如前文所述的一些书一样,此书于文政五年(1822)由日本金泽藩的儒生林瑜校正刊行,大受欢迎,三年后又得再版,广泛流布,此后也陆续出版了多种注释讲解本,直到现在,仍然流行不替,其底本均为文政本,文政本又正属于前所云之明本系统。所以,可以说,19世纪后,中国流行的几乎全是清人重编的分类本,而日本印行的则是分为前后集的原本。这不能不让人感慨——更感慨的是,这种现象直到今天竟然仍未得到改观:国内近五百种《菜根谭》,据我粗略调查,大约只有百分之十用明本,百分之二将明本与清本合刊,另有百分之十为自行调整顺序改编者,余下百分之八十均以清编分类本为底本,就连在古籍整理方面成绩最著的出版社也未能幸免。事实上,有的整理者是知道这两种版本系统优劣的,如有人在前言中说:"前一系统的版本更接近原作面貌,后一系统相对来说更方便阅读,所以我们此次也采用后一系统中的刻本。"甚至有人在版本说明中竟云"本书所凭据为所谓'在日本流传甚广'的'分类编排的本子'",此语实不知所云——因为"日本流传甚广"的并非"分类编排的本子"。

我得到的是日本文政八年出版的林瑜校本,前有林瑜之序,并载三峰主人于孔兼序,于序之末有三枚印章,与《续修四库全书》所收明刊本之印除阴阳互易外全同,书分前后二集,题署为"还初道人洪自诚著,觉迷居士汪乾初校",亦与明本同:可知此本为明刊本的忠实覆刊本。当然,二本间也微有小异,如日本刻本上卷之末较明本多一则,后集则较明本少末六则——这当为传本之异所导致的吧。此本之末有"文政八乙酉年仲秋,本石町十轩店,江户书林,层山堂,西村宗七"的字样,扉页有"东都层山堂梓"的字样,知此为层山堂本。后来我又在新村堂古书店得到另一种文政八年本,与此本全同,但扉

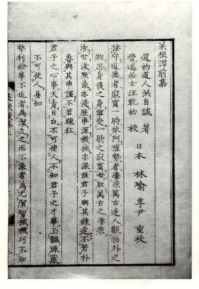
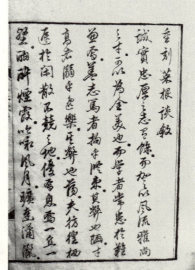

文政五年林瑜校刊本《菜根谭》

页无"层山堂梓"的标识,想来前者当为层山堂原印本,后者或为后印本,板片易主,故挖去了扉页的堂号。

其实,通过目验可知,文政八年本与此书最早的日刊本文政五年本实为同板,行款、字体完全相同。文政五年本扉页署"知不休斋藏",而文政八年本改为"层山堂梓",还有一些后印本改为"须原屋茂兵卫、胜村治右卫门、秋田屋太右卫门",这都只是同一板片曾由不同书坊印行的标识而已。

另外,关于《菜根谭》的作者,已有中日学者的不少研究,若无新材料,则亦无可补充者。近见章军华先生《洪应明无辜 汪信民有冤——新发现宋刊明刻本〈菜根谭〉的作者辨证》一文,云其"在江西临川汪革故里查阅汪氏族谱中,获得一本由宋代传承下来的《菜根谭》全卷一册附于谱系的艺文卷内",故此认为此书作者为宋代的汪革。因未见章先生发现的原书,故不敢遽下断语,但按惯例,族谱之材料向来不可全信,一定要反复印证推求方可使用,因为后人修谱,常有拉名人名书以附益者。就《菜根谭》而言,若断其为宋人著,亦有可疑处。其后集有一则云:"一事起则一害生,故天下常以无事为福,读前人诗云:'劝君莫话封侯事,一将功成万骨枯。'又云:'天下常令万事平,匣中不惜千年死。'虽有雄心猛气,不觉化为冰霰矣。"此中"天下常令万事平,匣中不惜千年死"一联为明人俞允文(1511—1579)《宝剑篇》中的诗句(见《仲蔚先生集》卷四,王同策先生《菜根谭注释》一书中已指出此点),则此说已可不攻自破了。他如章先生将书中数次引及"白氏云"的诗句指为"正与江西临川腾桥镇白沙汪家之名,以及族谱曰'白沙汪氏族谱'之说相一致"之说,则亦不必再辨矣(如"不如放身心,冥然任天造"一句实出白居易《首夏》一诗)。

三七 石川古本店
—— 赵子昂帖二种

乌丝惊燕总为邻，奈困樵苏敢问津。
最爱晴柔松雪意，清风为送一帘春。

　　石川古本店也在京都市左京区，但其介绍上说主营绝版漫画和电影作品，这我不感兴趣，所以如果不是书市，我可能永远不会去。
　　书市上看到这家店一个小桌子上摆了不多的线装书，便去随便翻翻，倒也小有收获。最主要的收获是一册题为《松雪斋法书》的拓本，正文是行草体的欧阳修《相州昼锦堂记》。
　　此本为经折装，前后有木板夹护，书一打开便一股墨香扑鼻而来。首页有"松雪斋法书"数字，下有"天水郡图书印"的阳刻印章，正文每行六字，个别五字或七字，末署"大德三年（1299）四月既望书子昂"，名下有阳文"赵孟頫印"章及阴文"松雪""赵氏子昂"章。最末则有"四明茅绍之摹"六字。

赵孟頫《相州昼锦堂记》

这个茅绍之在书法史上大有名头，不过，其名头却非来自书法，而是来自赵孟頫，因为他是赵氏"御用"刻字师。古代书法家的影响虽然主要源于其书法艺术，但却还有其他的重要因素，比如刻石者的技艺，因为墨迹无法复制，流传受限，所以书法家若要扩大影响，则必求之于刻石，若刻字者不能准确传达书家笔意，则可能画虎类犬。所以，古代书家都很重视为自己刻石的人。据云，李邕、颜真卿所书碑文多为自镌，自然文质相协。那些自己不会或不愿意去刻石的书法家便要找一个技艺高超的刻手，柳公权有邵建和、邵建初兄弟，而赵孟頫的刻手便是茅绍之。

比赵孟頫晚半个世纪的元人顾瑛（1310—1369）曾于至正十七年（1357）写文章说："伯盛朱隐君，予西郊草堂之高邻也。性孤洁，不佞于世。工刻画及通字说，故与交者皆文人韵士。予偶得未央故瓦头古泥中，伯盛为刻'金粟道人私印'，因惊其篆文与制作甚似汉印；顷又以赵松雪白描《桃花马图》钩勒于石，精妙绝世，大合松雪笔法，惜其不得从游于松雪之门，使茅绍之专美于今世。"比顾氏大十八岁的谢应芳在其《龟巢稿》卷五《赠刊字阚士渊》一文中亦有"忆昔赵文敏公之写天下碑，镌字独称茅绍之"之句，便可知茅氏身份。事实上，比赵孟頫仅小十几岁的虞集在《篆刻说赠张纯》一文中便早暗写此人了："近年在京师，有浙人称精善，从吴兴公最久。然偏长吴兴之体，吴兴殁后，颇亦寂寥。刻他人书，辄曰：'非吾整顿，几不可观。'"这个"浙人"自然是指身为四明（今浙江宁波）人的茅绍之了。此后相关记载更多，孙承泽《庚子销夏记》卷七便云《张留孙碑》："刻者为茅绍之，彼时求公书者，非茅刻则不书，观其摹勒之妙，固名手也。"

不过，存世赵孟頫字多有伪托，那此本如何呢，需进行一番考察。

《石渠宝笈》卷一三列有"元赵孟頫书昼锦堂记一卷"，标其贮藏位置为"上等昃二"，著录云："宋笺本，行书款识云：'欧阳永叔此记，直记其事，盖一笔挥就，善于形容者耳。延祐七年八月三日快雨时晴天气晶明，书于松雪斋，子昂。'下有'赵氏子昂'一印，卷前有'大雅''赵'字二印，又'军假司马'一印，卷中幅押缝有'合同''鸥波'各二印。卷高一尺，广五尺四寸。"知赵孟頫确曾写过欧阳修《昼锦堂记》，且曾藏于清廷皇宫之内。只是，此卷为"行书"，又为延祐七年（1320）所书，自非此刻石之所本。而且，此原本并未失传，现存台北故宫博物院，其上之印章确与《石渠宝笈》所载同，只是另多了"乾隆御览之宝""三希堂精鉴玺""石渠宝笈""养心殿鉴藏宝""宣统御览之宝"等印。

不过，《石渠宝笈》卷三七另录一种"元赵孟頫书昼锦堂记一轴"，标为"次等地一"，著录云："素绢本，行草书，款识云'大德三年二月既望书子昂'。"此题识与摹刻本者仅有"二月""四月"之微异（或

《石渠宝笈》的编者误录），余皆同，则此当即摹刻本的底本。然而，此原帖现已不知存于何处，失传的可能性是很大的。

不过，此行草本的摹本在国内却仍有所见，在孔夫子旧书网上便可以看到苏州艺石斋的拓本，唯不知为何时所拓者。不过，艺石斋本每页三行，字迹与此本也有细微不同，定非同一摹本，而且末尾也少了赵氏之印，更无茅绍之的署名。则可以推断其刻石为后了。

我所买到的本子每页二行，共四十二页，为乌金拓，拓本纸质坚韧，摹拓精细，字迹清晰如刀刻，以手触之有凹凸之感，观之如浮雕，确为拓本之精品。其末署"四明茅绍之摹"六字，则此或当拓自茅刻原石。另外，此落款数字与赵孟頫存世《道教碑》（即《张留孙碑》，有中国人民大学出版社1991年印本，另，原碑亦存于北京市朝阳区东岳庙内）末之题署基本相同，则亦可相证。当然，有学者以《道教碑》为伪作，潘伯鹰《中国书法简论》引徐石雪的话说："学赵者多摹仿北京《道教碑》，不知此碑非子昂所写，因为元朝敕令子昂写斯碑时，子昂已卧病不能握笔，乃令其徒吴全节代笔，未几子昂死。吴全节书不逮子昂远甚也。"此语不过臆测而已，并无确据，又似以吴为赵氏之徒，则又大误。又有学者以其为茅绍之作伪的（王连起先生《传世赵孟頫书道教碑真伪考》，《文物》1983年第6期），虽然这一说法还并未成定论，但无论如何，总是承认《道教碑》确为茅绍之所刻（这里说的是北碑，而巧合的是，南碑为张纯刻，正为前引虞集《篆刻说赠张纯》一文的赠主，虞集认为刻字"精善"的两个人都分别刻过《道教碑》，不能不说甚是巧合），则亦可由落款而推断此帖亦当为茅氏所刻也。那么，此帖是否茅氏作伪呢？我以为不是，原因有二：一是据《石渠宝笈》知清廷曾藏其素绢本墨迹，则其原有赵氏真迹在，那么茅氏自然不可能再去伪造刻石；另外，此帖署"大德三年"，其时赵孟頫尚在世，茅氏更无法去作伪了。

此后，我又在一次大阪的书市上，买到了一本《赵子昂兰亭帖》，也便一并记在这里。

赵子昂临《兰亭》已经是书法史上非常有名的事件了，据说赵子昂非常喜欢临禊帖，一生所临不下数百种，这绝不是夸张的数字，因为与赵同时的仇远便说过："余见子昂临《临河序》，何啻数百本，无一不咄咄逼真。"不过我买到的这一本并非赵氏非常有名的十三跋本之类，而是一个改变了原本行款的本子——当然，不排除是摹刻者改变的。其末署"吴兴赵孟頫书于松雪行斋"，后有"赵氏子昂"的印章，后边有"苏州沈草亭摹"的款识，下有"沈瑶之印"，最后一页上又有"诸子鉴定"四字，分列三枚印章，分别是"董宁""洛中""诸葛

《赵子昂兰亭帖》摹刻本

良辅"。此书从未见诸文献载录，四处寻觅亦无相同之本。后来，在日本国会图书馆里发现了一种《赵松雪楷书兰亭帖》，行款、字体与此全同（个别字有细微差异，知非同版），但落款不同，此落款为"大德辛丑十一月甲子临，子昂"，最后还有一段跋文："姜白石云真贵方，草贵圆，方者参之以巧，圆之者参之以方，斯为妙矣。全利堂主人持示赵松雪真书兰亭帖，其字仿兰亭，参之以方圆之法，遒润焕然，未概见之名帖也。摹刻颁江湖学书之士，学之入于羲献之室，岂容疑哉。明治十八乙酉暮春鸣鹅草衣福敬业。"末又有"明治廿五年四月十日印刷""印刷兼发行人，田中延治郎"的牌记，则可知道此书为全利堂主人摹刻于明治十八年（1885），摹刻前曾请当时著名的出版人，同时也是书法家的福田敬业（1817—1894，号鸣鹅草衣）写跋，七年后，又有田中延治郎印本。据此，可知此本渊源甚明。于是，我便怀疑此本是仿照明治本伪造的，无怪乎署名中有一个从未见过的"松雪行斋"。

不过，当我进一步查到了沈瑶的资料，才发现原来事实恰恰相反。沈瑶的资料国内文献中几乎没有，但日本却多有记载；最有趣的是，日本著名作家式亭三马的滑稽本《客者评判记》中也提到了"姑苏沈草亭"，日本的人物辞典注其字鱼石，号草亭，江苏苏州人，业医，并精诗文书画。其人于1744年至1764年旅日，1750年，因治愈了长崎福济寺住持大鹏和尚的顽症而声名大振。现在日本还存有不少沈氏的书画作品，《古义堂文库目录》中还有"沈草亭石刻童子问一条"，注"姑苏沈草亭书"。这样看来，此书刊行当在18世纪中叶，比前述明治本早一百三十年左右，如此一来，则此本反为真本，而全利堂主人出示之本反为伪本了。

此本题署"苏州沈草亭摹"可以有两种解释：一种是临摹，另一种是摹刻。若为前者，则此本为沈氏临摹赵本而授予日人者；若为后者，则当时或别有一种赵孟頫真书本，沈氏为日人摹刻上石而已。不过，沈氏为医士，未必肯刻石，故以前一解释为妥。所以，此帖当称沈璠摹赵孟頫临兰亭帖——真是够绕的，不过没有办法。事实上，千年以来，至少从唐太宗之后，多少书法家在临那些临本的临本呢！

最后，稍可安慰的是，在清人文献中总算找到了有关沈氏的一条资料，恰可援证前引日本资料的准确无误。杭世骏在《道古堂全集》诗集卷一九中有《送沈璠自日本还吴门》一诗云："长崎归后意无聊，更驾鼋鼍海上桥。万里壮心劳想象，五湖生计转萧条。惊看笔底波澜集，难得胸中块垒消。风雨仙城快携手，为君坚坐话春朝。"

三八 中尾松泉堂本店
——《群书治要》佚存录

君臣遇合古难图,雅量谁容田舍奴。
赤县百年多劫难,贞观五载一琏瑚。

  中尾松泉堂的本店我第一次去大阪时便拜访了,只是并无所获。有一天在网上随意浏览,竟意外发现这家店新上了一套梦寐以求的珍本,虽然价格很贵,但这种机会可遇不可求(此后真的再未见过此书踪影)。迅速下了订单并马上汇款,奈何世事总如《红楼梦》中仙师所言"美中不足,好事多磨"——其时正近暑假,汇款后几天书仍未到,我却不得不回国了,所以收获的惊喜被延迟了近两个月。这套珍籍便是大名鼎鼎的《群书治要》。

  此书我久闻大名了,在一些古籍整理著作中,经常会把它作为校勘资料,不过,当时对此书也仅一知半解,尚不了解其传播的历史。后来有一段时间,此书忽然大红大紫,引起了我的关注,才知道其经历原来如此波折。

《群书治要》其实是一部帝王教科书。据《大唐新语》卷九载："太宗欲见前代帝王事得失以为鉴戒，魏徵乃以虞世南、褚遂良、萧德言等，采经史百家之内嘉言善语、明主暗君之迹，为五十卷，号《群书理要》，上之。太宗手诏曰：'朕少尚威武，不精学业，先王之道，茫若涉海。览所撰书，博而且要，见所未见，闻所未闻，使朕致治稽古，临事不惑，其为劳也不亦大哉！'赐徵等绢千匹、彩物五百段，太子、诸王各赐一本。"王溥《唐会要》卷三六亦载云："贞观五年九月二十七日，秘书监魏徵撰《群书理要》上之。"并注云："徵与虞世南、褚亮、萧德言等始成为五十卷上之。"与刘说相似，但指出具体时间是贞观五年（631），不过，编纂者却稍有歧异，刘肃说是褚遂良，而王溥则称为褚遂良之父褚亮。据《新唐书》卷一九八《萧德言传》可知当以王说为是。另外，需要说明的是，唐时文献一般因避高宗李治之讳，故改称"理要"或"政要"。

此书编成后当抄录了一些副本，所以"太子、诸王各赐一本"。《旧唐书·经籍志》录有"《群书理要》五十卷"，《新唐书·艺文志》则又回改为"《群书治要》"，亦为"五十卷"，则其书北宋时或尚存于世；但《宋史·艺文志》却录为"十卷"，且注云"秘阁所录"，这个资料应该来源于《玉海》所引《中兴书目》，原云："《群书治要》十卷。秘阁所录唐人墨迹。乾道七年，写副本藏之。起第十一止二十卷，余不存。"可知南宋时此书便已不全了——郑樵《通志·艺文略》虽亦录为"五十卷"，但郑氏著录，多辗转抄录者，未验原书，故不可信。

此后，大约在宋代，这部书便失传了。然而，正如我在多篇访书记中慨叹的一样，它只是失传于海内，但却东传日本，受到日人的尊崇，并奇迹般地保存下来。

据金光一先生的研究,《玉海》引韦述《集贤注记》载:"天宝十三载十月,敕院内别写《群书政要》,刊出所引《道德经》文。先是,院中进魏文正所撰《群书政要》,上览之称善,令写十数本,分赐太子以下。"可知此前唐玄宗命人抄录了副本。而天宝十二载(753)恰有日本最大规模的一次遣唐使来朝,其中有著名的吉备真备与晁衡;再据《东大寺要录》所引延历七年(788)成书的《延历僧录》载,可知使臣"拜朝不拂尘""趋揖有异",玄宗很高兴,特许日本使节进入宫廷秘府,使之得观"九经三史"之典籍。那么,吉备真备等人很可能在这次带回了《群书治要》的副本(参见其博士论文《群书治要研究》,复旦大学2010年),这个推测很有道理。

此后这部帝王教科书便在日本皇室开始发挥它的作用。日人岛田翰《汉籍善本考》便列出许多记载,如《续日本后记》载:"仁明天皇承和五年六月(当唐开成三年),天皇御清凉殿,令助教直道宿祢广公读《群书治要》第一卷。"《三代实录》云:"清和天皇贞观十七年四月(当唐乾符二年),天皇读《群书治要》。"金光一也指出,宽平九年(897)宇多天皇让位给醍醐天皇,并留下著名的《宽平御遗诫》,有云:"天子虽不穷经史百家,而有何所恨乎!唯《群书治要》早可诵习,勿就杂文以消日月耳!"可见这一特殊典籍在日本方有了用武之地。

日本现存最早的《群书治要》是平安时期的抄本,不过,一来仅残存十三卷,二来迄今为止尚未全部公开,故无法详论。而真正产生影响的是金泽文库本,即日本镰仓时代(1185—1333)金泽文库的创建者北条实时委托人抄录的本子,当然,这个本子也不全,缺了第四、十三、二十共三卷。元和二年(1616),江户幕府第一代大将军德川家康想要限制天皇的权力,便出台了《禁中并公家诸法度》的条例,其中便引用了前引《宽平御遗诫》，要求天皇读《群书治要》，但此书当时仅存金泽文库本，想让天皇不理政事而读此书，必须先有书可读，因此，德川家康决定用铜活字排印此书——一个政治目的使这一中土佚籍终于第一次付梓印行，从皇家走了出来，成为以后广泛传播的滥觞。

元和版的印行极为神速，从开工筹备召集工人到全部印成仅费时四个月，这其中还包括让一个叫林五官的中国人铸造十万铜活字的工作（这样巨大的工程只用了两个月的时间，很不可思议）。不过，之所以这样快也与德川家康病重有关，但尽管这样赶工，最终还是没能让德川家康看到书的印成。

德川家康死后，印成的《群书治要》并未流播。据严绍璗先生《汉籍在日本的流布研究》一书引《有德院殿御实记附录》的记载，其"字子赐纪伊家，印本传尾、纪两家"。国内学界论及元和版时一般称其印了五十一部，实误，因据《宽政年间纪伊家呈案》载，赐给纪伊家"九万余字"、印本"五十一部，每部四十九册"，但是还有尾张家的数量并未登录，可以推测或亦有四五十部之多。

一个半世纪以后的天明年间，先是尾张藩主启动了重刊工作，以元和本为基础，借出金泽文库抄本参照，并校对了平安抄本，于天明七年（1787）重刊行世，这便是《群书治要》一书得以流布的重要版本"天明本"。而到了弘化三年，纪州藩的藩主也不甘示弱，将其所藏元和本命山本亨斋等校正后，重新以铜活字排印行世，我看到弘化本的书影，其字体与元和本相同，曾推测或用元和铜活字排印，及至看到上引严绍璗先生"字子赐纪伊家"的引录才恍然大悟。此本全依元和本行款，故与元和本非常相似，颇难识别，然弘化本首页与天明本一样较元和本多出"秘书监巨鹿男臣魏徵等奉敕撰"一行，另外，"惕犹若厉也"一句元和本为"惕犹若厉之也",衍一"之"字,故可与元和本区分开来。不过,此本印行极少,目前所知,日本也仅国会与京都大学人文研究所有藏而已,故影响亦小。元和本国内无藏,日本目前所知有九家图资机构收藏十二种。天明本存世甚多,日本目前所知有二十五种,国内所藏甚至超过日本,达三十一种。另外,在尾张藩印行天明本四年后的宽政三年(1791),又有重印的宽政本,据日本学者石滨纯太郎《〈群书治要〉的尾张本》一文研究,宽政本对天明本进行了大规模的修订,那么质量当优于天明本,不过此本存世极少,日本仅东北大学、静嘉堂、大阪府立三家有藏,而国内亦只南京大学图书馆及四川省图书馆有藏。

宽政八年(1796),德川宗睦知此书在中国已经散佚,便送长崎祇役近藤守重(《清俗纪闻》一书的实际编纂者)五部宽政本,让他转送中国,近藤氏将一部存长崎圣堂,一部纳诹访社,余三部交于唐商馆。近藤守重在《右文故事》卷五《御本日记续录》中说:"乃缺三卷甚为可惜……更且现在此书总虽果无原板,或在缙绅故家历世传下至今尚存者,亦未可知……如有则务将其所缺之三卷,抄缮带来,得将全部以副,以有辅仁之意。"可见当时的日本学界还期待中国能发现此书传本以便补齐所阙的三卷,可惜此书在中国已经几乎无只言片语留存了——当然,之所以说"几乎",是因为在敦煌文献中,似乎还存有《群书治要》的片断抄本,如现藏英国的斯一三三号,其正文为节抄《春秋左传集解》,历来学者对此无法定性,后来,台湾学者陈铁凡指出,此实为《群书治要》中文字,这已为学界所接受(张涌泉主编《敦煌经部文献合集》即从之),可见确曾有孑遗,只是一来数量太少,二来也早已远渡重洋了。

六年后,《知不足斋丛书》所收钱侗《孝经郑注序》里便提到了

"日本天明刻本"《群书治要》，知其时书已传入中国。稍后，阮元辑四库未收书，亦将此书编入。道光二十七年（1847），杨尚文刊行《连筠簃丛书》，便依宽政本重刊《群书治要》；紧接着，伍崇曜《粤雅堂丛书》亦以天明本为底本重刊行世。这样，这部失传千年的典籍又重返故里。1919年，商务印书馆开始编辑印行《四部丛刊》，又直接据天明本影印收入，而1935年开始出版的《丛书集成初编》则又将其排印出版。2002年，《续修四库全书》亦收此书入子部，只可惜其底本为《宛委别藏》本，并不清晰。

有趣的是，2011年以来，这部冷僻的古逸书忽然大热。那年，团结出版社出版了由吕效祖整理的《群书治要考译》，据其书介绍云，20世纪90年代，我国原驻日本大使符浩先生通过日本皇室成员获得一套天明版《群书治要》，交给陕西省黄河文化经济发展研究会，后由吕效祖主持整理为《群书治要考译》；同年，北京成立了《群书治要》学习小组，进行注译工作，并于次年由中国书店出版了二十八册的《群书治要译注》，紧接着团结出版社又出版了无译注的白文全本，中国书店则将原繁体竖排版再出精装本，再出简体横排本，同时，还出版了以元和本为底本的线装影印本；2013年，北京理工大学出版社及中国华侨出版社也纷纷出版此书，此外，前述《群书治要》学习小组还建立了群书治要网，还有教授专门讲解《群书治要》的智慧……

事实上，此书现在的意义绝不在于其中蕴含了多少智慧，因为这些智慧大部分可以从现存的全本中去探索，不必借助这个选本。其价值其实在于其千年来在日本流传有序，基本保存了唐时的原貌，可以成为与今传文献对校的标本；此外，其书所收古籍有十数部已经散佚，《群书治要》为后代保留了这些书的吉光片羽，弥足珍贵。如光绪八年（1882）十一月的《申报》所载广告便说："《群书治要》五十卷，唐丞相魏徵奉敕编辑。所引经史子集皆隋唐时古书，且多今已无传之本。故校雠家资为考证，与乌程严氏秘藏钞本《北堂书钞》并重。惟中国向无传本，而日本有之。轮船未通以前，购致极难，非数十金不可易得。兵燹后并传钞者亦不易求。今本坊于日本购得官校原版，选坚白上上纸印订，计二十本。外附银杏夹板两副，每部价洋八元。好古君子，当必以早得插架为快。"

关于此书的校勘价值，可稍举几例以见其一斑。此书所收《晋书》并非唐修，而为臧荣绪本。从此书所引之文颇考订唐修《晋书》之错误。如胡适1948年发表于《申报·文史周刊》的文章《〈群书治要〉里的〈晋书〉》即指出《晋书·江统传》云其"除山阴令"（中华书局版第1529页）当为"除华阴令"之误，因其下接着说"时关陇屡为氐羌所扰"，所以他上了著名的《徙戎论》，若为山阴令便不可能。其实，严可均辑《全晋文》时，为江统作小传，已经据此改为"华阴"了（中华书局版第2066页）。但当代校点之《晋书》仍如此，曹道衡、沈玉成编撰《中国文学家大辞典·先秦汉魏晋南北朝卷》亦因之。实当据此本改过。

再如，《荀子·劝学》中"日参省乎己"一句，究竟源自《论语》所云"日三省吾身"的三省还是参验反省，历来众说纷纭。其实，《群书治要》本即作"三省"，已无可置疑。可惜犹有人疑此为"传抄之误"（王天海《荀子校释》第4页）。

在日本印行的数种版本中，天明本是刊印最为精美的，其版式与字体都非常悦目，开本阔大，行款疏朗，字体方正，很有明刻风味，由于未加日语训读符号，页面干净整洁，即置于明刻之中亦为上品。我买到正是属于天明本系统中校正重印的宽政本，此本保存极好，全书无水渍虫啮之迹，正文印刷十分清晰，版框与栏线都毫不模糊，看

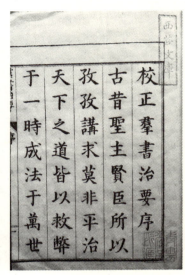

宽政三年尾张藩重印《群书治要》

上去非常悦目。二十五册之封面也几乎都是原签，版权页保存完好（早稻田大学藏此书二种，其中岛田三郎旧藏本实当为宽政本，然因佚去了版权页，被当作天明本著录了），上题"宽政三年辛亥冬"，下题"卖弘所：江户书肆须原屋茂兵卫；制本所：尾张书肆风月堂孙助"。

　　更可宝贵的是，此书的原藏者也赫赫有名。其书第一册封面有"西庄文库"印，前有编号为"月百十八号"，首页上亦有"西庄文库"印，第二十五册末页有"桂窗"朱印，即此可知此书原为小津桂窗所藏。小津桂窗（1804—1858），名久足，号桂窗，其家为有名富商，晚年时把家业全给女婿打理，自己则专门收藏各种珍贵古籍，成为当时著名的藏书家，他死后，数万卷藏书大部分流入天理图书馆。不过，使他声名更著的因素是他与当时的小说巨擘曲亭马琴的密切关系，他曾以其丰富的藏书支持了马琴的写作——或许这本书便曾在马琴的书房供他雨窗展读吧。

关于小津桂窗，还有件有趣的事。我在早稻田大学图书馆看到所藏马琴名作《八犬传》的第九辑，书中有人加了评点，评点之后署有"桂窗""著作堂主人案下"字样，此"著作堂主人"为马琴之号，则知此为小津所评并呈给马琴的。马琴在评末写了一段话："桂君精评至妙至当，无不得正鹄也，虽彼毛鹤山，亦何加焉！赏鉴有余，不敢多辨。但于百五十一回灵芝事猜（情），评未的然，犹待再考而已。著作堂老秃。"虽然也说"至妙至当，无不得正鹄"，但仍可看出，他对老友的评点似乎也小有微词。另外，马琴所云"毛鹤山"不知所指，或为"毛声山"（毛宗岗之父毛纶）之误吧。

三九 饭岛书店（一）
——花开域外白香山

李杜诗传一毫芒，香山分贮费平章。
存亡若准前贤例，鼎足全唐较短长。

  饭岛书店位于名古屋，也是我早就关注的一家书店，我的笔记本里记录了这家书店很多种书，只是一直没有决定下单而已。这次终于买了两种书。
  首先是一套《白氏文集》。数年前，看谢思炜先生《白居易诗集校注》的时候，注意到书中用到一个日本刊行的那波道圆活字本《白氏文集》，这个本子最大的特点是保存了白集分前后集的面貌，而不像国内所见包括宋刊本在内的白集，均是先诗后文本，由此可知，这个和刻本更接近白居易编集的原貌。所以，那波本白集也是我一直欲得之书。但是有几个因素，使我知道这不过是妄想：一是那波活字本印行于元和四年（1618），正如我此前说过的，日本印刷史比中国晚几个时代,他们的庆长、元和间活字本虽然从时代上不过相当于中国的明末,但其典籍的地位却相当于中国的宋元刊本,在国内想求得一宋元刊本在数百年前便已是很难的事了,以此例彼,便可知在日本搜求这些版本的困难;二是白居易在日本很受欢迎,所以他的集子很抢手,恐怕也很难留到我去捡漏。这次在饭岛书店看到了一套《白氏文集》,网上注云"宽政十年那波活所跋",这让我既喜又愁,喜的是此本为"那波活所跋",当即那波本(那波氏号道圆,字活所);但又觉得很奇怪,因为竟然标的是"宽政十年",这是不可能的,因为那波本是为活字本,不像一般刻本那样有木版供后人刷印,也并未听闻那波本排过两次,所以不知道是什么情况,或许是书店标错了时间?只好买回来再确认。

书到了,我来不及看别的,先抓出首册,随便翻开一看,便知不是活字本,再翻到首页,看到有"明后学松江马元调巽甫校"的字样,便豁然了,原来这是以万历三十四年(1606)马元调刊本为底本的刻本。但店主为何标"宽政十年那波活所跋"呢?我翻出最后一本,发现此本确实将原刊于那波本后的跋附在书后了,那波氏跋末署云"戊午秋七月丁亥朔那波道圆书于洛中远望台",这个"戊午"本指元和四年,但饭岛书店的工作人员却将其误为三个甲子后的宽政十年(1798)了,其实,这篇跋与此书全无关系。马元调本在日本的刊行实亦甚早,最初问世是明历三年(1657),比其底本迟五十一年,已经算很快了。不过,我买到的版本后署"出云寺文治郎",据此可知此本并非明历印本,很可能是明治二十八年的补刻重印本。无怪乎此书品相这样好。不过,此书开本阔大,装帧雅致,不类明治间风格,不知何故。

全书共十八册,七十一卷,据书目可知此本当缺前二册,好在可能只是缺了目录,因为全书内容一点不缺,甚至书前娄坚的序都宛然

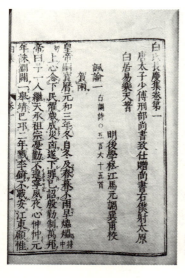
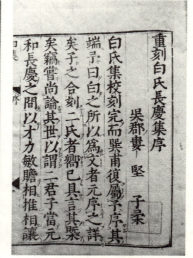

明历三年刊《白氏文集》

而存,所以也算是全本。将其与马元调原本对比,会惊叹于日本人覆刊汉籍的细心与认真,因为其相对于马本而言,只是依和刻本惯例去掉了栏线并加上了训读符号——和刻本的这两个特点或许是有关系的,即若要加训读符号,栏线的存在便会产生影响,所以只好去掉,尤其是早期的和刻本,因为刊刻技术的限制,要加训读符号就更要删去栏线了,到后期逐渐留存栏线的才多了起来。而我买到不加训读符号的刊本大多都是加了栏线的。当然,就字体而言,与原本在形似度上可以高达百分之九十以上,但不得不说,每个字都摹仿得很像,就是风神差了不少,仿佛一个极认真的书法爱好者的临帖与原本之关系一样——当然,这都是早期刊刻的特点,后来刊刻技术逐渐提高,字体也好看起来,就如上文所说的《群书治要》,就很赏心悦目。

白居易的集子,明代以后以马元调本最为通行,一般人均有珍秘之好，我也同样，所以起初一心希望此本为那波本，到手后才发现是马本，本来小有失望。但转念一想，也就释然。原因有二。一是马本虽为通行之本，但存世却并不多，据《中国古籍善本书目》所载，此书原本国内仅国图、上图、山东图书馆（山东此套不全，仅四十二卷，然已收入第二批国家珍贵古籍名录中了）三家有藏，再查新出《中国古籍总目》，除善本目所录外，也仅多出湖北图书馆一种，且仅存二十五及目录二卷；上海所藏亦非全本，卷三与卷一七为配清抄本；反倒是日本收藏马氏原本较多，大致有十余部；而此和刻本国内实未有入藏，则亦可备一格。二是马本其实也很有价值，岑仲勉先生就认为相较于那波本而言马本更为精善，他指出有"马本不误而东本误者"，有"比东本不复出者"，有"比东本多出者"，而"最佳者各文能保存原注十余条，不特全文所无，且非东本所有"，"余以是谓《全文》不如东本、东本又不如马本也。汪编虽不恶，然专于诗，若论鲁鱼亥豕，则东本、马本政犹鲁卫，而马本幸得卢校为辅，故在未有他本刊行前，研究《白氏文集》者仍推马本为上"（见其《论白氏长庆集流传并评东洋本白集》一文）。此外，上海古籍出版社出版的朱金城先生《白居易集笺校》便以马本为底本，而只以那波本为参校本；谢思炜注本也是选用了绍兴本为底本，只以那波本参校而已。这样一想，则以此为乐天诗的读本，亦为得当。

其次为一套《尺牍双鱼》。此书也是我一直想要搜求的有趣之书，其全名为《增补较正熊寅几先生捷用尺牍双鱼》，国内所藏明崇祯原刊本甚稀（国图藏有两种）。明末大量的日用类书都因为内容浅俗而不被重视，以致日渐湮没，而在日本则颇受重视，有不少翻刻本。就此本而言，日本东洋文库及东大东文研均藏有明刊本；在承应三年（1654）与明治十二年日本也均有过翻刻。我买到的便是承应本——其本刊刻

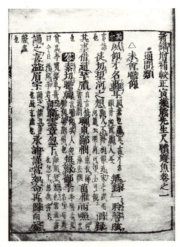
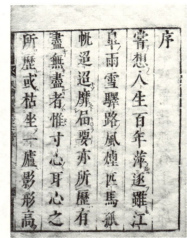

承应三年刊《尺牍双鱼》

的时间甚早，距原本仅二十年左右。将其与明本对照，可以看出其只是将原本每半叶九行改为十行，余均一仍其旧。

其书未署编者，书前有陈继儒序一篇，后世不少人便将此书编者定为陈氏，如日本明治十二年岩垂柳塘注解本前重野柽序中便说"陈眉公《尺牍双鱼》传于我久矣"，国内许多工具书亦如此著录，或并不妥。不过如前文论及《醉古堂剑扫》一样，将其归于陈眉公不过是假托而已。但此书的假托或许并非书坊的主意，因为原书并未这样"嫁祸于人"，而是后人的误解——原书未题编者，后人便将序作者当作编者了。此书原名为"增补较正熊寅几先生捷用尺牍双鱼"，则此书编者或为熊寅几。不过，其人生平不详，想来与晚明其他日用类书的编者一样，是福建的书坊主而已。然据陈继儒序又云："雨来吴子用是集古今尺牍，分为二编。"则知此书又当为吴雨来所辑（其人生平未详，俟考）。

此书之名目，上云"尺牍"，下云"双鱼"，若以古乐府"客从远方来，遗我双鲤鱼"中双鱼为释，即仅指书信而言，则二词重叠，恐无是理。观此书体例，与《尺牍奇赏》之类仅单举例信者不同，其书信样本皆有去信与复函，则"双鱼"或指此。日本宽文二年又有大和屋九左卫门刊《雁鱼锦笺》九卷四册，编者署名李赞廷，其人生平不详。笔者曾见清刻《如面谈新集》题"李赞廷先生纂辑"，标为"丰城赞廷李光祚"，然此李光祚为清乾隆时人，故非一人。此书国内无，日本公文书馆有明雨花斋刊本八卷，国内某拍卖会亦曾上拍一部明刊本，其题目"增补较正赞廷李先生捷用雁鱼锦笺"与《尺牍双鱼》相近，细观内容亦几乎全同。查日本大阪大学图书馆怀德堂文库藏有"熊熊局"刊《尺牍双鱼》明本，馆方著录云即"双鱼锦笺"，可知此二书必有袭用关系。

书凡九卷，四册，分二十六大类，为书信、公文的写作提供套路，如通问、起居、造谒、感谢、求荐、自叙、书翰、借贷等；每大类下另有小类，如"通问"下便列了"未曾瞻仰五条、乍会欣喜六条、久别思慕七条、近别叙情七条"等，全书共一百八十六小类。

此书分类颇细，套语亦甚趣，举例可知其体。如全书第一条"未曾瞻仰"之一："夙仰才名轰耳，无由一聆謦咳。徒切望河之想，偶缘其事，借通竿牍，聊申鄙悃，万惟丙照。"又有回复的样本："素切瞻韩，无缘御李。讵蕲云章忽下，诵之喜溢眉宇。承谕谨当如命，再图面罄。"用词虽不免堆砌套语之嫌，然于尺牍之作或不无裨益。

另外，此书在著录公文套路时也保存了不少史料，因此引起社会史家的关注，张传玺先生《论中国封建社会土地所有权的法律观念》中便引此书中的"《卖田契》《当田契》《卖屋契》《当屋契》《赁房契》《卖坟地契》《佃贴》"等；阿风《明清时代妇女的地位与权利》一书也引用此书中的"求亲准帖、过聘书、回聘书、请归亲期、答允、答不允"来推测明清时代的婚书形式；著名法律文献史家、古籍收藏家田涛先生在其《千年契约》一书中也曾云："有一本明代的书籍，书的名称叫《尺牍双鱼》，是明朝末年的出版物，在这部书籍里，收录了大量的契约样本，涉及的范围十分广泛，非常珍贵，弥补了我们现在契约研究中的不足。"并举了多种契约进行论述。则可知此书之重要。最近，此书终于收入《明代通俗日用类书集刊》中影印出版，可以为学界所用了。

四〇 大闲堂
——常用书、普通本

山珍海错何曾见,布帛斋盐户户春。
蠢养银鱼吃字处,不知可有读书人。

　　据徐渭《南词叙录》载,朱元璋曾云:"五经四书,布帛菽粟也,家家皆有;高明《琵琶记》,如山珍海错,贵富家不可无。"从某种意义来看,购藏古籍,其实也常常要在两种策略下斗争,那就是,究竟是以常读常用的经典著作为主,照顾好自己的温饱呢,还是以珍稀罕见者为主,天天追求那些山珍海错。若以前者为主,自然只能买一些普通本,因为珍稀本或者根本没有,或者偶尔出现也会价值连城;若以后者为主则可以用有限的资金买到一些相对而言更有收藏价值的版本,但这类书一般来说实用价值较低,未必能照顾到读者的"温饱"。

　　来日本后,发现了日本古本屋这家网站,有一段时间很倾向于第一种策略,比如曾经想买一套《史记》或《资治通鉴》来,因为这两套书的阅读率高，若可买到，先不论有无价值，一想到可以凭几抚卷，便觉神清气爽。

网上这两种书倒都不少，但一直没看到合适的，因为既然是阅读之本，当然希望品相要好些，刊刻得清楚些，错误少些的，当然，最重要的是，价格不可以太贵。就这样，一直没有下手。

有一次，新村堂书店寄来了书目，看到上面有一套凤文馆刊行的《资治通鉴》，正是我经过考察想买的版本，价格也可以接受，而且新村堂书店的书品相向来不差，所以很快下了订单，没想到，书店回信说书已经没了。过了几个月，新村堂书店发来新的书目，看到新上了一套，价格比上次贵了些，但仍可接受，便打算下单，这时随意在古本屋上搜了一下，便看到这家位于群马县的大闲堂书店上了一套，价格与新村堂上次的差不多，便直接从这家订了。

日本刊行《资治通鉴》，最早是在宽政二年（1790），但只刊行了一一八卷，并不完整。最早全本刊刻的是天保七年（1836）津藩有造馆刊本，由时任津藩学官的著名学者石川之裘校勘，佐藤坦在跋语中说："原书系陈仁锡评本。分属儒员数名，遍觅异本校订之，表异同于栏外，无得纰缪……至于校订之精，罔或遗漏，则此刻盖有复胜于西土通本者，幸再入于西土，则彼称其出蓝也必矣。"可知此实以天启五年（1625）陈仁锡评本为底本，不过，其书已将天头陈氏评语全部删去，代之以清代学者的校勘成果，则其质量确实胜于陈本，也无怪乎佐藤有此自信。不过，陈仁锡本在国内也不过是坊间牟利之本，并非靠政府之力以学术质量取胜的善本。

津藩有造馆刊本推出以后，近半个世纪中有过弘化四年（1847）与嘉永二年（1849）两次重印外，并无新刻（韦力先生在《书目答问汇补》中列出"日本嘉永二年刻本"，实为重印本），但不可思议的是，从明治十五年到明治十八年，短短数年间，日本便出现了三个全本，当然，这三个本子全都是以津藩有造馆本为底本的。首先是明治十五年东京印刷会社的版本，全本一百册，这实际上是一个铅字排印本；其次是明治十五年到十八年大阪修道馆本，共八十册，署"重野安绎校，冈千仞点"，这也是个铅字排印本；最后是明治十七年凤文馆本，署"山名留三郎训点"，共七十册，这个本子是铜版印刷的（长泽规矩也《和刻本汉籍分类目录》及日本各图书馆均著录此为"铜版"）——如此密集的出版，确实让人惊讶。与此相对的是，国内《资治通鉴》的刊刻却颇显寥落，胡三省音注本从元代开始，近千年来，相继有元刻本、万历二十年吴勉学本、天启五年陈仁锡本、崇祯本、嘉庆二十一年胡克家本、同治十年崇文书局本、光绪十三年阎敬铭本（为仿陈仁锡本）、光绪十四年长沙杨氏刊本数种，与上述几种书的出版密度比起来确实是小巫见大巫了。

那么，以上四种和刻本中，哪种版本最好呢？日本著名文献学家长泽规矩也做出了选择：他主持影印出版了十数种和刻本丛书，几乎将和刻本的精华一网打尽，如《和刻本汉诗集成》一百七十四种，《和刻本随笔集成》九十六种，《和刻本汉籍文集》八十三种，《和刻本诸子集成》六十二种等，这一工程中，有一种书因为篇幅较大，所以是单行的，那就是《和刻本资治通鉴》，他选用的是凤文馆本。

行文到此，不由得想起一件趣事。2011年，某出版社影印出版了所谓的"日本明治新刻活字版"《资治通鉴》，便是上面所说的东京印刷会社本，这里的"新刻活字版"其实是噱头，日本文献学界向来把铅字排印本称为"活字版"，不像国内，以此词专指古代木活字、铜活字的印本，"新刻"二字虽然确实写在东京印刷会社版的扉页上，但这两个字也只是广告语，也就是"新印"的意思。另外，原书开本甚小，排版也并不美观，而此出版社的影印本扩为十六开大本，且不拼版，单页印刷，这样一来，这个影印本的尺寸要比原本大了。古籍影印向来的惯例是缩印，虽然常被读者诟病，但毕竟有其道理，谁能想到竟有出版社还会"扩印"呢。更令人难以置信的是，此书定价竟高达八千余元，这个价格，甚至都可以买到东京印刷会社的原本了。还有，实在不明白为什么选择了这个版本，就是大阪修道馆本也比这个悦目些。当然，在市场中，这种行为的结果也是注定的，此书后来在网上售价打到一折，仍然卖不动。

事实上，明治三种版本中，最美观的确实是凤文馆本。其为中型本，全部七十册，分十函，每函的首册有扉页，末册有版权页，每卷之末标有校点者的名字，均以石川之袈为首，版框分为两栏，上栏有校记，即为津藩有造馆本的校记，末有"江川仙太郎刻、市川文次郎刻"字样——此处的江川仙太郎在明治二年（1869）曾为鹤牧藩修来馆刻《史记评林》，那是一个木刻本，所以，他或许在十数年后也尝试铜版技术了。

铜版非常不易刻，但也因其表现力强且十分耐久，可以大量印刷，所以宋、金、元三代均曾以铜版印制纸币（当代各个国家的钞票也多用钢版蚀刻，实与铜版类似）。当然，当时所谓铜版还

明治十七年凤文馆本《资治通鉴》

是凸版。而凸版因需雕刻，所以很费力，张秀民《中国印刷史》认为，清雍正南京启盛堂印《精镌铜板四书体注》便是铜版印刷，书中有广告云："书行世已久……余不惜工本，将铜板精刊，字迹端楷，点画无讹，俾天下学者观之，无不洞心爽目，想亦大快事也。同志君子披览之下，自必不惜重价，争相购买，以成盛举云。"但艾俊川先生认为并非如此，他在《木版刊印的"铜板四书"》一文中说："铜版与木版之间的成本相差何止十倍。铜材坚硬难刻，勉强雕刻则成本高昂。乾隆间刻铜字的工钱，为每字白银二分五厘，而刻木版的工钱，为每百字八分。刻铜的成本在刻木的 30 倍以上。"所以认定这不过是木刻以冒名铜版罢了，真正的铜版在清代是很少的。不过，艾氏所说是凸版雕刻，自然工费要高昂很多，但如果是凹版蚀刻，则工费虽较木刻为贵，当不如是之甚。不过，虽然早在康熙年间清廷便曾请意大利雕刻师马国贤以铜版制《热河三十六景图》与《皇舆全览图》，乾隆时也曾请德国与法国的技师制这样的铜版，但当时这只是流行在朝廷的洋玩意儿，并未进入民间。所以，从书籍出版史角度看，清代确无蚀刻铜版的技术，而此时的日本在铜版的蚀刻方面却已经吸收西方技术而大有进展了。中国人王肇铉去日本留学，于光绪十五年（1889）写了《铜刻小记》（张静庐编《中国近代出版史料初编》全文引录），中云："刻铜之法，创自泰西，行诸日本。镌刻极精图式，宜取诸此。虽细如毫发之纹，亦异常清楚。其免燥湿伸缩之虞也，胜乎木刻；其无印刷模糊之病也，超乎石印。"因为有这样的好处，1905 年，商务印书馆聘请了日本铜版技师和田镛太郎、三品福三郎、角田成秋三人来华传授新技术（参见张静庐编《中国近代出版史料初编》），这种技术才进入中国。

　　了解了铜版技术，便明白了这套凤文馆本《资治通鉴》的价值了。

这套书中间还夹了一页凤文馆的广告，大意是说《资治通鉴》终于竣工，给新老顾客折扣优惠云云，然后就说接下来，本馆将全力翻刻《佩文韵府》云云。其后还附了凤文馆所刊书目及价格。其中有《佩文韵府》一百册，有三种选择："唐装美本价四拾三圆，白纸摺本四拾六圆，薄叶摺本五十五圆。"这里的"唐装"即线装，当指普通本，而白纸本或为美浓纸本，最出乎我意料的是薄叶纸本，我此前买到过一些薄叶纸本的书，比如《醉古堂剑扫》，但我一直以为这是更差些的本子，现在看来完全不是这样，薄叶纸本竟然比普通本贵近百分之三十。另外，这份广告里还有一套《康熙字典》，全部二十册，唐装美本五圆，薄叶本六圆五十钱。有趣的是这两种书凤文馆其实也是以铜版刻印的，而我也都买到了。

　　《佩文韵府》早就买到了，只不过此书与《资治通鉴》不同，现在已经基本难有使用价值了，所以网上有全套者，也不算太贵，我却并未入手，只是在一家书摊用了颇不低的价格买了一册来留作纪念。其书刻印字迹极为纤细，犹如发丝，却又点画清晰，每页小字三十六行，行五十五字，则在正常的三十二开页面上要容下两千字，但又能一笔不苟，实令人赞佩。总的来说，此本的刻印技术较《资治通鉴》更为精美，两相比较，《资治通鉴》倒更像木刻本（或许刻工江川仙太郎习惯了木刻，故其铜版亦有木刻风味吧），然而因用凹版印刷，故用油墨，所以着墨的方式造成的那种油渍之迹又有些类似石印本。而《佩文韵府》的字体如此纤细，木刻是无法做到的，另外不知为何亦无油渍之迹，故远胜《资治通鉴》，这或许也与其雕刻师不同有关吧，此本之末署云："镂刻师：庆岸堂梅村翠山；龙影堂竹原鼎。"

　　另一种《康熙字典》也买到了，原本二十册，我买到了十七册，基本上全了。此本风格与《佩文韵府》同，开本更小一些，但仍然十分清晰，绝不逊色于如今的铅印或计算机照排本。书第一册扉页是一个龙的图案，下边有一行小字"东京龙影堂竹原鼎镌"，第二十册版权页之末也有"龙影堂竹原鼎镌刻"的字样，可知此书的刊刻者为前《佩文韵府》刊刻者之一的竹原鼎。书前有康熙御制序，以朱色印刷。此书明治十四年十二月二十一日刻成，十五年七月及十八年四月各以凤文馆名义出版厚、薄纸本，明治二十一年（1888）四月以共益商社名义出版一次，明治二十五年以后又以博文馆名义出版多次，可见其颇受欢迎。

四一　古书ピエト

——几种《史记评林》

> 曾凭古迹吊英魂，诵读遗篇史意尊。
> 不见千秋青竹里，枝枝叶叶向龙门。

2012年也看到大阪有规模较大的书市，但各种原因，没能去访书。2013年决定尽量去一次，要不然便没机会了。

这次的书市在四天王寺，虽然事先查好了地图与走法，但到地方后还是一头雾水——主要是日本的街道从不标东西南北（或许与日本的整个地形是倾斜的有关，日本人似乎不太关注东西南北这样的方位，大家都知道日本的指示标志做得非常好，这一来或许正是对不重视东西南北的补偿，二来其实他们的指示标志也同样没有东西南北的概念，有时很不方便），让你事先做好的功课在没有方向指示时废掉。最后只好结结巴巴地问路，感谢一位先生，他也不是很清楚，便又帮我问别人，并把我领到通向四天王寺的十字路口。

书市里大概有十数家书店，规模与京都的差不多。不过，有线装古籍的书店却非常少。其中一家似乎数量很多，但我仔细一看，原来竟是京都的尚学堂。这家书店很有个性，从来不参加京都的任何一次古本祭，我还以为他们是那种酒好不怕巷子深的经营方法呢，原来也不然，不参加京都的古本祭是不是因为与京都古书研究会有过节？这算是八卦了。其实，他们店多参加书市才好，因为店里的书尤其是线装书都积压成山，买书的人实在没办法翻开看，我下决心翻了一次，也只翻了一小部分，便没力气再翻了。而参加书市起码可以清理一些库存。

路过一家旧书店，很奇怪地看到在一堆平装书中突兀地放着很高一摞线装书。我忙过去看看是什么，原来正是我四处寻找的《史记评林》，与此前买的《资治通鉴》一样，是凤文馆本，赶快买下。

前面刚刚说过，最想买的是可以常常阅读的书，其中便有《史记》。不过，这套书却不好挑选。此书在日本刊刻较多，但是只有宽政五年与宽政十二年分别刊行过白文本，其余均是清一色的《史记评林》。毫无疑问，日本人在选择汉籍重新刊刻时，确实更青睐明代后期坊间所刊的商业化版本，而甚少刊行那些质量更精良的官刻本或家刻本——当然，原因之一或许是那些书并不易进入日本，反而是这些以牟利为目的的坊间本才更有可能被商人带到日本来；另外一个原因又在于晚明这些商业本注目于市民读者，所以在版面安排与内容设计上更有吸引力，而这种吸引力对于日本读者来说更强。不过，好在凌稚隆等所刊《史记评林》质量还不错，张之洞《书目答问》便曾将此书列入，说其"较胜他坊本"，而范希曾的《补正》则评云："此本之可取在正文及注校刻不苟。"则可见其有一定价值——其实，中华书局标点本《史记》以及最新出版的修订本都以评林本为参校本，亦是一种承认。那么，买到这样的版本也足矣。关于此书体例，张之洞说"有索隐、正义",意思似乎是不收集解,但实际上是收录的,只是索隐与正义都专门标了出来,而集解不再标明,或者张之洞误解了。另外,韦力先生在《书目答问汇补》中列举了七种和刻本,但可能对和刻本不熟悉,偶有失误,如列了宽文十二年刻本、天明六年刻本、明治十三年大阪八尾刻本,其实都属于八尾刻本的覆刻本或后印本;另外,在凤文馆本后又列出了三松堂、松荣堂刻本,其实此本实为前者的同版后印而已。

在日本,《史记》一书最早出现在读者面前的就是《史记评林》。在宽永十三年(1636),京都的八尾助左卫门尉便刊行了凌稚隆编、李光缙补的《史记评林》,这是相当早的,因为凌氏《史记评林》出版于万历二到四年(1574—1576),而加了李氏增补的熊氏种德堂本则当在此后十数年间了。此后,宽文十二年(1672)又有八尾甚四郎友春版(我此前其实陆陆续续买到过近二十册宽文本),这个版本应该与前一本出同一书坊,这就是和刻中很有名的八尾本,后世续有翻印,如有延宝二年、天明六年、宽政四年等印本皆是,到了明治十三年八尾版又有第三次刻版,而后则又反复重印。同时,宽文十三年(1673)又有所谓的红屋本,后来也多次重印。明治二年,有田中笃实校的鹤牧藩修来馆刊本,明治十三年,有奥田遵校的万青堂刊本,明治十四年出现了三种版本,先是如前所载《资治通鉴》一样,分别出现了大阪修道馆本及东京印刷会所本,二者皆为铅字排印本,还有一种藤泽恒校本;明治十五年,与前述《资治通鉴》同时,凤文馆亦不甘落后,出版了石川鸿斋校本。这样看来,仅明治十三年到十五年的三年时间里,就出版了五种《史记评林》,实甚繁盛。

客观讲,这么多版本,最畅销的是八尾版,但质量最好的却还当属鹤牧藩修来馆本,其为鹤牧藩主水野忠顺命田中笃实校刊出版的,刊刻既美（刊刻者有江川仙太郎，此人于明治十七年为凤文馆刊刻了《资治通鉴》的铜版，而此为木版，此人可谓兼善），校点亦精，长泽规矩也《和刻本正史》便在这无数种的版本中选择了此版。不过，此版或因是官刊，发行量不大，颇难找到（我回国后托朋友从日本买回一套，这是后话了）。而其余各版则相差不大，总体来说，凤文馆本算是较有特色的版本，因为此本与别本均不同的地方，是其在凌、李二氏原本基础上，又据张裕钊校点归有光、方苞评点本《史记》增补了归、方二人的评点，加上经过了仔细的校定，质量较好。

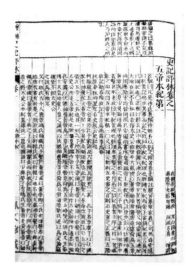

明治十五年凤文馆本《史记评林》

另外，长泽规矩也之所以未选用凤文馆本，或许与他没有此本有关，他在《和刻本汉籍分类目录》著录此书之末署曰"未查"字样。

此书前有岩谷修（明治三笔之一）序，他在序中说："《史记评林》，旧刻数板，皆不免鲁鱼。山中、前田二子，获一善本，附以归、方二家评点，公之于世，其益后学非浅鲜也。二子近开凤文馆，损重赀，鸠良工，而《通鉴》《韵府》诸书，陆续上梓。今又将及廿一史，是即其起手矣。"他说"旧刻数板，皆不免鲁鱼"是有道理的，我此前买到过零本的八尾版，误字的确不少。另外，从他的话中还可知道凤文馆的来历，在前述《资治通鉴》末页，著云"出版人，前田圆；卖捌人，山中市兵卫"，知此二人合伙开了凤文馆，而且上来便刊行了《资治通鉴》《佩文韵府》这样的大书，并且还计划刊刻廿一史，很有气魄，廿一史虽然最终并未完成，但除《史记》外也还刊刻了同为石川鸿斋校点的《五代史》。

我买到的这一套却并非凤文馆印行之本，而是明治二十四年三松堂与松荣堂以凤文馆原版重印者，其版心仍保留了"凤文馆藏"的字样，凤文馆原本之末有一百五十余条勘误，此本扉页标其为"校正再版"，仔细核对发现，确已将这些勘误全部改正。另外，此本不但购得了凤文馆原板，而且也取得了原校点者的支持：凤文馆原本前有岩谷修序，后有点校者石川鸿斋跋语，此本删去岩谷修序，将石川跋文置于书前为序，并请石川重新写过。与原跋对比，基本相同，只有少数文字做了修改。原跋云："凤文馆主前田士方，将改刻《史记评林》，余乃移写张本，并校正旧刊，岩谷诚卿、冈振衣相与助之。"而新版前言中改为："曩凤文馆刻《史记》，余乃移写张本补之。今又书肆松荣堂、三松堂相谋再雕之，余复重校正之。"当然，这里的"再雕"实际上就是重印的意思。

最后，此本在日本各图书馆中亦标为"铜版"，从凤文馆成立数年出版的书来看，基本都是铜版刊行者，所以这种著录也是可信的。只是看书却还是有些小疑惑。前文所举《佩文韵府》与《康熙字典》是可以肯定为铜版的，因为那么纤细却又能那样清晰，字与栏线都是棱角分明，这自然是木刻很难达到的。但《史记评林》却并不这样，其字体的刊刻与印刷都十分接近木刻，版面也体现出木刻常有的时高时低的特点，所以，我十分怀疑对此本的定性，它或许仍是木刻本吧。

有趣的是，前文记述的《资治通鉴》中所夹的广告中也有《史记评林》，云"全部廿五册既刻，上等制本豫约正价六圆五拾钱，薄叶同八圆五拾钱"。

四二 新村堂（四）
——『五杂组』与『酉阳杂俎』

醯醢太羹宜杂俎，炙鸦羞鳖醉余香。
今来石穴蒐坟典，梦入琅嬛识酉阳。

新村堂书店每两个月寄来一份目录，令人惊讶的是，每期目录中都有不少新出的好书，实在不明白这个位于偏僻小城的书店为何有如此充足的货源。

这几天，新村堂书目又寄来了，基于此前的经验，忙把手头的事情全部放下，全力以赴考察书目，最后选定了几种书。这次还不错，我要的书全有，算是运气好，并且这次买的书质量也比较高。这里主要介绍两种：第一种是早就酝酿很久的，现在只是收入囊中而已，后一种却不折不扣是惊喜。

第一本是明人谢肇淛的《五杂组》。一年前，曾经为了这本书专程去了吉村大观堂，却未能访得，这次在网上才如愿以偿。

日本人很喜欢谢肇淛的作品，他的《文海披沙》也有和刻本存世。《五杂组》一书国内首刊于万历四十四年（1616），在明亡前或另有一刻，然在清代被列为禁毁之书，故此后迄未再刊，国内颇少见。然而，日本宽文元年（1661）便有了仿明刊本的覆刻本，覆刻得很精细，除去掉栏线外，均按原式，不但正文字体与原本相同，就是书前那篇手写体的李维桢序也以摹刻字帖的态度从事。此本颇有名，后来的宽政七年（1795）和文政五年也均修版再印，甚至当代还有岩城秀夫先生的详尽译注本（收入东洋文库中），洋洋二百余万言，真令人羞愧——因为国内到现在为止也只有普及性的版本，连真正严格的校点本都没有，何况注本。

我买到的正是一套宽文元年的刊本，版权页署"宽文改元辛丑仲冬"的字样。不过，据长泽规矩也著录，宽文原刊本及其后印本均为大本，而宽政、文政本则为半纸本。但由此书来看，长泽规矩也著录或不确，因我买到的为半纸本，但版权页却并无宽政本、文政本例有的标记（宽政本标为"宽文改元辛丑岁仲冬刊行，宽政七乙卯岁仲夏补刻，松梅轩"，文政本亦有从须原屋茂兵卫开始的诸家书肆名称），应该仍是宽文本，那么，或许宽文本也出过半纸本吧。

除上所述外，其实此本为宽文本还有一个证据，那就是封

宽文元年刊《五杂组》

面的题签。此书名为"五杂组",宽文本因为是初刻,故无误;而宽政、文政本则均题为"五杂俎"了。然则此书之名究竟是"组"还是"俎",倒值得讨论一番。上海书店出版社点校本前有印晓峰先生所撰前言,已做了辨析:

> 《五杂组》之"组"字,典出《尔雅》,李本宁序中言之甚明,而后世多讹作"俎"。自杭大宗《榕城诗话》乾隆刻本,以迄今之《汉语大词典》,其间误者更仆难数。《辞海》至以"五杂俎"为条目,附注"俎一作组",甚可笑,今人著述之不可恃也如此。

可惜此书出版十多年过去了,仍然有不少研究者引用时(很多正是引用这一版本)以"俎"称之——事实上,建国以后中华书局、上海书店等出版社都出版过此书,书名也都是用"组",但一经引用便会不知不觉地误为"俎":在国图检索一下,用"组"者有十五条,而用"俎"者也有十条;最重要的是,文言小说研究领域基础性的工具书如《中国文言小说书目》《中国古代小说百科全书》《中国文言小说总目提要》《中国古代小说总目·文言卷》等以及像《明代小说史》《中国文言小说家评传》之类的学术专著全都用了"俎",可见这一"白名"(白字之名)影响力之大。

不过,印先生之语亦有两处亦可商榷。

一是说"《五杂组》之'组'字,典出《尔雅》,李本宁序中言之甚明",应该说,这种说法并没有完全理解李维桢(本宁)序的意思,所以也没有完全了解"五杂组"命名的来历。我们来看一下李序的原话:

五杂组诗三言,盖诗之一体耳,而水部谢在杭著书取名之。何以称五?其说分五部,曰天、曰地、曰人、曰物、曰事,则说之类也。何以称杂?……《尔雅》曰:"组似组,产东海。"织者效之,间次五采……

这段话后半段解释了"组"的来历,似乎前文所引的理解是对的,但因为印先生过于注重"组"与"俎"字的区别了,所以看到这里引用《尔雅》便以为出处在此,其实不然。李序后边牵涉《尔雅》来解释"组"字,只不过是他自己的进一步引申,却并非"五杂组"一词的来历——这一来历他在序文的开头已经说了,即"五杂组诗三言,盖诗之一体耳",这句话我们用的是上海书店出版社的标点,这种标点方式也表明标点者没太明白这句话的意思。事实上这句话的正确标点应该是"'五杂组',诗三言,盖诗之一体耳"。因为"五杂组"是古乐府的一种三言诗体,《艺文类聚》卷五六载云:"又《古五杂组》诗曰:'五杂组,冈头草。往复还,车马道。不获已,人将老。'又《代五杂组》诗曰:'五杂组,庆云发。往复还,经天月。不获已,生胡越。'梁范云《拟古五杂组》诗曰:'五杂组,会涂山。往复还,两崤关。不得已,孀与鳏。'"由此可见谢肇淛此书命名其实直接来自这种三言诗体,并非来自《尔雅》。

二是说"今人著述之不可恃也如此",则对今人小有不公。事实上,古人在提及三言诗体"五杂组"时便常把它写为"五杂俎"。随便举些例子,就可以知道这一误用渊源甚长。如王安石《唐百家诗选》(南宋刻本)中收录了唐代雍裕之的《五杂俎》,北宋诗人唐庚诗集的宋刻本中其所作的两首亦用此字,严羽《沧浪诗话》列有"五杂俎体",几乎全录《沧浪诗话》的《诗人玉屑》也是如此——这些例子甚至让我们怀疑这种诗体的正名究竟是哪个。而对于谢氏之书，明人的刊本明明是"组"，《千顷堂书目》那样有名的目录学著作和《日知录》那样严谨的考订性著作却也用了"俎"来称之，如果要责怪，倒先应责怪黄虞稷和顾炎武才对。

事实上，我们更应该关注的是为什么古今作者都容易用"白名"呢？个人以为有两个方面的原因。

一是谢肇淛书名本身的问题。谢氏为何以此三字自名其书，我们已经无法确切知道作者的意思，只能把李维桢的序当作他的意见来判断。从序中可以看出，三言诗"五杂组"其实只是一个方便的移用，其用意却并不在于诗体，因为全书与此种诗体并无联系，这也正是李序在指出其名来自"诗之一体"后便不再继续说明，却将这三个字析而言之的原因。那么，谢氏用这三个字，其真实的想法只是借用"五"来表示他的书有天、地、人、物、事五个方面的内容，而"杂组"其实更像是"杂录""随笔"的另一种说法。基于此，虽然李维桢在序里用《尔雅》来竭力地解释"组"的意义，但却与真实情况并不符合，因为其书确为"杂录"性质，而由于下面即将指出的原因，在唐代以后，杂录之书名为"杂俎"已成惯例。

二是这一错误的产生也有着思维惯性的作用，那就是唐代段成式的《酉阳杂俎》声名太著，从而修改了《五杂组》在人们记忆中的模样。段成式解释过书名的由来：

> 夫《易》象"一车"之言，近于怪也。诗人南箕之兴，近乎戏也。固服缝掖者，肆笔之余，及怪及戏，无侵于儒。无若诗书之味太羹，史为折俎，子为醯醢也。炙鸹羞鳖，岂容下箸乎？固役而不耻者，抑志怪小说之书也。成式学落词曼，未尝覃思，无

崔骃真龙之叹,有孔璋画虎之讥。饱食之暇,偶录记忆,号《酉阳杂俎》,凡三十篇,为二十卷,不以此间录味也。

这里"俎"就是案板,"杂俎"就是把菜杂置于案板上供人享用的意思。其书因为名气与影响太大,所以"杂俎"慢慢变成了一种文体,宁稼雨先生在《中国文言小说总目提要》里专门为其开辟了一个"杂俎体",数量则近千种,几近全书分量的一半。

由于以上原因,人们在使用此书时,自然而然就会将其当作"五杂俎"。甚至在出版史上也有直接以"俎"为名的例子:比如1935年中央书店出版章衣萍校订本时便以"俎"为名,当然,此书和刻本中的宽政本与文政本亦如此,其正文均为"组",封面题签却用了"俎":正文因为是用宽文旧板修补的,所以不误;而题签者则不需要面对正文与原本,便想当然地用了"俎"字。不过,还有一个有趣的例子,在日本,《五杂组》的流行似乎超过了《酉阳杂俎》,因此,竟然有书店因前者的思维惯性,又将后者的名字误为"酉阳杂组"的;无独有偶,国图著录其所藏中华书局1981年方南生点校本两种,其一便也名为"酉阳杂组"。

这里既然说到《酉阳杂俎》,便可以谈我这次买到的第二套书了,因为这恰恰便是一套《酉阳杂俎》。

《酉阳杂俎》是传奇志怪小说中的名著,其内容之恢奇谲诡,早为人所知。不过,其版本之流传却甚为可怜,虽然据书目载录可知宋代便有三十卷的刊本,但宋本早已失传,至今唯明代两种版本为三十卷足本,一是万历三十六年(1608)李云鹄刻赵琦美校本,一是崇祯六年毛晋刻《津逮秘书》本,后世印行此书之全本者,概不出二本牢笼。

此和刻本原为十册，现合装为五册，前集与后集的最后一页均有版权页，署云"元禄十龙集丁丑年林钟辛酉日，帝畿宜风坊书林，山下氏半六、中井孙兵卫、井上忠兵卫藏板"，可知刊于元禄十年（1697），在毛本之后六十四年，也算比较早的了。全书正如此前所说的，除去掉栏线并加训读符号外，可说严格按毛本覆刊者，不但版心照样刻了"汲古阁"三字，行款也完全一致，就是字体也刻得可以乱真，而且，各集后也照刻了毛氏手跋。这样看来，从某种意义上讲，此本较原本更珍贵，因为国人向来轻视丛书零本，毛氏所刊《酉阳杂俎》正因为收入了丛书，也便不为人所重，此和刻本将毛本单行刊出，也算改换门庭吧。

元禄十年宜风坊书林覆刊汲古阁本《酉阳杂俎》

此本每册前均有"誉上人"的朱印，后有"增上寺贞誉大僧正"的墨印。增上寺为德川幕府灵庙，而贞誉亦为元禄时人，则此本当在刚印行之时便被贞誉购藏，如今又流落出来了。

另外，与前边所提及之《五杂组》一样，《酉阳杂俎》在日本也有今村与志雄先生收入《东洋文库》的百万言译注本。此书注释难度极大，我已经买到了这个译注本，但因为语言的问题，还难以评价其注释的功力，但能出版就已经很值得赞佩了，因为这么重要的在多方面有着重大意义的典籍，国内目前还没有一个注本。据说，许逸民先生正在进行全本的笺注工作,期待能早日完成(按:此文草就时,许书尚未出,现在则非但许著已问世,且又有刘传鸿先生之校证及张仲裁兄之全注全译本了)。

补记:关于《五杂组》之易误为《五杂俎》,也不能完全归咎于后人的不细心。事实上,就连谢肇淛的朋友也会弄错,现存此书最早的万历四十四年潘膺祉如韦馆刻本(《续修四库全书》第1130册影印本)前李维桢的序,就赫然写着"五杂俎"——前引上海书店出版社之整理本即以如韦馆本为底本,然点校者说李维桢序为"组",或未细察。此书刊于万历四十四年,据李氏序文版心之署名,其刻工为黄行素,他曾于万历四十三年刻过《梦境记》。可知此本刊行时谢肇淛与李维桢二人均在世,看来从李维桢开始就弄混了。不过,话又说回来,这些辨识仅从字义上看,意义似乎并不大,因为"杂组"其实也是"杂俎"的意思,就连"五杂组"诗也多有文献写作"五杂俎"。只是,作为一部文献的命名,自然需要统一的认定,而按照文献著录规则,自当以正文卷端第一页之书名为准,前及如韦馆本卷端及正文中均作"组",是知谢肇淛原即用"组"为名。

四三 诚心堂
——《王昌龄诗集》与《诗薮》

四句七言展万图,清新俊逸景常殊。
诗家天子竟何处,自有冰心在玉壶。

诚心堂是东京一家有名的古书店,两年间我曾多次在这里买到不错的书,但每次想起初识此店的情景,仍然满怀惆怅——就是前文提及的《简斋诗集》。

从那次事件以后,我时常会上这家书店的网上查看一番,内心隐约希望那套书可能只是网络故障或者别的原因暂时下架,但这一希望逐渐地变成了空想。有一天发现上了一套《王昌龄诗集》,便连同很久以前看好的胡应麟《诗薮》一起下了单。

要买这套《王昌龄诗集》的原因很多,主要有三点。

第一是自己喜欢。在唐代诗人里,龙标之俊爽尤令我心折(或许与我特别喜欢七绝有关),记得当年最早自觉地读、背唐诗时,把能找到的诗选与鉴赏辞典中收录的王昌龄作品都背熟了,还意犹未尽,四处寻找他的专集,可惜很久都没能找到。

第二则与后来所读的注本有关。上大学后,我终于在学校图书馆里找到了上海古籍出版社的《王昌龄诗注》,这才读到了他更多的诗。直到临毕业,看到中华书局版《卢照邻集校注》之末我的老师阎琦先生跋文,才知道此二书的校注者李云逸先生就是本校的老师,只可惜李先生英年早逝,令人痛惜。因此,我对王昌龄的诗又有了更复杂的感情。

如果说以上两点都是感情因素的话,第三点却是理性的因素。那就是王昌龄诗集版本的稀少与此本的珍贵。

万曼先生的《唐集叙录》是了解唐人别集版本的重要参考书,功力甚深,但其"王昌龄"一条却仅二百余字,说"明代有正德刊本",而此本万曼先生或许未看到,因为书中材料或从丁丙《善本书室藏书志》转录而来,这与其他条目的详赡形成鲜明的对比。即此便可知王昌龄集的稀少了。后来,傅璇琮先生主编《中国古代诗文名著提要》及赵荣蔚先生《唐五代别集叙录》出版,其中王昌龄条均出赵荣蔚先生手,内容相同,亦仅列举了明正德刻本、朱警辑刊《唐百家诗》本、黄贯曾辑《唐诗二十六家》本、明铜活字本和毕懋谦刻《十家唐诗》本,也就是说,历代流传也就这几种刊本了。即便据最新的《中国古籍总目》所录,也并未超出前述范围。

这几种刊本里,单行者仅明正德刻本及明铜字本(铜活字本原属《唐人集》,然多单行)两种,前者仅有北大藏本,后者亦仅有国图藏本。2013年年底,我曾接到东京一个古书拍卖会的书目,铜活字本赫然在列,且品相很好,一度想去东京参拍,终未能成行,甚觉遗憾。

不过,除以上版本外,可能还有一种版本被漏掉了,那就是许自昌刊本。之所以漏掉,是因为许氏刊本已佚,人们很可能并不知道其本的存在。许自昌刊刻过《唐十二家诗》,但那十二家是初唐的王、杨、卢、骆、陈、杜、沈、宋与盛唐的孟、王、高、岑,并不包括王昌龄,此书国内十余家图书馆有藏,自可覆检。

之所以认为许自昌刊刻过一种单行的《王昌龄诗集》,其证据便在这个和刻本中。此和刻本一册,扉页题"淀府菊隐先生训点,帝都书林水玉堂藏",末有牌记,为"享保拾八岁癸丑九月吉辰,帝都书林天王寺屋市郎兵卫寿梓",则知其刊于

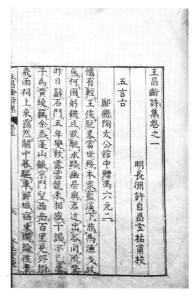

享保十八年帝都书林水玉堂刊《王昌龄诗集》

享保十八年,前有伴省希曾序,书的版心标为卷上、卷下,而正文则以体分为五卷,每卷首页均有"明长洲许自昌玄祐甫校"的字样,则可知其底本当出自明许自昌刻本。

其书据版心所标,知原分二卷,与明铜活字本及《唐诗二十六家》本同,但其正文则以体分为五卷,这或为训点者淀府菊隐所为。卷一为五言古诗五十五首,卷二为七言古诗五首,卷三为五言律诗十三首与五言排律二首,卷四为七言律诗二首及五言绝句十四首,卷五为七言绝句六十九首,共计一百六十首。仅从数量上便可知与前举各本均不同,《唐百家诗》本与明铜活字本均为一百四十九首,《唐诗二十六家》本为一百四十七首,而《十家唐诗》本则为一百七十八首,至

《全唐诗》则补为一百八十二首。不过,许自昌本与明代几种版本之间究竟有何不同,则需与各本细勘后方可明白,只是现在此数种版本并未影印出版过,取校甚难,姑俟异日。

此后,日本学者皆川愿曾于宽政八年将此书增补校订再版,板片应该还是原板,只是在上栏又辟出一栏来注出皆川氏的校订,文中也有个别地方有补注,最后还补了二十首诗,不过,这都是据《全唐诗》增补的,并无版本意义。

需要特别说明的是,当代中国最大的古籍数据库《中国基本古籍库》收录中国历代基本文献一万种,选用版本一万二千余个,这些版本当然基本都是中国的刻本,但也有例外,那就是也收入了极少的和刻本,此书便是其中之一,而且,这也是此数据库中唯一的王昌龄诗集,即此亦可见此本的价值——只是,其选宽政本稍有可议,如上所云,其校与补并无版本意义,还当以享保本为佳。

此本国内无藏,日本所藏亦不多,目前可知亦仅十一家而已,遍检各大图书馆,亦未发现其所据的许氏原本,则当已佚失,那么,这个和刻本便是许氏刊本的唯一代表了。日本文献学家长泽规矩也对此书也很重视,将其收入了《和刻本汉诗集成》之中,其《和刻本汉籍分类目录》之前列举了十四幅和刻本汉籍的图例,其中两幅便分别出自此书的享保本和宽政本。

第二种书是胡应麟《诗薮》。此书国内在20世纪50年代至70年代分别出版过校点本,其后便再未重印,不知为何。那些篇幅较短的诗话有名者大多已收入《历代诗话》及续编之中,篇幅大的也都陆续有了排印本出版,只有《诗薮》像是断了线,我在旧书摊搜寻多年也无收获。后来一个大学同学在安徽的旧书店里找到一本上海古籍出版社旧版送给了我,我才终于拜读到这部书。不过,读一下其出版说明才发现,原来这部书的底本如此难觅。其书通行者有清末广雅书局刊本,"但无外编五、六两卷及续编两卷。其他错误阙漏亦复不少,甚至整段漏刻,一九五八年中华书局上海编辑所据南京图书馆藏日本贞享三年丙寅(清康熙二十五年,公元一六八六年)重刊明本校补广雅书局刊本,并加标点排印出版。现应读者需要,由复旦大学中文系王国安同志所据中华书局上海编辑所一九六二年十一月版,用上海图书馆藏明万历十八年胡氏少室山房原刊本残卷(内编有古体上、中、下三卷,外编周汉、六朝、唐上三卷)、朝鲜旧刊本校补,并加专名线重排出版"。

从这个出版说明可以看出,至少在20世纪80年代前,上海古籍出版社并未找到完整的明刊原本,上图所藏明本仅存六卷,而清末的广雅书局本又不足据,所以,只好用和刻本来补充了。但是,十分惊险的是,南图所存和刻本也是个残卷,查《中国馆藏和刻本汉籍书目》可知,国内所存《诗薮》和刻本仅南图一家,且仅存杂编六卷及续编二卷。也就是说,把明刊残卷、和刻本残卷和广雅书局本合起来,也凑不齐原书的二十卷,因为外编的五、六两卷仍然没有着落。这或许正是最后还需要一个"朝鲜旧刊本"来参加校补的原因所在吧。

随着现在各种馆藏书目的公开,我们知道,《诗薮》的明刊本存世并不少,仅《中国古籍善本书目》所录便有十一种全本,但当初或许并不知道,看这十余家收藏单位,恰恰均不在上图、南图这两家古籍收藏的大馆,所以便只好用残本凑了。遗憾的是,自从这个"百衲本"出版后,中间虽有《明诗话全编》与《全明诗话》的出版,但那都是大套丛书,购读不便,普通读者想要阅读此书,或者找不到书,或者就只能用"百衲本"。

不幸的是,或者说巧合的是,我买到的竟然也是一个残本。本来

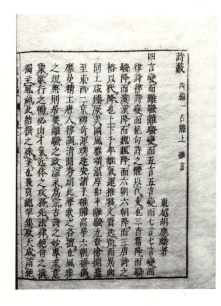

贞享三年刊《诗薮》

在网上看到其标注的是"缺外编卷二",我想以二十卷的篇幅,缺一卷,倒也无所谓,便下了订单。店主非常负责,收到订单后还专门给我来信,说《王昌龄诗集》有虫啮之迹,并给我发了一张照片来让我决定,事实上《王昌龄诗集》之所以久未下单,原因在于网上其实有比这家便宜的,但那本注明有"虫损",我比较怕书有虫,只要有可能,都尽量不买有虫的本子,这家没有标明,想来是没虫的,所以对他比另一家贵的价格也可以接受,但现在却又说有,让我很是为难。不过,仔细看书影,虫啮的痕迹很新,应该是书店存货时没注意防虫而造成的,或许最初登录时并没有,而且店主这样负责,想想也就继续交易。但没想到的是,接到书后才发现,店家没有说明的《诗薮》却出了问题,倒不是有虫损,而是除注明之外还有缺卷,就是杂篇仅后三卷,没有前三卷,这样一来,这套书也就只剩下十六卷,与那个广雅书局的恶本相当,有趣的是二者还可以互补,看来,我似乎还得给这套残本再配一套广雅书局本,以便合成完璧。

四四 古书乐人馆

——两种和刻类书

一物不知儒者耻,幸凭獭祭碎群书。

才从禹域雕龙毕,又向东瀛饱蠹鱼。

记得十多年前,正随陈惠琴师攻读硕士。一次在图书馆里看书,遇见陈老师匆匆而来,我自然很高兴被导师看到在图书馆用功。陈老师是来借书的,但是图书馆正在进行更新换代,把以前老师们用惯的卡片都堆了起来,腾出地方放了计算机,陈老师不习惯用计算机检索,所以便让我帮着查几本书的索书号。我恰是向来自诩对图书馆藏书的位置门儿清的人,听到吩咐,颇有摩拳擦掌的感觉。但当陈老师说出几个书名的时候,我却一下子傻眼了,本来还想表现一下直接到库里拿书的,现在只好老老实实去计算机上查,而且,当时还没查到,所以直到现在还记得很清楚,其中有《故事必读成语考》和《日记故事大全》,我这个向来被人称为"书虫"且自以为博通的人对此二书却是闻所未闻。

过了几年，撰写博士论文的时候，因要查考明代通俗类书的体例，接触到了日本学者长泽规矩也先生编辑的《和刻本类书集成》，这才知道，原来当初陈老师要找的书均出自此书。这些类书是自宋至清供人翻检以广腹笥的资料书，所以实用性很强，但也正是这个原因，其在国内曾经相当流行，但大家随用随弃，不复珍惜，现在不少都已经失传了。同时，这些书又恰是日本人迅速掌握汉文化的有用教材，所以在日本翻刻甚多。在长泽规矩也先生编成《和刻本类书集成》后，因所收在中国或已佚，或存本稀少，人所罕睹，因此上海古籍出版社便将此书重新影印出版，以供学人之用。

来日本后，这一类书其实也是我搜书的重点。不过，《和刻本类书集成》共收书二十一种，其中绝大部分是国内有存本的，只是深藏于图书馆中，未被影印出版罢了，这些书便可以放过。但有数种是国内确实已经没有的，就一直在我的搜书名单上。

前面提到的《故事必读成语考》虽为明初人丘濬所编，但国内一直到民国仍有印本流传，所以并不算珍贵，我在几家书店里都见到了此书，也就没买。而同样署为丘濬所编的另一本类书《故事雕龙》则不然，所以，在网上看到这家位于大阪的古书乐人馆里有一部，立刻下单买下。

此书为享保十年（1726）京都寺町升屋孙兵卫刊本，扉页题"丘琼山先生汇纂"，并署"平安仰山堂藏板"，前有伊藤长胤序。长泽规矩也《和刻本类书集成》所用的底本正是此本。书分两卷，上卷为经传、道学、性学、诸史、诸子、博学、字学、勤学、书法九门，下卷为遇合、困厄、安贫、观人、见几、威仪、廉洁、崇俭、殖业、报德、知己、笃议、贞烈、时隐、身隐、歌舞、画师、氏族十八门。每门其

享保十年京都寺町升屋孙兵卫刊《故事雕龙》

实是一篇小文章，概述此部类之重要事实，除正文外，还有小字注，进一步将文中所及事实引述，故可为作文之助。

其书国内非但没有存本，且古代文献中亦无载录，可以说是亡佚得干干净净。李焯然先生《丘濬评传》一书后附有《丘濬著述考》，收丘氏著作三十四种，但仅录了《故事必读成语考》，事实上，他也提到了《故事雕龙》，那是在前书述录之末提及的，他说："另有1726年日本刊本，题为《新刻丘琼山故事雕龙》。"并注其资料来源为《内阁文库汉籍分类目录》。可知他未见原书，误把二者混淆了（其书为2005年出版，而《和刻本类书集成》二十五年前即已出版，或许作者也与当年的我一样，对此书毫不知情了）。

此书在中国消失得如此干净颇让人生疑。仔细检阅此和刻本，我很怀疑此本为伪托，且首刻便是在日本，国内很可能从未付刻过。

其书前伊藤长胤序中说："近者，平安书铺仰山堂携《故事雕龙》

来，题云明丘文庄著……虽无复序引之可征其出文庄之手，可想也。"似乎他也并不能确定此本的来历是否可靠。最主要的是，其书在扉页有一段识语云："此书原本系华人写本，补缺正讹，略得就绪。《氏族篇》内疑逸其半，无复副本可校。四方君子其谅诸。"从这则识语可以看出，其据以刊刻的底本并非刻本，而是"华人写本"，甚至还有残缺，那么，伪托的可能性就更大——当然，这里所说的"伪托"必为中国人所为，一方面识语已明言为"华人写本"，另一方面仔细阅读正文亦可证明这一点，其内容是日本人写不出来的。再加上其底本为"写本"，则很可能国内并无刻本行世，那么，我们现在看到的享保十年仰山堂刊本便是此书的初刻本了。此书印行后也仅有过一次重印，并无翻刻，故存世甚少。

  《和刻本类书集成》中所收还有一种也很珍贵，因其原本国内也已不存了，这本书恰恰就是前面说的第二种书《日记故事大全》，更巧的是，此书我竟然在一家旧书摊的一堆零本中翻出了一册宽文九年（1669）覆刻本，虽只一册卷六（原书共七卷，分为七册），亦颇珍贵。

  其实，此书与前述《故事雕龙》不同。书为明人张瑞图据元人虞韶《小学日记故事》增订补注而成者。元人原书现虽不存，但明代嘉靖时便有数刻，如熊大木嘉靖二十一年（1542）所刊的九卷本（郑振铎先生曾将此本收入《中国古代版画丛刊》），题为"励耕老农"编的二卷本等；入清后又有王相的增注本行世，可以说其前有源，后有流，与《故事雕龙》之孤行于世不同。不过，张瑞图本又有自己的特点，一方面增补与增注颇为得当，首卷为二十四孝，后六卷则分门别类，每类录故事若干，每则故事取一四字标题，所录故事多为历史上著名典故，故颇实用；另一方面首卷采用上图下文样式，此后六卷则每卷两幅整叶大图，此种版式安排颇为特别。其书在晚明曾多次刊行，从据长泽规矩也之解题可知，仅他即藏有明陈振昆刊本、明末杨玉琳刊本与明末"六刻日记故事"本三种，宽文九年中尾市郎兵卫的和刻本又明确注明是覆刊明万历刘龙田刊本，那么，当时至少刊行过四次了，但现在此本国内却仍然一本不存。

不过，聊可告慰的是，宽文本并非只是翻刻，而是忠实且精细的覆刻本，不仅覆刻了正文，连同卷一每叶的小图与其后整叶的大图都摹刻了下来，所以，刘龙田本虽已佚，却可借此本窥其原貌。

此宽文本刊行后，日本又在天保四年，明治十三年、十四年、十六年分别有新刊本行世，然此宽文本却颇为罕见，就目前所知，日本各图资机构仅国会、东北大学、蓬左文库、东京都市立中央及市立米泽五家图书馆有藏，而国内则无入藏。那么，若能将其余六本集齐携以回国，就算是把刘龙田本带回来了吧。

四五 天牛堺
——《左传辑释》的「考验」

山林初启自安井,踵事增华有后生。
四本品题昔遥掷,而今巨擘满东瀛。

就好像追求爱情要经受考验一样,说起追寻这部《左传辑释》的经历,更是在得与失之间多次反复,让人历尽煎熬。

在日本寻访古籍,一般来说有两部分,一部分和刻汉籍,而另一部分是日人所著汉籍。当然,后一部分其实也是对传统汉籍的整理研究之作。比如在国内也十分有名的竹添光鸿,其人曾著三部以"会笺"为名之作,其中的《左氏会笺》一直被认为是《左传》笺注的集大成之作,在国内影响很大;另二部《论语会笺》《毛诗会笺》也都颇有声名。

我第一次去百万遍知恩寺参加京都秋季古本祭的时候,在紫阳书院看到了一套《论语会笺》。其书在作者生前未能出版,昭和九年(1934)

由崇文书院收入《崇文丛书》才首次问世。虽然是铅字排印，但书的形式仍然是皮纸线装，非常赏心悦目，再加上出版较晚，所以品相极新，函套也很完整，共二函十六册。当时此书要价不菲，我犹豫了几次，终于放下了，事后却颇为后悔。此后数次书市，只要有紫阳书院参加，我一定最早去守着，想着把这套书买下来，但却再未见踪影。

说起他的《毛诗会笺》更让我心痛。此书也是排印的，但极难觅得全套，原因是其书十册，前四册印于日本，后六册却由上海商务印书馆代印，似乎是失散的兄弟，难得团聚。不过，有一次竟然在孔夫子旧书网上看到一个全套，要价也不高，十分兴奋，准备下单拿下。点进去时，才发现卖家在内容介绍栏里标了"非卖品"三个字。依我孔网资深会员（孔网成立两年的时候我便注册购书了）的经验，知道有不少书友有奇异之书，也上传于孔网，但并不出售，只是展览。不过，一般展览的书怕被人误下订单，会标出高到离谱的价格，而这套书的标价却很亲民，或许是店主的风格吧。与此同时，我在日本古本屋上搜到东京的山猫屋上了一套，当然，确切地说是日本所印的前四册，定价较孔网全套所标几乎贵一倍，但也没有办法，便下单买回。然而，没过一段时间，再在网上搜罗和刻本时，突然发现孔夫子那套"非卖品"竟然售出了！我十分惊讶，连忙点进去看，这时才突然明白，店主所标"非卖品"是对此书版权页所标的介绍，并非店主不欲出售——由此收获了两个惨痛的领悟：一是把话说清楚太重要了；二是不清楚的话一定要沟通！

三大会笺中的《左氏会笺》是明治三十六年（1903）排印的，但我一直没有见到，所以也只好作罢（后来还是得到了一套，但那是后话了）。不过，至少对于《左氏会笺》，我还有一个替代方案，那就是安井衡的《左传辑释》。

最初，我在网上搜索此书，只有一家书店里有，但价格相当贵，我很是犹豫。就这样拖了一段时间。有一次，在网上随便搜索，打字的时候，把"傳"字错打成"傅"了，本来想去改一下的，但大家都知道，这个时候手比脑袋快，所以已经顺手敲了回车键，又连忙腾出手去拿鼠标，点击后退按钮，还没点时，发现页面与我想的一片空白不一样，万万没想到竟然搜到一套！原来那家书店上书时也与我一样把名字打错了，所以以前无论如何也搜不到。这家店就是位于大阪的天牛堺书店，一家非常有名的旧书店。

搜到后我非常高兴，因为标价比网上另一套要便宜一万日元。不过，当时我一来对网购还不熟悉，二来也正热衷于和刻汉籍的搜求，顾不上这些准汉籍。于是便又放下了。过了半年左右，我又想起这事来，便想下单拿下，但上网一搜，没了，心里很是遗憾，觉得自己当初没把握住机会，被人捷足先登买走了。过了几天，我忽然想起，当初我是用错字搜到的，而前几天搜书时忘了这件事了，所以搜不到，便忙再用错字搜一下，果然还在，于是果断下了订单。不料，当天晚上便接到了书店的来信，大意是说那套书早已出售，只是网上的信息还未消除，请原谅云云。那没办法了，看来的确是书缘未到。

就这样，一来二去便到了我要离开日本的时候了。这时我想，临走前一定买一套以为纪念，因为曾在早稻田大学图书馆看到此书的电子版，书是明治四年（1871）刊刻的，没有日文符号，版面很清爽，刊刻得也很精雅，与同时的清代刻本差不多。于是有一天上网，下决心就买网上昂贵的那套吧。就在要下单的时候，想起以前搜索的事，觉得很有趣，便想再用错字搜一遍吧，没想到又把天牛堺的这本搜出来了。这让我很惊讶，因为这家日本古本屋的网站是即时性的，别说这本书已经售出了，就是没售出，经过我上次的订购网上也肯定已经没有它的数据了,没想到这书却还在这里。难道还是与我有缘?我想试试这个缘分,便再一次下了订单,忐忑地等待店主的回复。第二天回信了,写了很多,把半吊子日语的我折腾得够呛,但也终于明白,大概是说书或许在分店里,现在不确定,先回信告诉我,让我等候他们的调查结果,然后再考虑是否确定订单。看来,是否真有这套书仍然是个疑问。

过了好几天,店主终于又回信了。我一看,大吃一惊,原来是真的有!不但有,而且,店主还把他认为会影响顾客购买的一些因素拍了照片发给我,看我能否接受,若能接受,就可以把书寄出了。我打开图片一看,实在让人惊异,发了五张图片,第一张是向我说明书前边有前藏书者的印章,这当然不是问题,有印章才好,若是印章满满会更好的;第二张是说第一册有些不平整,看来前藏者也是只看首册的主,这也正常;第三张最让我惊讶,竟然是某一页的皮纸中有一条原纸浆没打烂的树皮丝——皮纸有树皮,当然天经地义呀,当下的商人给机器纸印上或嵌入树皮丝,都成一种风雅时尚了;第四张是说有一页装订时疏忽了,书根处有折页,所以没装订到书脊里去,这不过让我费一道手续,把线拆了重装一次就是了。最后一张是表示书中某页有前藏者的笔迹,这就更不是问题了,他若能把天头地脚都写满才好呢。所以我连忙回信,表示都没有问题。就这样,这套二十一册的书才最终被我买到了,接到书后更加佩服店主,他在他认为有问题的页面都夹了张纸条,提醒我察看,说如果觉得不好,一周内均可退货。

其书前有川田刚的序,中云:"先生一代耆宿,绝意仕进,专讲古学,先是所著《周官补疏》《毛诗补疏》《书说摘要》《论语集说》《管子纂诂》,逐年刊行,而《仪礼》《国语》《孟子》《荀子》,并有成说,将又脱稿。"即此可见安井衡的渊博。又云:"方今王室中兴,大振文

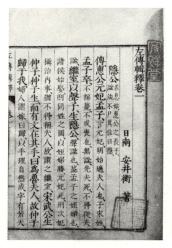

明治四年彦根藩学校藏板《左传辑释》

教,彦根藩知事井伊公贤而好学,师事先生,谓此可以发春秋尊王之旨,特命其儒员涩谷子发、成濑伯功等校刻,以公诸世。"则知此书为彦根藩知事所刊,此刊于明治初年,实亦有"尊王"之意。

这套书在日本有过数次印刷,明治四年、明治八年(1875),甚至明治十七年还有山中出版舍排印出版的,而仅明治四年便有和泉屋兵卫、石塚德次郎、春风馆等不同的版别。我所得到的应该是初印本,因为扉页清楚地标出"明治辛未孟春刻成""彦根藩学校藏板"。此外,我在早稻田大学图书馆也看到其馆藏的《左传辑释》,扉页标为"春风馆藏板",下有"井伊氏记"的印章,末册的版权页有"井伊氏藏板"字样,可知这是原板的后印本。

另外,与此前所述《管子纂诂》一样,此书也请了当时江苏按察使应宝时作序,不过,此序发来时,书也已经印好了,所以初印者皆无此序,而后印者都加上了序,序文颇长,近两千字。

四六 福部书房
——"秘传"东瀛的《字府》

宽严相济堂堂阵,铁划银钩正正旗。
搦管欲遵端雅意,应从字府学风规。

我很喜欢书法,但只记得上小学时临过几天大字,以后便再也没有练过。以至于每年过年回老家,写春联也成了一个小小的难题。记得有一年我与哥哥从早上弄到中午还没写好,父亲实在看不下去了,说"两个大学生连写副春联都费劲,算了,我来写吧"。于是,我们两个新时代的大学生只好搁笔侍立,让只上过小学的父亲三下五除二地写完,再拿去张贴。说实话,我不得不承认,父亲写得确实比我们的好看得多,因为我们纯粹是拿着毛笔当钢笔用,写出来的字畏畏缩缩,自己都不好意思看,而父亲写的起码还是毛笔字。那件事给了我一个刺激,使我很想下决心练练毛笔字,但现在才发现,人的一生中总有许许多多的想法,很多看似很简单甚至是举手之劳的想法都未必能实现。练字也是这样,因为一直以来,学习的任务只会越来越重,自己的时间越来越少,练字也自然提不上日程。现在,能做到的只是尽量多看看字帖,至少在眼力上稍微补补课,眼高手低却是无法幸免了。

因为这个,来到日本后,尤其是在此前无意中买到王羲之草书《孝经》和楷书《道德经》之后,我在淘书时也比较注意各种字帖,而且也确实有了一些收获,比如前文述及的赵孟頫草书《昼锦堂记》之类。

有一天,在翻看长泽规矩也《和刻本汉籍分类目录》中的"艺术类"时,忽然看到有一本《内阁秘传字府》,其编者为明人黄鏊、黄钺。这个黄钺我记得似乎是《儒林外史》的评点者黄富民之父,怎么标为"明人",或许标错了。便查检了一些文献,这才发现,此书国内已经失传。这样的话,此书恰在我的搜书范围之中,我也很想看一下内阁秘传的书法课本是什么样的。

于是,忙到日本古本屋上去搜,看到还真有数家书店有售。于是选择了一家叫苇书房的,赶快下单。过了数天,书终于到手。书分二册,却十分单薄,我很是纳闷。数了一下页码,上下册各十六七叶,而据版心的数字可以知道,其书原本当为八十三叶。实在没有办法,只好再与店主联系退货。好在日本的退货都很容易,店主收到我的信立刻便回复说可以退。我把书寄走后,他们回信说退给我书费加上我两次付出的邮费。我忙回信说邮费不用退,起码我寄回那次的不用退,因为那是给了邮局的,所以只退我书费即可。但第二天我便在银行卡中收到了他们退回的书款与邮费,钱虽不多,但可见书店的诚信,让我非常感动。

就在退货的同时,我赶快在网上另一家书店再次下单,便是这家福部书房,这家店的名字原为平假名,我只好据其读音译为"福部"

了。其店里此书为一册者,我因为上次的事有些心有余悸,便先发信问此书有缺页否,店主回信说没有,这才开始交易。

书的内容很有趣味,不但详细地说明书法的理论,而且具体地示范每种笔画的运笔方式与效果,还把这些笔画也都刻印出来,甚至为了分析字形,全书有一半篇幅是版框中刻一个四寸见方的大字,然后下边有字形的分析,很直观,而那些字也都很圆润,果然有明朝台阁体的风范。

书前有序,末署"隆庆二年戊辰二月朔日""括苍陈桐谨序于闽庠精舍";末有跋,署"隆庆戊辰之秋七月既望""晋安瀛桥倪朝卿拜叙"。可知原刊于明隆庆二年(1568),那么此书编者"黄钺"确为明人,并非黄富民之父了。陈桐序中将此书来历说得非常清楚:"黄小溪之弟子扬自歙来闽,因言厥兄怀溪授中书科八变书法,又畿邑遁山高子演之为七十二笔势者,精到佳丽,妙不容言,习之既久,充然若有获焉。遂有善与人同之念,与弟钺商榷校梓,以永厥传。"这段提到了黄家兄弟数人,可能作序者也知道有些杂乱,便在序文结尾处仔细介绍了一番:"怀溪名铨;小溪名钞;子扬别号嗣溪,名鏊;子威别号少昆,名钺:俱徽之歙人,称为贤伯仲云。"

清初倪涛《六艺之一录》以搜罗宏富而著称,却云"未详何人所撰",知其至少在清初便失传,却早早地传入了日本,并且目前在日本还有存本,即存于蓬左文库的万历元年(1573)闽书林屏山堂刘亨重刊本。此后,日本于宽文四年(1664)又将其刊刻行世。据长泽规矩也《和刻本汉籍分类书目》所载,此本初版署为"吉野屋权兵卫",我第一次从苇书房买到的便是初印本,可惜不全,只好退货;而现在买到的这个署为"胁田小兵卫、河南四郎右卫门",则被长泽规矩也鉴定为"覆宽文四年"版,当然,其刊印估计仍在宽文年间。

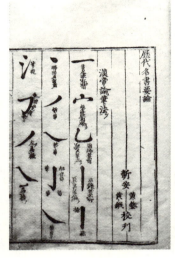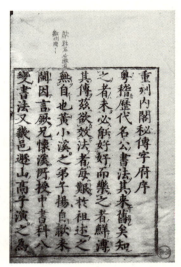

宽文四年胁田小兵卫刊《内阁秘传字府》

另外，元禄九年栗山宇兵卫还曾刊行过此书的一个鳌头本，长泽规矩也曾将其收入《和刻本书画集成》之中，此本国内则有辽宁和大连有藏。国人收集和刻本其实最不喜欢鳌头本，因为版面过于杂乱，辽图的藏书多为罗振玉旧藏，则可以想见，当初罗氏于东瀛访书，亦未得到此书早期的正常刊本，只能用一个鳌头本来充数了。

说完此书，另外还有一书值得一提，即清初人冯武所辑《书法正传》，其书初刊于乾隆五十年，并被收入《四库全书》，四库馆臣为其所撰提要云："国朝冯武撰。武号简缘，常熟人，冯班之从子。班以书法名一时，武受其学。年八十一时，馆于苏州缪曰芑家，为述此书，专论正书之法。首陈绎曾《翰林要诀》一卷，次周伯琦所传《书法三昧》一卷，次李溥光《永字八法》一卷，以三家论书独得微旨故也。其语意有未显者，则武为补注以明之。次明李淳所进《大字结构八十四法》一卷，次《纂言》三卷，则历代书家之微论。次书家小传、名迹源流各一卷，而以班所著《钝吟书要》一卷终焉。每卷之中，武亦各为附论，时有精语。盖武于书学，颇有渊源故也。"在甚为挑剔的四库提要中，评价算是很高的了。不过，就我而言，知道此书与作者的途径却均颇迂回：能记住作者的名字，是因为他是清初著名诗人冯班、冯舒之侄；书名早有耳闻，却并非因为我很博学，不过是看到鲁迅先生大作《阿Q正传》，从其为小说正名时说的话中知道的，他说："从不入三教九流的小说家所谓'闲话休题言归正传'这一句套话里，取出'正传'两个字来，作为名目，即使与古人所撰《书法正传》的'正传'字面上很相混，也顾不得了。"

我买到的和刻本为明治间松山堂藏版本，此本最大的特点是完全按照原本覆刊，原本或是因为专讲书法的缘故，所以以手写体上版，刊刻极精美，而此和刻本也与原本有虎贲中郎之似，若不是行间若有若无的和读符号，置于原本中便可乱真了。另外，此书原有纸套，这是江户、明治时期许多和刻本新书之惯例，一般来说，有此套者，书品必新。可惜我当时并不知道这一原则，还很奇怪为什么会有这个，所以也没有爱惜，最后不小心弄破了，也就随手扔掉了。

四七 琳琅阁
——薛益与《杜工部七言律诗分类集注》

> 七字少陵诗律细，总垂金薤刻琳琅。
> 脱开斧凿虞卿笔，窥得天机治水航。

此前提到过，初来日本时，便知在日本销售中国古籍的执牛耳者有琳琅阁书店，其原因有二：一来，此书店与日本访书的开山者杨守敬关系颇密，杨守敬在光绪六年（1880）来到日本的时候，这家书店刚刚创建五年，但已成为杨守敬访书的重镇，可见其颇有经营之道（据《清客笔话》的记录，杨守敬有一次拜访森立之，本来是买了森氏的书，要去送书款的，但路过琳琅阁，见有宋版《荀子》，便忍不住买下，以至于到了森氏家里却无钱付书款了）；二来，现在距其创建已经过去百余年，此店不但幸存了下来，不像同样著名的文求堂早已倒闭；而且仍然充满活力，不像汇文堂书店那样青黄不接，还有专门的网站,更新很快。我刚到日本时,并不知道有日本古本屋的网站,却首先知道了琳琅阁的网站,后来还是从琳琅阁的链接才发现日本古本屋的。

杜甫作为中国古代诗人的冠冕,在日本自然也很受欢迎。虽然大家都知道,日本人更喜欢白居易,但据长泽规矩也《和刻本汉籍分类目录》可以看出,就刊印次数来说,还是杜甫占了上风,因为此书录白氏版本计二十二种,而杜氏版本则二十九种。杜甫也是我个人非常喜欢的诗人,所以,搜访和刻本时也自然想要收藏一种杜集。

有趣的是,这些流行于东瀛的杜诗注本大多在国内颇为罕遘,比如明人薛益的《杜工部七言律诗分类集注》。此书其实在我第一次上琳琅阁的网站时便看到了,也记录了下来,但因为价格太高,所以一直不能决定。直到快要回国了,觉得还是应该了结此事,便给店主写了一封信,与他商量能否将此书优惠一些,主要是因为其书并不完整,缺了首卷——虽然首卷全为序言与目录,书的主体内容并没有少,但毕竟不全,却仍标那样高的价格,从我知道到现在也在网上挂了近两年了,也可以知道别人也认为价格太高。这是我在日本买书第一次与人商量价格。不过,店主很客气地回信表示不能优惠。我犹豫良久,最后还是决定买下来。店主很快便发货了,当天下午五点发货,八点便到了京都,第二天早上就送到我手上了。

打开包装,看到店主为此书配了非常好的函套。不过,拿起书,发现每本书都有些"虚胖",以我的经验知道,一定是前主人在书里夹了树叶——多年来买到的和刻本有不少都夹有树叶,我一直不能理解为什么有人喜欢把树叶夹在书里,或许这些人觉得这是一种风雅的事,但在我看来却有些煞风景。因为树叶如果不经过特殊处理就夹在书里面,树叶中的汁液便慢慢渗透到书页中,破坏古书之美;事实上,就是经过处理的树叶也不行,因为纸张主要是纤维,而树叶则含有更多营养成分,这会成为招致虫蛀的来源。这套书是我见过夹树叶最多的,我一叶一叶地翻检,几乎取出了一小盒——从这个数量可以推测,此书前主人并非将树叶当作书签来用的,而是把此书当成吸水纸来让树叶脱水的,就从这一点也可以看出汉籍在日本当下的窘境了。

此书最早著录于同治《苏州府志》卷一三八,原云:"薛益。《泸州志》:《杜律集注》《倡和诗》《薛虞卿诗集》二卷。"知同治《苏州府志》乃据《泸州志》转录,而《泸州志》之所以有薛氏的记录是因为薛氏曾官泸州训导。黄虞稷《千顷堂书目》卷二七曾将其附在天启科中,云"薛益:《薛虞卿诗集》二卷。长洲人,四川训导",而前引之《苏州府志》卷六二更明确地记录云:"薛益虞卿,泸州训导,二年副榜贡。"

不过,此书仅在《苏州府志》中出现,然后便绝无影踪,可知早已湮没无闻了。

直到三百年后,王重民先生游历欧美,方在美国国会图书馆得见此书,并为撰写详尽的叙录,据此提要,知其书全名为《杜工部七言律诗分类集注》,《苏州府志》所载《杜律集注》为简称,全书二卷四册,半叶八行二十字,卷内题"明长洲后学薛益集注,海阳社弟程圣谟、男薛桂、薛松同较"。前有徐如翰崇祯十一年序、林云凤崇祯十四年序、杨士奇序、白云漫史序,后有崇祯十四年自跋。则可推定其书刊于崇祯十四年。

1986年,国内分别出版了两部杜甫诗集叙录著作,都收录了此书。周采泉先生《杜集书录》仅据王重民先生叙录对其有极简要的介绍,并未补充新的材料,可知周先生并未见到此本。而郑庆笃等先生编著《杜集书目提要》却对此书有相当详尽的著录,一方面介绍了此书的体例:"全书将杜甫七言律分为纪行、述怀、怀古、将相、宫殿等三十二类。"另一方面,也细致描述了其书的文献特征:"是书书牌有'金阊五云居梓行'字样。半叶八行,行二十字,四栏双边,白口单鱼尾。虽系崇祯末之刊本,然最为罕见。"而之所以能有更全面的著录,原因就在于他们看到了原本。郑庆笃先生在《书到用时方恨少》一文中便提到此书,他说:"当时和图书馆打交道还不算难。唯我国图书馆管理方法不一,亦颇多缺漏,有目无书者有之,有书无目者有之,历经十年动乱'文化革命',这种情况尤甚。往往按图索骥,索不到,徒劳往返。而有时又有意外的发现。如明人薛益《杜工部七言律诗分类集注》二卷,虽为明崇祯间刻本,据《中国善本书提要》著录,以为'益注颇肤浅'。但毕竟为一明人注本,传世罕见。据《杜诗版本目录》载,仅美国国会图书馆珍藏,国内未见。我们有一次到东北各大图书馆访书,无意中在吉林省图书馆见到,并得慷慨应允,予以拍照全书。"

此后,《中国古籍善本书目》出版,其中也的确仅收录吉林省图书馆所存孤本,在吉林省图书馆的网页上也确可检索到此书,著录情况与郑笃庆先生所录相同,只是将崇祯十四年误标为1640年了;最新的《中国古籍总目》也只增加了美国国会图书馆。以上为公藏的情况,私藏或许还有孑遗。2010年,北京歌德拍卖有限公司在其古籍文献专场的春拍上,便拍出了一部此书的明刻本,其标云"明重振金五云居"或许为"明金阊五云居"之误。

不过,学界可能都忽略了日本的和刻本。事实上,这本在国内几于失传的杜律注本在其刊行十年之后便在日本有了和刻本,为日本庆安四年(1651)京都中村市兵卫刊本,其书全仿明本,扉页右上为"薛虞卿先生集注",中为"杜工部七言律诗",左下为"金阊五云居梓

庆安四年京都中村市兵卫刊《杜工部七言律诗分类集注》

行",同样为白口,单黑鱼尾,四周双边,半叶八行,行二十字,而且,从字体上看,是明本的忠实覆刻本,若说有改动,则有二处:一是以当时和刻本的惯例去掉了栏线,二是增加了一些日文符号。不过,此和刻本现存亦极少,目前所知,日本也仅东京都立中央图书馆、公文书馆、早稻田大学图书馆及石川县立图书馆四家有藏,国内则未见,则其存世较之明刻原本尚要稀少,因为明刊原本除上述美国国会图书馆、吉林省图书馆所藏外,日本的东洋文库、公文书馆及宫内厅书陵部也有藏本,加上前述歌德拍卖公司拍出的一部,已有六部之多了。

另补记一事。其实在决定购买此书之前,我不仅犹豫是否要购买此书,同时还在另一个选择前举棋不定,那就是,事实上当时东城书店即有一套此书之明刊原本。当然,最激动人心的选择便是同时拿下,自可成为镇斋之"双璧"。但想来想去,还是不太可行,原因也很简单,就是资金有限。当然,那套明刊本倒没有比我所买的和刻本贵太多,大概是一倍。这更让我踌躇:按一般逻辑而言,若能忍受同一书的和刻之高价,增加一倍去买中国明代所刊之原本当是自然之理。不过,对我而言,这个自然之理却并不自然,因为多年来我以搜集、研究日本所刊和刻本为务,唐本反而慢慢退出了我的购书计划,而且,在资金有限的情况下,那多出一倍的书款又可购买更多和刻本了。因此，我最后还是咬牙做了选择，买了和刻本。回国后，经常上东城书店网站浏览，发现那套书一直没有售出，终于有一天决定与东城交流一下，一来东城此套书有缺页，我希望能看到缺了哪些；二来几年来在东城买书极多，希望商量一下价格。东城给我发来了书影，但价格方面却让步极小，这让我又只好打消此念。

又过了很长一段时间，一位好友知我收藏和刻本，多加鼓励与谬赏，一来二去，竟也入此道，甚至有专赴东京搜书之行。这时我终于放弃自己购买的可能性，把此书推荐给他。朋友买回后，我被邀请专程去赏书。朋友的东京之行收获颇丰，我看到了不少有价值的本子，但印象都不深了，原因就在于，当时一心一念就是要看这本书。捧出此书时，颇有一些受邀参加梦中女神与别人婚礼的感觉——这个比喻当然并不贴切，因为此书是我反复衡量可能性后主动出让的，所以倒不至于像比喻的情境那样百感交集，至少，这种感慨还是在理性层面的。

仔细观赏后，我觉得这套书很可能是和刻本的底本。姑举二例。卷一第三〇叶B面《宣政殿退朝晚出左掖》诗之注中，明本有"休微也"三字，然有红笔点去"微"而旁添"徽"字，和刻本即径刻为"徽"；又卷一第三九叶《野老》诗末句"城阙秋生画角哀"，明本为"衷"，又红笔点改为"哀"，和刻本亦径刻为"哀"。这两处和刻本均更正原本之误，而朋友所藏明本均有点改之迹，则其为和刻本底本之可能性极大。

若可确定此即和本刊刻之原本，则交臂失之的惋惜又要加大。然此书又幸为朋友所得，使其不至于漂泊异域，亦可庆幸了。

四八 饭岛书店（二）

——两种《小学》佚注

> 素王之后有文公，小学亲仁大学终。
> 要问修齐与平治，何陈早已趁东风。

日本翻刻汉籍甚多，据长泽规矩也《和刻本汉籍分类目录》知已有五千余种（含同书异版），不过，通过比较可以发现在四部书中，各自有各自的出版热点，经部是《孝经》及《四书》正文或集注，史部是《十八史略》，子部是《小学》，集部是《古文真宝》《文章轨范》及《唐宋八大家文读本》，这几种书长泽规矩也明确在凡例中说明不收录明治时期的版本，可见其多。

在搜访和刻本时，也常常遇到这一类书，我一般是看如果品相不错，看着舒服，价格又不贵的话，就买下几册零本，聊备一格。有一次在尚学堂买到一本《小学集成》的零本，让我感到有些惊讶，因为日本流传大多为陈选的《小学句读》六卷本，而这一本却没有听说过。

买回来查阅了一下资料,才发现此书原来是一部国内已经基本失传的书。后来又去尚学堂数次,都想再找到几册,却再未发现。只好回到日本古本屋上搜索,发现饭岛书店有一套,但从价格上看店主一定是识货人,因为其店里其他的《小学句读》之类甚是便宜,但这套却价格甚昂,还是很快下单买下。

此书之所以珍贵有两点原因。一是国内仅国图存元刻本残本三卷,即八至十卷。关于这一点还需要详细说明。

在查检资料时看到网上有南京大学金程宇先生主编《和刻本中国古逸丛刊》出版,其书前之序文中说:"《标题注疏小学集成》,元何士信辑,十卷,五册,日本万治元年(1658)覆朝鲜刻本。此书为元人所辑有关小学注疏之作,国内国图(八至十)、香港存四卷(四至五、九至十),仍阙五卷,得此本始窥全豹。"然此说尚不确。香港所存与国图所藏很可能并非一书。国图所藏全名为《标题注疏小学集成》,著录为"十行十八字,小字双行二十一字,黑口,左右双边",而香港中文大学图书馆所藏者书名为《小学书集成》,行款为"十一行十九字,小字双行二十一字",版式为"细黑口,双鱼尾,四周双边"。那么,起码可以肯定二者定非同版。沈津先生《书城挹翠录》中对香港所藏进行过详细的著录。他说:"熹之小学书,元代所刻今所知者,除此本外,另有《标题注疏小学集成》(北京图书馆藏,也十卷,残本)。"可知他并不认为二者为同一种书。而且,此书国图所存者及日本刻本均在全书之末署"何士信"之名,而香港所藏恰有卷一〇,但沈先生的著录中全未提及何士信,也可以知道香港藏本并无何士信的信息,不然沈氏当不会漏注。当然,根据其"正文后为他人辑'本注''纂疏''考异''附注''古注''附录'等",可以推测此二书内容或有关联,但至少并非同版书。另外,查《中国古籍总目·子部》,此书亦著录,然其将中文大学图书馆与香港所藏分开,知其非同版无疑。

那么,此明确署明"何士信"的元刊本国内公藏便仅有三卷了。但私人手中或还有零卷:2009年,北京泰和嘉成春拍便拍出一卷(卷四),与国图著录全同,自为元本无疑。此外,元刊全本世间实有存者,只是不在海内,而在日本前田育德会尊经阁文库,其题名为《诸儒标题注疏小学集成》,十卷十册。

其实,此书在《宝文堂书目》和《千顷堂书目》中尚有著录,也就是说,在明末清初,书尚存世。只是仅存于藏书家之手,影响甚小。沈先生便说:"此本罕见其传,明代集注者似多未见此本。"可知明清之时书虽未佚,但从流传的角度来看已经佚失了。那么,这个和刻本便很珍贵了。

二是此书前无序言,后无题跋,亦未注明作者或编者,但全书结束时有"建安后学何士信辑录"一行题识,则可知编者为何士信。何氏在中国词史上颇有声名,因为他是著名词选《草堂诗余》的编者,至正十一年陈氏刊本《增修笺注妙选群英草堂诗余》一书便署为"建安古梅何士信君实编选"。但长期以来,学界并不知其人的时代。王兆鹏先生在《词史史料学》中引了杨士奇《东里集》中《小学集成》一文:"古人小学之教不行于后世,晦庵先生搜辑传记,以为此书,有功于学者甚大。建安何士信纂集诸家之说以为集成,又有功于此书甚切。盖义理度数,随在著明,不待以考求也。读小学者,必不可无,吾家所有共三册。"但又据明史卷九十六《艺文志》中载录此书而认为"这位编写《小学集成》的建安何士信为明代人","与建安古梅字君实的何士信似非一人"。

所以,编辑《小学集成》的何士信究竟是明人还是元人影响甚大。其实,虽然《明史》的《艺文志》主要著录明人著作,但也并不严格,所以被其著录并不能算作明人的证据，因为同样在此前后还著录了不少元人著作。事实上，《明史·艺文志》所取资的《千顷堂书目》卷三就将此"何士信小学集成十卷"放在元代之中，可知其作者黄虞稷是将其当作元人的。更重要的是，正如前文所述，国图及日本前田育德会尊经阁文库均藏有此书的元刊本，则其人为元人无疑。

我买到的是万治元年京都风月庄左卫门刊行的，十卷、首一卷，共五册。四周双边，白口双鱼尾，半叶九行十六字，小字双行十七字，其行款与前引国图所藏和香港中文大学图书馆所藏均不同，原来在于此书底本并非元刊本，而是朝鲜正统元年（1436）活字印本。其全书之末附有朝鲜活字本的原跋文。先是永乐元年（1403）权近、永乐二十年（1422）季良、正统元年金镔所撰议铸活字之疏文。然后是正统元年金汶跋，云："朱子尝言，修身大法，小学书备矣……思欲广布是书，以祛此弊。顾其旧本，间有误字，乃命臣汶雠校，臣汶谨考群书，参其同异，凡诸改正阙疑，悉受睿断，仍命铸字所模印颁赐。"最后是宣德四年（1429）郑麟趾跋云："小学之书切于人伦日用，而其注解未有若《集成》之明备者也。宣德四年夏五月，殿下出经筵所藏一本，俾锓梓于铸字所，命左代言臣许诚监其事，三阅月而功告成。"

蔡雁彬《朱子〈小学〉流衍海东考》（《南京大学学报》2002年第4期）一文引用了朝鲜《世宗实录》中的资料，一是礼曹之启云："《小学》之书搜

万治元年京都风月庄左卫门刊《小学集成》

集经史子集要语，多有难解处。本朝刊本《小学音训》注解未备，唯《集成小学》音训注解名物图像极为明备，童蒙之辈，可以易知，请以济用监苎麻布授入朝使臣买来《集成小学》一百件。从之。"又引世宗十七年，许稠上启云："《集成小学》切于日用之书，学者病其难得，愿依惠民局卖药例，或纸或米豆量给为本，令一官一匠掌其事，印出万余本鬻之，还本于官，如此则其利无穷而于学者有益。"此处所云《集成小学》，蔡氏按云："今各种书目均无《集成小学》一书，《奎章阁图书韩国本综合目录》'子部·儒家类'中载有明·何士信注解《小学集成》一书，卷末有宣德四年（朝鲜世宗十一年）郑麟趾跋，《集成小学》或即指何士信此书。"两相对照，可知自为一书无疑。只不过，《奎章阁图书韩国本综合目录》将其著录为"明人"了。

长泽规矩也《和刻本汉籍分类目录》收录了明治以前刊行的《小学》共七十六个版本，却没有收录此书，甚至他所主编的《和刻本诸子大成》也没收录此书。这很可能与他没有见到此书有关。不过，日本图书馆所藏此书甚多，据目前的统计，便有二十七家有藏，国会图书馆与东京大学还藏有朝鲜活字本。另外，此和刻本国内北大图书馆与辽图二家有藏，《中国馆藏和刻本汉籍书目》标为"饶鲁注解"，实为误解，因为其书引饶氏意见颇多，但恰恰因为有不少"饶氏曰"，所以便不可能是饶氏所辑了。

前文已经说过，在日本最为流行的是明人陈选的《小学句读》，前及日本明治前的《小学》版本中，此书便占了一半，可见甚为流行。但其中还有一种标为"陈选注、陈际泰纂辑、陈仁锡参订"的《小学合璧》仍不见于国内历来的著录，也未见有图书馆收藏，《中国古籍总目》虽然录有此书，但所录为"日本万延元年长谷川氏活字印本"，可知此书佚存于日本。

这个《小学合璧》在日本共有三个版本,一为万治三年妇屋林传左卫门尉刊四卷本,根据这个版本知道其原来的全名是"鼎锲标题纂意句解评释小学合璧",确是明末书坊声口;余二者均为二百年后的万延元年本,只是一为长谷川氏四卷木活字本,一为山中幸武标注的六卷刊本。山中本印数甚大,直到现在于日本古书肆仍可遇到,所以起初我也将其当作寻常的陈选本未加留意,后来才发现,此书不但国内失传,而且也确实与陈选本不同。我曾将二本比照,应该说差异甚大,所以其署名有"陈际泰纂辑"等看来不是书商的噱头。此书原名中有"句解"二字,此语不虚,因为其书最大的特点便是把全书分拆成很短的句子,每句下都有注解,十分细致,而注解也与《小学句读》大有不同处。

我买到的是山中幸武的刊本,此人十分认真,所以其刊本在天头上有详细的校勘说明,从说明中发现,他主要以所谓的"旧本"(万治本《小学合璧》)为校勘对象,但也参考了陈选句读本尤其参考了《小学集成》。

此书在日本书肆时常可见,但日本图书馆的收藏却并不多,不知为何。国内则仅北大图书馆藏有长谷川本,此本被收入《中国古籍总目》之中,《中国古籍总目》凡例中说:"域外写刊汉籍非本目收录范围,然已知子书未见海内传本者,则著录域外影印本,以免品种失收。"则可知此为补充收录之稀见品种。

四九 东城书店（三）
——一叶千金的《开元天宝遗事》

开元柳色碧森森，争奈北风瘦上林。
莫话渔樵天宝事，佚书一叶自千金。

　　虽然这是东城书店的第三篇，但实际上已经在东城买了上十次，连东城的店主都认识我了，某次订购图书较多，店主主动给我打了九折，让我非常感动。从此之后，我在东城的订单都是依九折结算。不过，即便如此，东城还是有一些书，我垂涎已久，却一直未下决心购入。其中就有一本是《开元天宝遗事》，之所以犹豫，就在于此书篇幅很小，薄薄数十叶而已，其最大价值在于书前有一叶为作者自序，国内最早的明铜活字本无此序，然而，此书标价甚高，若真为此一叶，确可称"一叶千金"了。

　　《开元天宝遗事》是一部相当有名的笔记，其所记明皇时事亦多为常用之典故。但可惜的是，就是这样有名的一部笔记，其版本流传却极为罕见。目前所知,就单行本而言,仅国图所藏一个明代建业张氏铜活字本的孤本存世,再无别本。而丛书本则分别收入了《续百川学海》《说郛》《历代小史》甚至《唐人说荟》《唐代丛书》之类的恶本中去,其质量自然不可靠。好在还有建业张氏铜活字本存世,此本源于宋本,算是此书不幸中的万幸了。

此和刻本刊刻时间颇早,为宽永十六年(1639)京都田原仁左卫门刊行,这也是我的藏书目前第一本明确纪年在清代以前的版本(此前的《列子鬳斋口义》只是推测),且其底本与建业张氏本同样为宋本。其末与张本一样有一则识语:"此书所载明皇时事最详,至一话言、一行事,后人文字间所引,大抵出于此书者多矣。绍定戊子刊之桐江学宫。山阴陆子遹书。"绍定戊子为绍定元年(1228),陆子遹则为陆游之幼子——即传说中陆游为他的原因而堕其晚节,为权相韩侂胄写《南园记》,当然,这其实已经被学界证明是时人的诬陷与后人的附会之词。陆子遹为当时著名藏书家与刻书家,从这个题记可以知道,此书底本是极可信的。缪荃孙曾藏是本,他的《艺风藏书记》卷八有著录,云"日本宽永十六年重刻绍定本",并录陆氏之跋语。不过,目前据《中国馆藏和刻本汉籍书目》可知,国内仅大连图书馆一家有藏,或许即缪氏藏书吧。

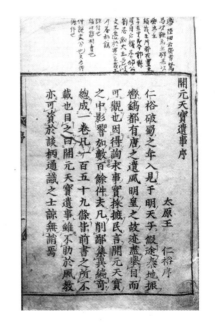

宽永十六年田原仁左卫门刊《开元天宝遗事》

不过，此和刻本的意义却并不只是作为明铜活字本的副本而存在，仔细对勘会发现，和刻本可能比明铜活字本更接近宋本原貌。原因有二。一是和刻本有作者王仁裕自序，而明铜活字本及其他所有丛书本均无此序，序文说明其作此书的情况甚至说明了条数，自然很珍贵：

> 仁裕破蜀之年入见于明天子，假途秦地，振辔镐都，有唐之遗风，明皇之故迹，尽举目而可观也。因得询求事实，采摭民言。开元、天宝之中影响如数百余件，去凡削鄙，集异编奇，总成一卷，凡一百五十九条，皆前书之所不载也，目之曰"开元天宝遗事"，虽不助于风教，亦可资于谈柄，通识之士，谅无诮焉。

晁公武《郡斋读书志》卷九云："蜀亡，仁裕至镐京，采摭民言，得开元、天宝一百五十九条，后分为四卷。"可以知道，其语实来自王氏自序。唯一不同是最后一句，王氏原云"总成一卷"，而晁氏云"分为四卷"，不过，晁氏语尚有一"后"字，可以知道，他看到的王氏原序仍是"一卷"，而他看到的本子却是四卷，所以有此一字。因此可知和刻本保存此序之珍贵。

二是此本有目录，他本亦均无。以日本刊刻汉籍的惯例看，此目录当非日本刊刻者自己所加，而是原本所有。此点看似无关紧要，实际上亦有意义。因为据笔者研究，唐代笔记多无标题，至五代始盛，此书则为最早有标题者（参见拙著《中国古典小说回目研究》）。

当然，此本亦有缺憾，即缺一则，目录为一百四十六则（目前此书的所有版本均为此数），但正文缺《暖玉鞍》一则，好在明铜活字本有此则。

中华书局出版曾贻芬点校本，以明铜活字本为底本，以和刻本参校，亦属妥当。只是此本其实文字有优胜处，曾氏点校却多不从。比如第二则《步辇招学士》："明皇在便殿，甚思姚元崇论时务。七月十五日，苦雨不止，泥泞盈尺。上令侍御者抬步辇召学士来。时元崇为翰林学士，中外荣之。自古急贤待士帝王，如此者未之有也。"其中两处"姚元崇"明铜活字本均为"姚元之"，此本虽列出"顾氏本、《历代小史》本、《四库》本、和刻本"均为"姚元崇"，但并未校改。校点者原有按语云："姚元之本名姚元崇，武则天不欲其与构逆的叱利元崇同名，乃改为元之，后为避开元尊号，又改名崇。"所以就姚氏之名而言，不改亦可。但就文献原貌而言则或未为当。著名的高丽朝文人李奎报（1168—1241）作有《开元天宝咏史诗》四十三首（见其《东国李相国集》卷四），中引《开元天宝遗事》者多达二十四则，比勘可知，其引用多出原文，只是偶有随手之节缩，却并无改动，就其第五首引《步辇招学士》而言，整段文字只中间少一"来"字，最末少"待士帝王如此者"七字，余均与原本同。那么，生活时代相当南宋的李奎报看到的自然是宋本，而其所引即为"姚元崇"，可以确证此书宋本即用此名——也就是说，王仁裕并未使用武则天及开元时的改名而是用了原名，此处自然最好据诸本改回为妥。另外，也偶有误校之处，如《暖玉鞍》一则，曾氏点校云："'坐上'，顾氏本、《历代小史》本、《四库》本、和刻本皆作'上坐'。"但正如前所云，和刻本实缺此则。

五〇 大阪古书会馆
——一代宗师王心斋

插柳无心逢内典，栽花有意觅心斋。
搏龙赤手今何在，日用黎元不用霾。

日本人或许是最喜欢结成各种组织的人群了，此前我提及京都的古书研究会——名为"研究"，其实就是商业联盟，其他各地一般叫"古书会馆"，或者并不止一个组织，但相对来说，"古书会馆"这个名字最常见。

有一次看到大阪古书会馆要办一个古书市，非常激动，早早在地图上查好路线，第二天冒着小雨冲了过去。还算好找。冲进去一看，书很多，但很失望，因为全是当代的旧书，不甘心，再看一遍，还是什么也没有。正沮丧间，发现有不少人上二楼，于是又兴奋起来，觉得好书都会放到楼上吧。冲上去一看，比下边是精致了些，但仍然没有我要的书。正无奈时，又忽然看到还有一层，没敢抱希望，再上来看，才发现古籍都在三层，数量也很多。简直如入宝山，琳琅满目，有些应接不暇。

静下心来，一种一种地过目，也发现了一些不错的书。但价格都不低。比如一进门便看到一套《乐邦文类》，标价五万日元，当时就想，坏了，今天带的钱少了。于是精挑细选了半天，想着如何能把有限的资金合理分配，从而买到更该买的书，最后还是只买了《乐邦文类》——不过，买它其实也不完全出自本意。我刚冲进来便看到这本书，因为此书国内几佚，而且刊刻在宽永年间（即在明末），所以一看到我便拿在手上。三楼顾客极少，老板看我挑了这样贵的书，十分扎眼，便来与我攀谈，我只好说明不会日语，他给了我名片，向我表示感谢。直到我看完所有的书，顾客仍然很少，因为有刚才老板的攀谈，我实在不好意思放下，只好结账走人。但回来的路上心中一直颇有些懊悔，因为我向来不太愿意买佛家典籍，这次却因缘巧合做了这样的决定。回到家，思前想后，还是决定明天去退货。不过，为了自己心里也过得去，把书退后，挑相同金额的书来买下吧。

第二天，我又冒雨去大阪，冲进车站，再冲进场馆。意外地发现会馆昨天的工作人员不在，既高兴，又为难：高兴的是，不必向那个老板说明那个他昨天很感谢的买书人要退书；为难的是怕新人不知道情况，不让退。但也没办法，只好向新人说明，那个人态度很好，直接就同意了，我便放下包开始挑书。这时，昨天的老板竟然出现了，新的工作人员向他做了汇报，我也不得不再说一下，承他的情，也同意退书。我就按自己的计划找了五万日元的书来抵。其中便有这个《王心斋先生全集》。

中国历史上有许多奇人，当然各有出奇之处。如果说从社会最底层而成为一代宗师，为百世效法，那么，在释家便是六祖惠能，而在儒家则当推明代泰州学派创始人王艮了。王艮出身下层,曾为盐丁多年,却能自强不息,倾慕儒学,后来拜在王守仁门下,成为阳明的得意弟子,最后更成为王学左派的代表人物,其思想影响于明末甚劲,晚明心学最著名的观念"百姓日用即道"即出自王艮,黄宗羲称此派"赤手以搏龙蛇"。

不过,王艮之奇还在于其不立文字的主张。虽然广收门徒,影响遍于大江南北,但他仍然坚持"口传心授"的心学印证式传法,所以著作极少。《中国古籍善本书目》未录其人著作,而据《明别集版本志》,则有万历间《重镌心斋王先生全集》三种,实为一本,即万历三十四年耿定力、丁宾增修本,另一种为后印本,还有一种为此本的翻刻本。其书卷端题"楚黄耿定力、檇李丁宾同梓,稜陵焦竑、海岱蒋如苹同校,四代宗孙王元鼎补遗",而后印本则在"王元鼎"之后又加了"五代孙王翘林",翻刻本又加了"六代孙王焴大任、王言伦震生翻刻"的字样。据此书题名中的"重镌"和"四代宗孙王元鼎补遗"的标识,可以知道,在此前一定还有一种初刻本,但目前没有任何文献资料能证明此初刻本的存在,《八千卷楼书目》卷一六曾记录一种明刊一卷本,也不知是否仍存于世间。

谢巍先生《中国历代人物年谱考录》一书中录王氏年谱四种。第一种《王心斋先生年谱》一卷,董燧编,版本项则为万历三十四年耿定力、丁宾刊本《王心斋先生全集》及日本嘉永元年(1848)刊本《王心斋先生全集》附。第二种为《王心斋年谱》一卷,为泰和张峰编,但版本项云"不详",著录项则列"据焦竑《国史经籍志》,又见王元鼎辑本",备注云"此本闻有传抄本传世,待访"。第三种录《王心斋先生年谱》一卷,编者张崟,版本为"日本文化四年(1807)重刊本《王心斋先生全集》卷首",又标为"待访",并在备注中说"此本编者名疑讹，俟查"。

以上著录其实均有问题，而这些问题看了和刻本《王心斋先生全集》后便都解决了。

此和刻本实即谢巍先生提及的日本嘉永元年刊本《王心斋先生全集》，其书扉页有"嘉永元年戊申新镌"字样，署为"京都书肆川胜鸿宝堂"，卷首题名为"王心斋先生全集"，然版心则题为"王文贞公全集"。卷端署为"楚黄耿定力、金陵集竑原校，曾孙元鼎辑，八世孙以钲震九读识"。末有跋文云：

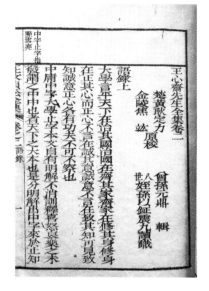

嘉永元年刊《王心斋先生全集》

先君子尝谓吾兄弟曰："《文贞集》行世二百余年矣，爱而传之者，心心相印，未易一二言其所以然也。而当年随辑随刊，编次未遑较画，如《孝弟箴》、《乐学歌》等篇，年谱、语录并载，可一省；论说诗章又错见于尺牍，可放论孟某篇；多记某某之例，比类编之其前之谱系，后之传、诔，只载家乘可也。需重刊善本，则习读者益便。谨识九十余处示汝辈，读书梯筏，得失不能自知，亦思附刊以正有道。"庭训耳熟者如此。顾先君子未果办，长兄福未几继殁，兹协荣禧弟、聘之侄遵贻意，敬录原书，分为五卷，重新梨枣，爰附识言，谨承数典不忘之谊。道光六年仲春月　日王荣禄谨跋。

从这些资料可以知道。此书为作者后裔王荣禄刊于道光六年

（1826），其底本则为耿定力等人初刊本，现在不但明初刊本国内已无存（日本也没有原刊本），就是王荣禄的翻刻本也仅南图存有孤本，若无此和刻本，我们便无法知道明初刊本的真貌。

据此一来可以补充《明别集版本志》，还可以订正谢巍先生几处小的疏失。

一是日本嘉永元年刊本《王心斋先生全集》所附年谱并非董谱，而是张峰之谱。

二是其所录"据焦竑《国史经籍志》，又见王元鼎辑本"的收有张峰年谱的版本标为未见，实即此和刻本的底本。

三是所录第三种"张崟"所编年谱，其实是录误，因为其名写为"峯"，故误为"崟"。

四是录有"日本文化四年（1807）重刊本《王心斋先生全集》"，实无此书，当为嘉永本的误录。据长泽规矩也目录及日本公藏情况可知，日本刻《王心斋全集》最早为嘉永元年本，并无文化重刊本，而嘉永本后来倒是有明治间后印本。

最有趣的是，此书此前从未出版过，就连收录极丰的长泽规矩也主编《和刻本汉籍文集》等丛书中也并未收录。

五一 山本书店
——书棚本《贾浪仙长江集》的翻刻本

西望神州曾倚楼,琅嬛重访又瀛洲。
森罗万卷洗青眼,一帙长江今古流。

2014年春天,我的工作到期,我终于可以将所获舶载以归了。这两年来,在没有课的日子里,我骑着小车,"梳"过了京都市的大街小巷,去拜访一家又一家的旧书店,同时也收获了一种又一种的珍贵和籍。正因如此,在我还没有离开的时候,便一直在思考用什么方式把这一段时光记录下来,算作对这段日子的存照。最终,我决定用访书记来记录搜书的点点滴滴,也便形成了这部书的初稿。回国前的那一学期,我最经常的事便是伏案查检哪家熟悉的旧书店有新的进货,然后便是伏案撰写访书记。沐浴着窗外的暖阳,偶尔到阳台上看看似乎就在手边的岚山。

回国后,我查检和刻本的习惯并没有丢下,由于网络的便利,仍然可以与在日本一样，出入各家书店，同时，拜托日本的朋友甚至学生，帮我下单交割，然后寄回。就这样，又过了三年，所购之书亦与前相埒，也很可观了。

不过，此前多次说过的一个遗憾一直没有消除，那就是一直没有去过东京神田神保町，虽然多年来大部分书都是从那里发出并送到我手上的，但没有亲自去随喜一番，总是一种遗憾。2017年，终于决定，专程去一次东京，以了此憾。

到了神田神保町，当然首先要去山本书店，这家书店是日本古旧书店的翘楚，只是他们从不上网，所以我多年来只闻其名，但从未在其店中买过书。我的朋友从东京归来后，也曾向我介绍这家书店，似乎可以用"贵"字一言以蔽之了。

看惯了日本狭小拥挤的书店常景，突然走进山本书店这样一个宽敞、整齐的所在，颇有些不习惯，感觉好像走错了门——日本的店与店之间挨得非常紧，明明朝着一个店走进去，却也可能走进了另一家店，这种事以前也发生过。所以我都想重新出去确定一下门口的招牌。不过，看到四周顶天立地的大书架和架上密密麻麻的线装书就知道没走错。我忙平静了一下呼吸，先按经验扫了一眼三面靠墙的书架和店中央纵列的书架，发现我所关注的和刻汉籍只在店面最深处左边那个角，四五个书架，于是，便从左至右一架一架浏览。有些书不能确定，还要用手机上网查一下。而且，我打算先全面浏览一遍，然后再把第一遍挑出来的书重新精选。我又不太好意思把第一遍挑出来的书都拿出来，所以，每挑出一本书，我都要拿出手机记下简要书名与价格，作为最后决定时的参考。

可能是因为我来得比较早，店里就我一个人，一位女店员虽然在工作间与书架间忙碌穿梭，貌似没有看我，感觉对我颇为警惕。当然，出于日本服务行业一贯的礼节,她自然不会表示什么,但我还是觉得不太好意思,于是也便尽量快一些。但这里可是有好几架书,数量不少,加上山本书店并不上网,所以我只有这一次机会,不愿仓促行事,只好趁她进去时再往手机上记。

就这样把和刻本浏览一遍,已经用了很长时间,手机中也记了几十条。看完后,我对这几十条一直犹豫不决。犹豫的原因其实也很简单,就是前边说过的那个字:贵。想来想去,觉得整个神保町还没开始逛,似乎不必在这里一下子把钱袋腾空吧。所以,看着自己小心翼翼按原样放回书架的书,做了个决定,先出去逛别的书店,再决定回来要买的品种。于是,就这样华丽丽地转身空手出来了。这时已经半下午了,也没有太多时间去更多的书店了,只好把山本附近的几家转了一圈,要么没有古籍,要么有的话也非汉籍。转了一圈,在天快晚时,生怕山本关门,又匆匆回来了。

应该说,转了一圈的结果发现,其实别的书店无法取代山本,因为它的书种类多,量大,与别家也几无重复。所以,也只好认真地回来挑。又犹豫良久,决定买两种书:一是《贾浪仙长江集》,一是《帝范·臣轨》。

说起《长江集》,又是一把辛酸泪。先说此书的价值吧。贾岛之集最早有北宋之蜀本,后南宋中叶临安陈宅书铺曾翻刻,是为书棚本。然此类宋本今均不存。毛晋父子曾藏《长江集》抄本,并曾据宋无名氏本比勘,其书后归黄丕烈,黄氏亦曾得书棚本并重加比勘。然毛、黄所据之本均已不传。以此可知书棚本之珍贵。此和刻本为正德五年(1715)柳枝轩藏版本,前有《贾岛纪事》,其末有"临安府睦亲坊南棚前北陈宅书籍铺印"字样。而据齐文榜先生研究,其与书棚本相差甚微,则知此书为宋书棚本的翻刻本,自有其价值。2013 年 4 月

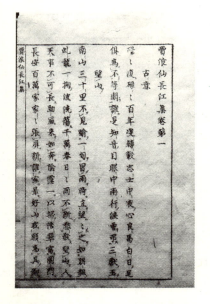

正德五年柳枝轩藏版本《贾浪仙长江集》

11日,我从学校放学回来,赶快打开信箱,发现这个月新村堂书店的书目终于来了,我进屋连鞋都来不及脱,冲进去打开计算机,赶快翻书目以确定要购之书,我知道,很可能已经太晚了。在目录中,我一眼就看到了《长江集》,另外还有几种如《茶山集》《杜工部集》等,我根本来不及看完,就赶快给新村堂写信,表示要买这几种书。然而,第二天收到新村堂回复,这些书全都被人买走了。此后,便几乎再未从日本古书网上见过《长江集》。有一次,我在竹仙堂书店的网上看到其书目中有一个残存单册,从所附书影看保存也很不好,但标价极高,七八万日元的样子,就这个很不靠谱的价格,我都犹豫了很久,最后还是放弃了。山本的这套《长江集》虽然比新村堂的贵数倍,但较之竹仙堂的残本还是稍稍便宜一些。

还有一种是《帝范·臣轨》,此二书国内失传,而日本则有各种版本流传。我所看中者为大正四年(1915)十月,日本宫内省命鹰司熙通公爵主持刊行之本,由细川润次郎校正,十一月开版(据长泽规矩也《和刻本汉籍分类目录》录此为石印,然细审其书,当为刻本),次年五月成书,一函五册,附一册《帝范·臣轨订补》排印本。当然,此书在日本流传的《帝范·臣轨》中并不珍贵,唯一的优点是刊刻字体极为美观,用纸亦精雅,所以亦可收藏。但我之所以愿在山本

这样的书店买此书,原因却远不止此,而是因为此书的特殊性。此书有一函套,函套底部有主持此事的鹰司熙通亲笔所写识语:

> 余曩奉命督此书再板,细川枢密顾问官订正字句,日高、北村两秘书官服杂务。大正四年十月始附剞劂,至翌年五月成。乃以命制数百部以颁臣僚,余亦辱恩赐,因记其由云。大正五季六月一日,侍从长公爵鹰司熙通谨识。

大正四年宫内省刊《帝范·臣轨》书帙之题识

下有"鹰司"小椭圆朱文印。据此可知,此本当为天皇颁赐鹰司者,故其虽缺排印之《帝范·臣轨订补》一册,仍需拿下。

不过,仿佛叙事文学要平地生波的传统,最后再访山本,仍要给我一个刺激。我这时已经决定买这两本书了,但重到上午翻书的书架前,却怎么也找不到我想买的两本书了,找了几遍都未见,我当时惊出了一身冷汗——难道就在我小小的"延宕"半日的时间里,有人来此捷足先登了不成?若果如此,那真是欲哭无泪了。不过,好在,我又仔细查看,还是又找到了它们,很可能是工作人员在我走后重新又整理了我刚才看完的书,所以顺序被改变了吧。

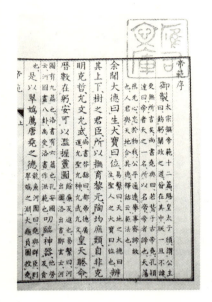

大正四年宫内省刊《帝范·臣轨》

拿了书去结账,按其价格我把钱都准备好了。没想到店主打出来的钱比我原来计划的多了上万日元,我十分纳闷,忙指其原价相加的结果问其原因。店主给我看清单,我才发现,二书的原价是所谓不含税的价格!这实在出我意料,在日本买了这么多年书,书上的标价从来都是含税的,山本的价格这么高,却不含税!而且我是外国游客,也不应该缴这样高额的消费税呀!我连忙向店主表示,店主叫来了刚才忙忙碌碌的女店员,向她吩咐了几句,就又回到自己的办公桌前工作去了。女店员拿起计算器,打了半天,终于算出了一个把税含在标价之中的价格,这才算成交。

从山本书店出来,外面已是华灯初上。想到今天在店里记录下来的几十种书,颇有些感触,因为这一别,不知何时能再来,而山本又不联网。或许,那些仔细做了功课记录在册的书,在我这次离开后,与我再无缘分了吧。

五二 松云堂书店
——《臣轨》宽文本

唐宗垂典标君范,女帝立仪臣轨分。
坠绪茫茫千载后,可堪一帙卧松云。

在来东京之前,那位经我怂恿去东京的朋友给了我一张神田神保町的地图,没想到,临出发时太忙乱,反倒忘了拿。到东京住下后才发现这个疏忽,虽然并不影响,但为了寻找书店的精确位置,还是给家里发微信,让家人找到那张图,给我拍成图片发来。不过,即使用了原图,清晰度还是不太够,只能凑合着看了。另外,朋友为了节省我的时间,以便有的放矢,还专门给我列出神田神保町百十家书店中有和刻本书店的名录,我看到他重点推荐的松云堂书店在神保町的一端,正好紧挨山本书店,就可以顺便一游。

先坐地铁到神保町的这一端,从九段下站出来。一到地面,就知道地图毕竟是示意图,无法解决现实的地理问题,四面八方都观察了半天，感觉过一架桥之后的一条大街极为宽敞，应当是要找的地方，走过去看，果然如此。

我比较了解日本的旧书店，一般开门都不会太早（晚上关门会很早，而且还有不少比较随心的休息日），所以，在宾馆里强压着兴奋劲儿，等到近十点才出发。虽然第一眼就看到了松云堂书店的牌子，却也同时看到了那沉静的卷闸门，我在门外徘徊了一会儿，却一点办法也没有。这条街有数百家书店，无论买书与否，我都应该家家参访，所以时间实在耽误不起，只好离开去了别的书店。最后回到松云堂，还好，这时店已经开门了。

因为对隔壁山本书店的强烈印象，一下子走到松云堂，恍惚间似乎又走到了京都的某家小书店，店内非常狭小，书堆得很满，乱堆的书当然也谈不上什么品相。正对着门的台子后边坐着一个欧巴桑，静静地修着某本破旧的书。不过，看到这一幕，我非但熟悉，而且高兴，因为这种店一般来说要价都不会太狠，又因为乱，所以少有人来细翻，可能会有意外惊喜。

我忙侧着身子挤进"M"形书架的一格中去，另一格我扫了一眼就知道不必去，因为我有兴趣的都在左边这个格里了。书确实很乱，而且比较脏，从很多书来看，可以明显看出店主多次降价的痕迹。其实，这里有一些书隔壁的山本书店也有，但那边的价格比这边高出不少。这也让人觉得惊讶，离这么近，他们从来不互通消息吗？

我几乎把身边的两个书架都翻了个遍，但还有不少书并没有放在书架上，而是堆在地上，这我只能就力所能及的上部看一看，下边的就没办法了，因为要把上边的书全部挪开，工作量略大——我倒不怕累，是怕把书摆得哪里都是，店主可能不高兴，或者影响其他顾客进门。看完后，倒也没什么珍本异籍，不过是价格便宜罢了。于是挑了几种可有可无者买下——甚至漫不经心地把《后村诗钞》看成《后村诗话》也一起买下了，回到宾馆检点成果时才发现。

　　回来与朋友交流心得，他忽然说，当初来松云堂时，有一套书未买，现在颇为后悔，如果我再去的话，让我帮他捎回来。于是，第二天继续神保町之行时，仍先到松云堂来。这肯定是此次日本之行最后一次来松云堂了，我想，除了给朋友捎书外，能否再有些发现。当然，非常欣喜地找到了朋友要的书，然后，便下决心把放在地上的那堆书打开，结果还真有收获。

　　先说一个最后没有买的，其实也很遗憾。就是日人中川忠英所撰《清俗纪闻》，此书以外人之眼记录中国风俗，实为珍贵之资料，尤其这些资料均得之于在日经商之中国人，自然真实可靠，书中涉及名物，亦均以图示之，清楚明白。只可惜，日本古籍市场有一风气，无论何书，只要书中有图版，书价即刻飙升。像《虞初新志》一书，共有一千余叶，仅卷一九《七奇图说》有图十叶，价格也便居高不下。而《清俗纪闻》几乎叶叶有图，也就更贵了。对我来说，此书并不在我收藏的视野之内，所以实在分不出购书预算买这个。而在松云堂的书堆中忽然发现一套，其标价从原本的六万日元一直降到大约三分之一的地步，这个价格对我来说是可以接受的。但是（世间万事都毁在这个词上了），这套书的品相却实在让我下不了决心，因为上上下下都布满了虫洞，真有些触目惊心。我拿着书犹豫良久，最后还是长叹一声，放下了。

　　当然，这并不重要，因为我在这堆书中还找到一本好书，竟然是宽文年间刊行的《臣轨》。说到此书，其实也有前因。记得第一次从京都去大阪时，曾经依谷歌地图的指引，摸上了一家小书店，开在某公寓楼的三层，我在楼下找了几圈，甚至问了三五个人，才终于找到。

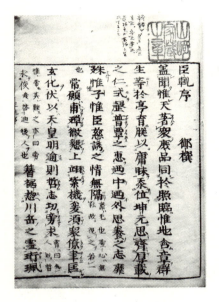

宽文八年刊《臣轨》

书也不少,颇像某人家中的书房。我找了半天,看到一本大正四年由德富苏峰主持,据狩古梸斋手校本影印的《帝范·臣轨》,其底本为宽文八年本,德富氏藏书极富,其影印之《成篑堂丛书》甚负盛名,此即其一。我当时拿着书犹豫良久,由于定价较贵,最后还是十分不舍地放下了。之后也曾反复考虑,但每次上网都会看到这本书还在这家店里,就想再考虑考虑,结果最后就没有了。

没想到的是,这次看到的竟然就是《成篑堂丛书》本所据之宽文八年本——当然,并非狩古梸斋手校本罢了。但竟然能买到原本,而且价格比当年的影印本还要便宜一些,不能不算一个大收获了吧。

看到此书,一高兴,又拿了几种可有可无的书,杂七杂八加起来也不少了。结账时,那位欧巴桑还是很高兴的,帮我包书时,非常恭敬地赠我一本小册子,是由东京古典会印行的《日本年号表》,虽然我有更专业的工具书,但这个小手册可以很方便地揣在兜里,所以也深得我心。拿了书,欧巴桑一直保持鞠躬姿态,我出门后要回身帮她把门拉上,看到她深深鞠躬的姿态,也连忙回礼才离开。

五三 东城书店(四)
——《诗人玉屑》的书缘

也曾春尽对空桠,又入琅嬛灿若霞。

寄语折枝攀柳客,不教留恨碧桃花。

这次来东京,其实有一家书店是最想去的,因为在他家买的书最多,质量也最高——当然,花费也最大,粗略估算,早有一百多万日元了,若再加上朋友数次访日专门给他推荐这家书店的书,恐怕约有二百万日元之数了吧。这个数字对于收藏界的人来说或许不在话下,但对我而言,却并不是小数目。这就是此前多次提及的东城书店。

然而,此次在神田神保町上游荡了数日,很多书店都进去数次了,却一直没去东城。原因倒不在于这家书店不在靖国通的大街上,稍为偏远,事实上,有一天我已经拿着地图走到了东城书店的楼前,仔细端详了好一会儿,还为那栋独立的小楼(日本旧书店能有独立小楼的实在太少见了)拍了照来作为留念,但看着紧闭的大门,我踌躇良久还是转身走了。当然,这样一说似乎觉得我对这家书店有意见,其实并没有,我这次来决定不去另一家相当有名的书店琳琅阁,原因倒是稍有意见,因为朋友前数次来,去了琳琅阁,回来后对我说琳琅阁的店员不耐烦给拿书,态度有些恶劣,所以我就决定不去了。而东城书店却并不是这个原因。其实说来也很简单,一是东城的书比较贵,我自己又觉得与东城比较熟,若进去了,不买一些似乎不太好;要买呢,资金上其实已经捉襟见肘,有些尴尬。当然,一般人会觉得,可能是我想多了,人家未必认识你,进去看一下,若不买转身走人,也不会怎样。那是因为还有另一个原因,就是这家不像一般的书店,直接开门迎客,而是闭门售书的,所有直接来店的人,都需要预约才可以进去,就好像当年不小心去了大阪中尾松泉堂的本店,人家的店就好像一家住宅,我按了门铃说想上来买些书,店主有些不情愿地给我开了门,把我引上二楼,整个家里只有店主和我,这让我很是不安,匆匆扫了几眼之后就狼狈告辞。所以,我对于这样的店面有些不太敢去。两个原因凑在一起,便让我进退维谷。

  离开日本的最后一天,我想来想去,还是觉得好不容易来一次东京,却有意不去我最想去的东城,似乎颇有入宝山而空手回的意思,以后肯定会叹恨不已,不如咬咬牙,完成这个任务吧。这样一想,就立刻决定了,马上拿了东西,冲出宾馆。上了地铁,赶快用手机上网,用信箱给东城发了封信,当然,匆匆忙忙,肯定来不及组织我那蹩脚的日语,好在此前在与东城联系的时候,有一次对方回复说他们能看懂简单的汉语,后来我也多次用汉语写信,所以这次也是临时用汉语写信来预约。等下了地铁,走在靖国通的大街上,再看手机,不到半个小时,对方就回了信,原文是:"李小龙先生您好:好久不见了。谢谢您的联系。今天是开到18点。我们期待着您的光临。谢谢您!"看

到"好久不见了"几个字,明明知道是日语的套话"お久しぶりです"的汉译,但还是感觉非常亲切。

到了东城书店,按了门铃,进来发现,果然如我所猜测的,直接被迎到了二楼,然后请我坐下,四周看不到书,书确实都在书库中。这幢楼并不小,可以放不少书,但东城书店在网上似乎说,其书主要并不放在这里,而是在城外有书库,可知其店中藏书之多。然后,工作人员给我拿出一本最新的书目,并给我一支笔、一个本。我本来想着如果有公开可翻阅的书架,那么多多少少可以挑几种便宜的书买下(事实上,这次来东京带的钱已经花得差不多了),也算不白来一次。结果是这种形式,实在没办法了,只好看目录。

不过,实在让我没想到的是,这期的目录是刚刚发行的,颇有一些好书,价格也还公道。我一拿到目录就翻到和刻汉籍的部分,一下子就看到有两种《王阳明出身靖乱录》,一种为弘毅馆原印本,另一种为嵩山堂后印本,前者近两万日元,后者却只有三千日元——要知道,我数年前买的嵩山堂本价格比这两个加起来还要高,确实让人没想到。那自然不用说,不怕重复,立刻拿下。后来朋友也知道东城刚刚上书,他翻了下书目,立刻给我发信让我帮他买下,我回复说我自己已经收入囊中,朋友记性很好,说"这书你有吧",我说有,但那是后印本,且品相不如这个,一次拿下。朋友只好回复"侬中书毒甚深……已无药可救",然后是几个鬼脸。

不过,在东城看书比较舒服,店员不在旁边看着你,时间也充足,我可以慢慢看。于是,我也给朋友推荐了几种让我自己也非常意外和遗憾的书。事实上,在来东京之前便看到东城上了一本《痴婆子传》,比我当年所购稍贵,且注明有"虫损",所以我曾将此书向朋友推荐过一次,但也没放在心上。但今天却看到又新上了一种《痴婆子传》,价格与我那本大致相同,但根据著录,却当是初排本,而我的那本已可能是第二次活字排本了。

另外,还上了一套《诗人玉屑》。说到此书,其实也是一段伤心往事。宽永十六年田原仁左卫门所刊的这套《诗人玉屑》是二十一卷本,比国内流传的二十卷本多出一门来。当年开始搜罗和刻本时,就看到东城与琳琅阁各有一套《诗人玉屑》,均为一套十册原装,在品相标注上都没有特殊说明,依我对这两家书店的了解,其品相应该比较好,没有太大瑕疵。当时两个书店的标价完全一样,不到二十万日元的样子。我曾经纠结很长时间,究竟买哪家店里的(当时的东城还没有给我九折待遇),而且,由于两家有货,且一直没有被买走,也让我的拖延有了借口,当然,更重要的是,价格不菲,我确实也需要一段时间来下决心。就在我犹犹豫豫的时候,突然东城的一套售出了,而那时东城已经开始给我优惠了,如果这时再买琳琅阁的,就要多掏近二万日元。于是,虽然剩了一套,但我还想再拖拖看。结果一来二去,直到有一天上网一查才发现,琳琅阁的那套也售出了。那段时间我一提到此事就痛悔莫及,但也完全没办法弥补。

或许是有书缘吧,在回国半年以后,突然在网上看到东城又上了一套此书,而且价格与此前的完全

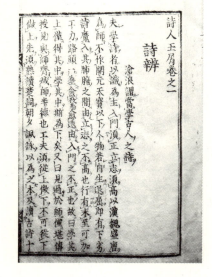

宽永十六年田原仁左卫门刊《诗人玉屑》

一样——当然，有人会说这是不是东城的一种计策。以东城藏书之多，他们是完全不必用这种方式的，更重要的是，我现在看到的这一套是五册，那就证明是被改装过，与原来保持原装十册的绝非同一书。现在我当然也顾不上挑这个瑕疵了，赶快下单买下。但现在看到东城新上的这套，定价竟然比此前那两套稍低，而且这套还是十册原装。要不是此书的价格如此之高，我真想像前边说到的《王阳明出身靖乱录》一样再买一套复本。

这几种书我都写在小本上，再加上另外一些，大约有十数种吧，都请工作人员帮我提出来。挑出我要买的放在一边（价格经过精密计算，甚至包括折扣也考虑在内，因为这次几乎是"倾囊"购书了），然后便仔细翻看《痴婆子传》和《诗人玉屑》，前者确实当为初排本，虽然品相比我的差一些，但还是有价值的。因为据我所知，初排本存世极罕，大家一般看到的都是重排本。《诗人玉屑》确实是原装，品相也好。我自己当然已经不可能有力量买下了，只好赶快给朋友发微信，大力推荐给他。他其实也是前不久来过日本，大买了一通，刷卡超过五十万日元，回去还卡时痛不欲生，所以这个暂时也不敢下手了。他说希望下次来再拿下——当时我就在想，《红楼梦》"寿怡红群芳开夜宴"中让芳官唱曲，她本来要唱《庆寿》，结果被人打了回去，只好唱了《赏花时》，结句是"若迟啊，错教人留恨碧桃花"。下次再来，不知章台之柳尚青青否耶——在写这篇时，我特意上网搜了一下，还不错，目前这两种书竟然都还"健在"，希望能坚持到朋友再访东瀛之时！

五四 日本书房
——《冥报记》的几种版本

唐稗从来神鬼多，魍魉东渡唱离歌。
海天二鬼千年后，相逢可有泪滂沱。

"日本书房"这个名字其实也是比较晚才听到。2015年的某一天，在日本古本屋搜《冥报记》时，突然看到日本书房有一部长治二年（1105）抄本《冥报记》的影印本，价格也较为合理，便赶快与在日本求学的朋友联系，请代为购买。

正是这个原因，让我对日本书房有了很大好感。这次能直接来东京访书，这家书店自然是必须去的。在用了相当长的时间，把靖国通这条大街两边（其实多集中在山本书店这一侧）的书店都观礼一过后，我决定去稍远一些的几家书店，其中便有远离靖国通孤悬于另一侧的日本书房。一路上倒也看到不少书店，甚至有一些多次交易的店铺，比如诚心堂书店，但我都没顾上先进去，总想着先找到日本书房再说。

一直往前走,终于看到一家"新日本书房",仔细查看,似乎并非一家,不知道有没有可能是李逵与李鬼的关系。我几乎都要放弃了,以为这家书店已经停业。但用手机在日本古本屋上搜索,发现书店并没有关张。于是便继续向前走,最后终于找到了。

走进这家书店,有一种感觉很强烈,几乎是在京都常去的"菊花"书店的翻版,格局与风格都极像。唯一不同的,也正是我最欣喜的,是这家书店的古籍要多一些。我细细把里面所放的一架线装书都细看了一遍。基本可以确定其风格:珍贵的书并不多,但价格也比较便宜。有不少书甚至比此前去的松云堂还要便宜些。于是买了几种平时想买但总是遇不到价格便宜或者品相平整的书。当然,这些书都没有太多可以说的,我还是把此前所得之《冥报记》说一下。

说起《冥报记》,还要容我花开两朵,另表一枝。

此前说起过思文阁,我在访书初期去过一次,但由于其原为出版社,旧书不过是兼营,去的时候手续繁杂,让人不太适应,所以便再也没去过。

不过,客观地说,思文阁还是有一些不错的书,定价虽然也比较贵,但能感觉到都比较得体——也就是说,价值高的贵一些,价值低的便宜些,不会像有些书店,把没什么意思的书定个高价放在那里。这说明这家店里是有懂行的店员在主持此事。所以,我时常上他们的网站看一看(最近他们的网站看不到旧书目录了,似乎旧书业务没有了),常常会看到一些想买的书,但还是被他们的接待方式吓退了,便也一直没再买什么。不过,有一次看到店里上了一部书,价格虽贵,我却很感兴趣。为了不上门取扰,我只好在那个日本古本屋的网站上下订单——这也很有趣,同在一个城市里,相距虽有二十里路,但我访书时常从其门前经过,然而买一部书却还要在网上订。不过,最终仍然没能省事，因为之后的手续依然复杂，他们店里规定要先付款，我又只好再去邮局汇款，同时汇款的东京、大阪的书都寄到了，思文阁却还无音讯，又过了好几天才回信说钱已收到，再等数天书才姗姗来迟。买到的就是《冥报记》。

　　唐临的文言小说集《冥报记》早已散佚，幸运的是，日本却有数种古抄本存世。明治二十五年，日本便有人将此书最古老也是最完整的高山寺古抄本摹刻刊行，这也是《冥报记》问世一千二百余年来首次面世之印本，不过，此书前后并无出版者信息，据日本多家图书馆的著录，知为东京临池社所刊。又据下文所引内藤湖南文可知，此本实为日本著名汉学家川田瓮江（1830—1896）出资刊行。其本东大总、东京都立中央、国会、东北大、京都大学等数家图书馆及佐野市立乡土博物馆有藏，国内则华东师大图书馆有藏。我后来在诚心堂书店（也就是刚刚寻找日本书房时路过的那家书店）购得一册，其将原卷子本改为线装本，版面按照唐代抄写佛经的式样画了乌丝栏，每半叶八行，每行的字数及字体则为覆刻自高山寺抄本者，刊刻十分精美，极似手抄之本。据木邨嘉次《雕版师木邨嘉平的刻本》一书，知此实亦木邨嘉平所刻，但非常可惜的是只刊刻了上卷，仅十三叶，并不完整。

　　又过了十八年，明治四十三年

明治二十五年川田瓮江刊《冥报记》

(1910),大阪油谷博文堂受高山寺法龙和尚之嘱,以珂罗版技术将高山寺所藏三卷抄本全部影印行世,并且保持了原来卷子本的形式。此书之末有日本汉学家内藤湖南的跋文,从跋文中可以知道关于此书两次出版的内情。

> 川田瓮江博士以此本乃唐人真迹,为可订旧志之误。清国杨星吾则据《现在书目》,以三卷本出于日本释子节钞,谓《法苑珠林》及《太平广记》引此书,溢出于钞本甚多,而钞本亦有二书所无者。然星吾仅获保元传钞本,未见此本,钩稽虽凿,未足征信也。……其书法用笔遒健,风神妍媚,不坠中唐以后,生平过目唐代墨迹,寡能出其右矣。其上卷体杂行草,既经川田博士捐赀上木,流传至罕;中卷上半行草,下半正书;下卷全系正书,惜未继镌刻之功。顷高山寺法龙和上属博文堂主,以玻璃版印行全分。首尾完具,影照精明,点画铓镵,毫发毕肖。有唐佚篇,复获著录,墨林剧迹,再出人间,是则和上之惠也。刷印已竣,乃书此为跋。明治卌三年六月十五日,内藤虎。

此高山寺本相传为空海弟子圆行于承和五年(838)游学唐朝时请唐人书写的,据李铭敬先生《〈冥报记〉的古抄本与传承》一文(《文献》2000年第3期)所引,高山寺古抄本的木函上有识语云:"圆行阿阇梨承和五年入唐之日,以皇朝官纸所令书书写也。《旧唐书·唐临传》。方便智院慧友护阇梨自书也。"若此识语可靠,则此本当为唐人写本,内藤湖南亦持此种看法,中华书局于1992年出版了方诗铭辑校的《冥报记》,方氏在序言中亦同意此说。不过,杨守敬却认为"当是日本释子所节钞,而又臆分为三卷也",内藤氏不同意杨守敬的意见,认为他"仅获保元传钞本,未见此本,钩稽虽凿,未足征信也",其实,杨氏所得亦非保元抄本(参见本书《尾声》),但他的意见却值得重视。李剑国先生指出:"三卷古钞本非原帙,观《法苑珠林》、《太平广记》所引多有逸出可知。杨守敬谓日本释子节钞而臆分为三卷,大体可信。"他只是不同意杨守敬拘于《日本国见在书目录》以其原本当为十卷之说。从文献考证的一般原理来看,说此本(包括日本所传其他数种三卷古抄本)为"节钞本"并"臆分为三卷"是没有疑问的,但其云"当是日本释子所节钞"则仅为臆测,并无确证,在没有确证的情况下,一方面其书识语指出为"入唐之日以皇朝官纸所令书书写",其护纸上还注明"圆行阿阇梨将来唐人书";另一方面不得不承认,此卷恰如内藤氏所云"书法用笔遒健,风神妍媚,不坠中唐以后",方诗铭先生也提出"这部古写本唐人笔意很重"。在这种情况下,自然要承认其唐写本的地位。

博文堂影印本出版八年后,我国的商务印书馆便以高山寺本为底本,将《冥报记》收入《涵芬楼秘笈》中排印出版,终于使得千年佚籍重回中土。六年后,日本开始编纂《大正新修大藏经》,又以高山寺本为底本,以知恩院本为校本将《冥报记》排印收入。1992年,中华书局出版方诗铭先生辑校本,仍以高山寺本为底本。2002年,上海古籍出版社出版了《续修四库全书》,选择了《涵芬楼秘笈》本。2006年,黄山书社出版《中国基本古籍库》,又选择以《大正新修大藏经》本为底本,不过,同时收录了《涵芬楼秘笈》本作为参照本。

我在思文阁买到的,正是大阪油谷博文堂明治四十三年以珂罗版印行的高山寺本。此本依原样分装三轴,外有木匣,每卷由若干纸粘接而成,下卷末附内藤氏跋。末有版权页,标为"明治四十三年六月六日印刷",有"高山寺藏版"的朱色印章,发行人为"油谷达",发行所为"油谷博文堂",而印刷所为"小林写真制版所"。

珂罗版本来就是非常精美的印刷方式,一般用来复制绘画,因为其能表现绘画丰富的浓淡层次,而博文堂又是珂罗版印刷中有名的书肆。黄永年先生《碑刻学》云:"摄影后制珂罗版印刷。以日本博文堂所印最精,且多装裱精雅。……惟珂罗版每版仅能印刷二三百部,故售价高昂。"此本除书肆有名外,制版者更是大名鼎鼎,因为小林制版在珂罗版方面极负盛名,当时董康、傅增湘、罗振玉等都曾请他制版。此外,正如黄永年先生所说,珂罗版因为以玻璃制版,故可以承受的印次很少,一般不会超过二三百部,有的甚至更少。比如内藤湖南便曾说有一部《礼记注疏》宋刊八行本的珂罗版只印了二十部。这部《冥报记》印了多少,已无记录,但从现存情况看,印量应该也很稀少:就目前所知,日本公藏不过国会、大阪府立、大阪外大、京都

 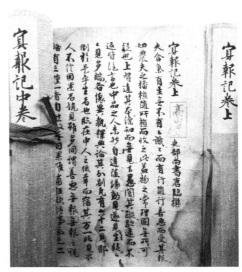

明治四十三年大阪油谷博文堂珂罗版《冥报记》

大学人文研究所东方、东大总五家而已（京都大学人文研究所本馆及关西大学增田文库亦各藏一种，著录为明治四十三年京都高山寺本，然实为明治二十五年川田甕江刊本），中国则藏有三种：一为国图所藏，列为外文善本（参顾犇主编《中国国家图书馆外文善本书目》第225页）；此外则台湾大学与香港大学图书馆分别各藏一种。也就是说，从目前查检的结果看，除笔者所藏者外仅余八种而已。

得到以上两本之后，我对此书搜罗的重点自然放在了日本流传的另一抄本之上，即尊经阁所藏长治二年抄本的影印本，若得此本，则存于东瀛之《冥报记》各本就基本搜罗全备了。数年来，日本古本屋上一直都有此书在售，但价格竟然也多在二十万日元上下，这对于一册影印于1937年且只有七十六叶的小书来说，实在有点疯狂。大约在临归国那年，京都的临川书店（此店也较为冷艳，我曾专程去过一次，他们却不接待，我没明白是什么原因，或者要预约吧。所以我只是在一次去百万遍参加秋季书市路过时，发现他们为了凑书市的趣在门外路边摆了一架书，便随手挑了一册以为纪念）上了一部此书，价格相比其他书店理性了不少，我犹豫良久，后来还是觉得有些贵，就没有下手。而在日本书房看到的这部书标价不到临川书店之半，欣喜若狂，

尊经阁所藏长治二年抄本的影印本《冥报记》

赶快与在日本求学的朋友联系，请代为买下。

其书为《尊经阁丛刊》之一，原书影印限量三百套，且编号发行，我所得到的编号为231。其书所用之纸应该是较为厚实的麻纸，采用了当代出版物那种双面印刷的方式，装订则为包背装，正文中有原藏者朱笔点读与训读标识，亦用双色影出。另有木匣盛之，颇精致。虽然此抄本难与高山寺本相比，无论书法还是保存原书的完整性，但毕竟《冥报记》一书国内早已失传，此本亦有重要的校勘价值，所以，对我而言自然是一定要收藏的。现在，此本最重要且有校勘意义的两个抄本及最美观的一个刻本都收集到了，希望能有时间和机会将此书重新校订一遍，也算不负上天赐我的书缘。

五五 尾声
——杨守敬「撕书」「上当」考

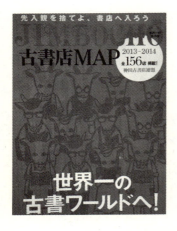

章台杨柳可如常，重到又值万事霜。
曾记邻苏功业在，欲攀前烈筑邻杨。

在本书的尾声里，我想借着前边刚刚说过的《冥报记》所延伸出来的话题，来看看杨守敬在日访书时"上当"之事，但在说"上当"之前，先来说一下坊间所传杨守敬"撕书"的传闻。

叶德辉《书林清话》"日本宋刻书不可据"条云："日本友人言，杨氏刻《留真谱》时，往往见他人之旧本书，抽其中一二叶，以便摹刻。果如所言，则非士君子之行矣。"此得自传闻，叶氏亦为疑似之词。数十年后，刘禺生（名成禺）于上海《新闻报》连载《世载堂杂忆》，中有《杨守敬琐事》一条（中华书局版《世载堂杂忆》未录此则，后收入《世载堂杂忆续编》），云："守敬刻《留真谱》，皆日本宋以来所获密本也。时日人对宋刻本，不甚爱惜，杨借阅一部，即就中撕下一页，积久宋版数百部，每部皆缺一页。杨氏归国，影刻《留真谱》。其后日本汉学复兴，发觉杨氏撕书，大恨。日人购得皕宋楼藏书及聊城杨氏、扬州吴氏零星宋刻，在东京开大会，曰：'今日有以报杨守敬撕书之恨矣。'"

此段描写细致，且有小说家风味，是以学界颇有人信之，竟成故实，然事实究竟如何呢？

刘氏所写掌故多有编造之语。章士钊《疏黄帝魂》云"禺生游谈之雄，好为捕风捉影之说，讥讪前辈，自是一病"，许礼平《掌故家高贞白》更记录了重刊《世载堂杂忆》的高伯雨对刘氏之评价，据高云，刘曾对他说："我们是以革命党的立场，来'唱衰'一切反动派，故有时不得不制造不利他们的材料。"杨守敬既是前清遗老，又曾为袁世凯礼敬，刘氏则向来追随孙中山，虽亦曾北上任参议，然终以"革命党"自任，至被袁世凯下令通缉。知此一节，便可知悉此全无由来之"琐事"是如何"制造"出来的了。

若以前述尚为推测，不能定论，则亦可从两点来证明。

第一，杨守敬的藏书虽星散各处，但其多有目录传世，藏书亦存，然二者中并未见有《留真谱》所据之宋版残页。要知明末即有"一页宋版，一两黄金"之说，至清末更加珍稀，杨若有此收藏，自不会凭空消失。更何况晚年的杨守敬寄居上海，经济拮据，以卖字鬻书为生，其在致罗振玉一信中云："守敬在沪卖字为活，倏逾两年。衰老颓唐，眼昏手弱，刻下并字亦不能多作。家中书籍，蒙黎副统告示保护，而付托非人，亦损失太半，惟择稍旧完整者卖之，以济不足。而问价者亦少，加之所得日本书大半有倭文，亦不投时好。而上海房租奇贵，堆积无坐处。"（见《杨守敬题跋书信遗稿》）从中可知其之窘迫，若有如此多的宋版残页，亦当可出售以救急。但并无这样的记录。

第二，或许有人会说杨作此"非士君子之行"，自不会留下罪证，必至毁匿，或被用于摹刻而不存。但如果我们换一个角度，想想那些据传被他所撕的原书呢？据杨氏《留真谱》之序云："余于日本医士森立之处见其所摹古书数册（或摹其序或摹其它，皆有关考验者），使见者如逢真本面目，颜之曰《留真谱》，本《河间献王传》语也。余爱不忍释手，立之以余好之笃也，举以为赠。顾其所摹多古抄本，于宋元刻本稍略，余仿其意，以宋元本补之。又交其国文部省书记官严谷修与博物馆局长町田久成，得见其枫山官库、浅草文库之藏，又时时于其收藏家传录秘本，遂得二十余册。"知其宋元之本多源于日本枫山官库与浅草文库藏品，这些藏书均辗转入藏于日本公文书馆。虽然1945美军轰炸东京，炮弹击中了藏书之所，但只是影响到了其中的经部书，又因为灭火时水龙冲击了经部中的礼类，所以损失最大者为此，余似无恙。若确有其事，则原书具在，应不难证实。然至今日，中国学人至日访其所藏宋本者大有人在，未见有人指出其事；日本文献界亦无此种说法。

综上可知，杨氏"撕书"之说，或源于日人之诬蔑，刘氏则据此传言"制造""材料"，终成此一话柄。

而且，刘氏之文颇具深心。此段之后，又写杨氏将宋刻《大观本草》借于柯逢时，冀售高价，未料柯一昼夜录副而后刊出，"杨恨之刺骨，至移家避道，视若仇雠，终身不相见。乡人曰'杨一生只上过巽庵大当'"。前后并读，作者似乎想说杨骗人于东瀛，则回国又遭人之骗，以明报应之不爽——此非笔者过度解读，以其后又云杨之子嗜赌如命，至鬻书为赌资，于是，"宋元本多为日人购去"，隐然有一报还一报之意（其实，前文说日人得皕宋楼藏书后开会相庆之语，此意早已跃然纸上了）。然此说实误，杨氏珍藏，固偶有为日人购得者，却极少见，大多仍存禹域。不过，杨守敬确曾上过大当，然非遭国人之骗，而是遭日人之骗。据前所引杨氏自述，知《留真谱》之草创，本自日本著名藏书学家森立之（1807—1885）。而这个"大当"就与森立之有关。

杨守敬《日本访书志》卷八云："余于日本得古钞本三卷，首题'吏部尚书唐临撰'，有临自序。上卷十一条，中卷十一条，下卷十六条，相传是三缘山寺保元间写本，首缺四十三行，以高山寺藏本补之。"知其曾于日本携归一种古抄本。不过，仔细梳理杨守敬所得此本与日本其他古抄本的关系，会发现其中有一些有趣的话题。

日人涩江全善与森立之撰写的《经籍访古志》是一部重要的书目，也曾经是杨守敬据以访书的指南。此书卷五曾载三缘山寺抄本云，"《冥报记》三卷，旧钞卷子本，三缘山某院藏"，"卷首题《冥报记》卷上，吏部尚书唐临撰。次有序文……不记抄写年月，审是四百年许前书本也。卷首二张缺，以高山寺本补完。按此书《旧唐志》入于史部杂传，《宋志》收于子部小说家，并云二卷，考之本传亦同。然此本依李唐旧本传录，非经后来分析者，则史志偶误耳。又考诸家书目，绝不登载，知其隐晦已久。而此卷峀存，岂可不贵重哉"。杨守敬《日本访书志》所载与此大体相同，知杨氏确信

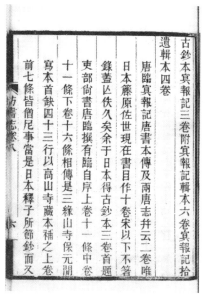

杨守敬《日本访书志》中《冥报记》条

此即《经籍访古志》所载"三缘山某院藏"本。

据李铭敬先生《日本知恩院藏〈冥报记〉古写本的传承与著录考略——兼谈台北故宫博物院所藏杨守敬旧持本》一文（《文献》2006年第2期）所附图片可知，其书封二处有日文识语，首句即云："三缘山会下彻定寮ノ古本シ以テ摸写ス寮ノ本ハ保元时代ノ写本"，翻译过来就是"以三缘山会下彻定寮之古本摹写，寮本为保元时代写本"，这已经说得很清楚了。而李铭敬先生又进一步确定了此本的摹写时间：据其云"彻定寮之古本"一语推知其"定是在彻定当上三缘山增上寺学寮长的天保十三年（1842）之后摹写的"，这是时间上限；再据收藏者印章中有"真如院十四世义严和尚"的字样可知，又当在义严离开真如院的嘉永元年之前，这是时间的下限。事实上，此书之摹写距杨守敬访书不过四十年，然而，杨守敬不懂日文——许多不懂日文的中国人都觉得自己多多少少能看懂一些，因为主要信息都由汉字来承担，所以，杨守敬只看到了首页上的"三缘山会下彻定寮古本"以及"保元时代写本"的字样，于是便将其当作保元间（1156—1158）的古抄本买下了。

那么卖给杨守敬的人是谁呢？根据各种线索来看，只能是森立之。

首先，据李铭敬先生文可知，此书题签上盖有"森氏开万册府之记"的印章，卷首一纸上盖有"森氏"之印，卷尾有森氏所书题跋。跋文云："此书真是李唐之遗卷，见存上中下三卷，而新旧《唐志》俱云二卷，《见在书目》云十卷，恐一讹。书中文字，六朝俗字甚多，其傍训假字，亦有古体可取征者，但展转传写，误字不鲜。今于字傍朱书，聊以愚见考正之。后之读此书者，或再考以正之，则幸甚也。明治丙子第三月初八日，古稀翁枳园。"那么，书定为森氏收藏，而杨守敬确有不少书都得自森氏。

森氏所存其与杨守敬之间的笔谈记录《清客笔话》是一份很珍贵的资料，从中可以看到一个爱书心切的文人与藏书家的微妙心态，甚至在许多时候都可感觉到森立之时而居奇靳售、时而讨价还价的书贾味道。他曾拿出自己的《开万藏书目录》给杨看，杨问："目录所载，今皆在乎？"森答："他日经电览之后，求善价而沽之乎？"可见他是想把书卖给杨的，但中间又多游移，以致杨多次空劳往返。谈话中有这样一段颇可代表二人的分别：

> 杨：此书（指《三国志》）祈让我。
> 森：宋元明三版共有。元刊，明嘉靖中所摺，有嘉靖补刊。
> 森：《三国志》只此一部，故不沽却。他有一部则可鬻去。
> 杨：汲古阁、扫叶山房，皆贱而易得。
> 森：此《三国志》天下无二之本，与清板交易则不可。
> 杨：非云交易也。先生言欲得一部而后沽之，敬言再得不难，请略问此书价耳。
> 森：直沽却则廿圆也。若得一本，则十圆而足矣。无一本则不为用，故不廿圆则不可也。
> 杨：别以一本赠公。
> 森：可代俗本有则可割爱。
> 杨：然则我为公购之，易易。我国新校本甚佳，先生言其略可。
> 森：见其本而后可决价耳。
> 杨：我购赠公，不索价也。

森氏先言此《三国志》为"天下无二之本"，所以"故不沽却"，但紧接着却说"直沽却则廿圆也",可知前去"不沽却"不过为抬价而已。而就在他斤斤于书价时,杨守敬却反复声明"别以一本赠公""我购赠公,不索价也",二人的差别便在于此。杨氏先嗜金石,访日之后又痴迷于藏书,所以往往不计盈亏,以善本是务;而森氏则念念不忘于利。于此,杨氏亦所深知,如其曾云:"弟好书成癖,颇以公诸世为藏书。此《穀梁传》本向山珍秘物。彼闻我欲刻之,即欣然相让。盖刻之非徒弟附以不朽,即向山亦不朽也。先生藏古书宜刻者甚多,弟望以向山为怀。且先生老矣,此书若刻,先生名亦不朽。且弟非为利也。如《穀梁传》,刻之明知无还本之日,盖好之少也。"但森立之并非向山黄村(1826—1897),他其实有着自己经济利益的考量。

二人协商日久,有一次杨慨叹说:"公珍本皆不欲沽,是以我深叹息。若肯沽,我之大幸也。"但没想到这次却有了转机,森氏说:"近日事仓库建筑,然金货乏少,因欲割爱之念起。不日检点以定价,而后可告之,暂待焉。"可知森氏最终还是将其所藏之书售予杨氏一部分。那么这本赝品《冥报记》或即此时所售者。而且,可以肯定的是,他是以保元古抄本的名目出售的,因为如果森氏向杨氏说明此为四十年前抄录之副本,杨氏为严谨的目录学家,且藏书珍奇者无数,万不肯明知其为近时录副却著录为保元间抄本以炫世,若云森氏不知此为录副本则未免欺人,因扉页日文杨守敬不懂,森氏却心知肚明。这样一来,只能有一种解释,就是森氏有意隐瞒了此录副本的真实身份。据李铭敬先生文可以知道,真正的三缘山增上寺古抄本"是彻定在三缘山增上寺新谷学寮时的收藏品",在彻定"明治七年(1874)晋升知恩院住持时,将写本连同古写经等赠与知恩院",也就是现在为学界所知的知恩院本。

森立之以录副本冒充正本售于杨守敬的事也给日本学界制造了

混乱，此后，无论是为高山寺珂罗版印本作跋的内藤湖南，还是为长治二年抄本作解题的永山近彰，都把杨藏本当作抄于保元年间的古抄本；日本著名汉籍版本学家阿部隆一曾往中国台湾查检此本，发现疑点，也只是推测知恩院本才是三缘山寺本的正本。直到李铭敬先生大文发表，学界才解开这个谜团。内藤、永山、阿部诸位可能也没有想到，森立之的贪念竟给他们设置了一个学术"地雷"。

最后，再引一段刘氏的话，他说杨之"次子秋浦，官性重，嗜赌如命，常与予辈纵博，输则归家，仍照旧价售书。秋浦死，宋元本多为日人购去"。此节信息甚是丰富，留待读者自己体会吧。

后记

怡然华胥作神游,花筏缤纷任意流。
一自东君点春色,年年花见遍瀛洲。

因为特殊的机缘,2012年至2014年,我被派往日本京都外国语大学任教。对于这两年时间,我在出发之前已经拟好了研究计划,但没想到这些计划都泡汤了,因为我开始了和刻本的搜访与研究。在这个过程中,我得到了太多的帮助,以下的话也并不能完全表达我的感激之情。

首先,要感谢北京师范大学文学院给我这样的机会,如果没有这个机会,我可能永远也不会进入和刻本的研究。

感谢恩师郭英德先生,正是在2004年的文献课上,先生对古典文献物质形态的细致讲解,对版本的丰富举证,让我初次感受到古籍的魅力,也是我进入研究并进一步开始搜求的滥觞;现在这本小书也蒙先生青目，在本应休息的春节审阅并赐美序。

还要感谢京都外国语大学的同事，他们也给了我很多帮助，尤其是刘晓晴老师，在京都生活两年，她对我很照顾。最后回国前，我的书实在太多了，完全拿不完，只好先把一批当代出版物（沉重的精装本）扔掉；最后发现还是拿不完，邮寄的话也是一笔不菲的费用。我当时已经弹尽粮绝了，只好准备继续扔一些平时搜来聊备一格但意义不大的和刻古籍。刘老师知道后劝我不要扔，她每年都会回国，每次帮我带两包，几次就带完了。于是此后我数次到机场接她帮我带回的书。后来我才知道，她对旧书这些东西有些过敏，我那几包书一直放在她家里，还麻烦她帮我带回来，实在是过意不去。

接下来要感谢两位日本友人，但说来话长。

就在钓鱼岛事件沸沸扬扬的时候，在我开的"中国文学研究"课上来了一位不同寻常的旁听生，是已经六十九岁的山崎稔子女士，她正在佛教大学攻读博士学位，研究巴金，对中国古代文学也很感兴趣，所以来听我的课。如此高龄还攻读博士学位，也努力学习中国古代文学，这让我非常钦佩。此后的交往也越来越多，也结识了她的丈夫山崎初太郎先生。山崎夫妇多次邀请我和我的家人去他家做客，也多次带着我们去旅游，给我的日本任教生活留下了许多快乐的时光。贺茂川令人印象深刻的葵祭，鸭川灿若云锦的樱花，与山崎一家人一起度过的热闹的年夜，大文字山的烧山，伊势神宫与志摩温泉，近江摇橹，保津峡的漂流与满山红叶，琵琶湖上的湖光山色……每次山崎女士都以她的细心与周到安排得妥妥帖帖。最让我感动的是，在我结束任期前，他们安排了京都一日游，专门带我对京都的名胜进行拾遗补阙式游览，惭愧的是，我两年来恨不得天天宅在家里看书，还真基本没去过什么地方，所以他们不辞辛苦地带我一口气去了很多地方。

我于2014年1月底回国，4月初还要再去参加学生的毕业典礼，这段时间我又连续在日本古本屋下了一堆订单，那是购书最疯狂的一段时间。我把所有的订单都委托给山崎夫妇，请他们帮我汇款、接书，直到我4月初回去才把书款给他们。此后也多有打扰，直到我有自己的学生去日本读博为止。所以，我的这一点点收获也有山崎夫妇的功劳。

2016年夏天，山崎夫妇终于来了北京——他们其实每年都会来中国旅游，只是最近多年都未到北京。我们相约一起去中国国家博物馆。山崎先生虽然不会汉语，却是个中国历史迷，尤其喜欢周朝。还记得有一次他们请我吃饭，山崎女士临时出去一下，山崎先生对我说一件事，我反复听了数次都没听懂，他不得不用手蘸水在桌子上写字，由于一来他坐我对面，二来我不确定他写的是英语还是日语甚至是汉字，所以还是不明白，直到山崎女士回来才知道，山崎先生说的是"周"。这次去国家博物馆可以好好看看周朝的青铜器了。

2018年年初，我计划故地重游，再到京都、大阪等地搜求古籍。提前一月给山崎夫妇写信，说了行程，并想去看望一下他们。但没有回复，山崎女士不像年轻人天天上网，所以我也觉得很正常。临行前一天还没有回复，我便带上了他们家的电话号码，打算到日本后有合适机会再打电话联系。没想到，刚到大阪第二天我就感冒了——肆虐了一个冬天的流感都被我躲开了，偏偏在这个关头又中招。我躺在大阪的宾馆里捂汗，无聊中打开手机上网，竟然发现山崎女士回信了，信的标题叫"说实话"，我便有点不祥的预感。果然，上次从北京回来后，山崎先生身体便不舒服，病了很久，竟于2017年10月间仙逝了……山崎女士怕影响我的行程，一直不想告诉我这件事。这真是让人震惊、意外和悲伤的事！我一直觉得山崎先生身体很好，而且乐观、积极，对生活充满热爱，直到现在我还能清楚地回想起他认真给我表演古诗吟唱的情景，这是他退休后学习的；另外，他还学习了魔术，时常表演给家人和朋友看——我们都认为他可以长命百岁的，所以很难接受。现在想起来，参观国家博物馆时，山崎先生只匆匆看了周朝的青铜器就出来了，显得比较疲劳，与以往神采奕奕的他不同，看来身体已经不太好了。

  山崎先生对我小小的搜访与研究颇为关心，虽然不会汉语，但多次询问我研究的进展，并给我以鼓励。其间知道我一直想去东京神田神保町搜书，但苦于资金不足以及语言不通而难以成行，他主动提出，在他每周去东京工作的时候，带我一起去，坐长途大巴会便宜一些，住宿也可解决。山崎女士告诉我，山崎先生临终前还说到我的小小研究。我其实一直想把这本小书先写完，作为一个引子，送给山崎夫妇，请他们指正的，却由于我的原因推迟了数年，不能以此就正于忘年好友了。悲哀之余，只能聊赋短句，献于山崎初太郎先生灵前：

  次第青红入旧京，与君寻胜试春醅。
  他年唯把相思泪，尽付东风染早樱。

  陶渊明诗句所说"亲戚或余悲，他人亦已歌"，亲人离去的痛苦谁也取代不了，甚至也劝慰不了。但我还想送给山崎女士一句陶渊明的诗，"纵浪大化中，不喜亦不惧"，人来自大化，再还于大化，不是逝去以至无有，而是与天地一体，与万物同在。诗人的透彻或许会给我们一些力量吧。

  还要感谢在大阪上学的中国留学生刘奇先生和他的女友梁影洁女士，在大阪机场我最为窘迫的时候，他们对素不相识的我提供了最好的帮助。

感谢刘幸和陈玥，他们现在分别在广岛和东京攻读博士学位。我回国后仍然在日本古本屋下单、购书，一般都是让书店直接寄到他们那里，先由他们垫付，然后我再把书款转给他们，他们把书给我寄回，刘幸还曾帮我在日本雅虎上竞拍和刻本。这几年给他们添了很多麻烦，如果没有他们，这几年的收获就要大打折扣了。

感谢潘建国老师、李鹏飞兄、井玉贵兄，他们一直很关心我这本小书的进展，给我很大的支持。潘建国老师有丰富的收藏经验，他的鼓励给我平添了无穷的力量；李鹏飞兄还热心地推荐小书的部分文字发表；井玉贵兄看了此书初稿，细致地指出了许多不当之处。

感谢谷曙光兄。在攻读博士学位之时，我们便是搜书死党了。访书记刚开始发表时，谷兄看到后打电话来，对我搜书的新动向谬加赞赏，还数次光临寒舍参观，这对我而言是非常大的支持，因为这个收藏对我来说太耗精力和物力了——两年任教的时光基本都在搜书与看书中度过了，并不算高的薪金也有一大半买了书。所以有时也会觉得有些难以为继、力不从心。谷兄发自内心的赞赏让我又重新坚定了这个选择。有趣的是，谷兄还更进一步，也开始了和刻本的收藏，并小有规模，于是，我们从以前的搜旧书党又变成搜和本党了。

感谢刘淑丽老师，她慨然允诺在2014年《文史知识》上为我开辟《东瀛访书纪事诗》专栏，本书第一二、一四、一五、二五、二六、三〇、三一、三二、三五、三六、三八、四三这十二篇就是当年连载的文章，本书的尾声一篇也发表于《文史知识》2018年第2期。不仅如此，刘老师还十分关心小书的出版，对内容也多所是正。

感谢卫纯老师，本书的第三四、四二两篇承卫老师不弃发表于《读书》杂志2013年第8期和2014年第3期。而且，卫老师还帮我把书稿介绍给三联书店的相关老师,以促进小书的出版。

感谢王海燕老师,她的细致与负责让这本小书减少很多错误,从与她的交流中,我学习到了很多;她的专业与认真让这本图文混编的书看上去更悦目。

最后感谢我的妻子赵锐,她一直容忍我作为一枚"青椒"的种种困窘;这也罢了,现在却还要继续容忍我像个土豪一样去搜购古籍。

最后的最后,还应该感谢与这些和刻本有关的所有人:提供原本者、书坊主、刻工、印刷工、贩售者、读者、收藏者……他们在千万里之外、千百年之前,把他们的精魂倾注在这些戋戋小册之中,使典籍的精神得以附丽于某种物质形态并存续至今。他们与我处于不同的时空,有着不同的生存境遇,但这些书籍却仿佛中国古诗世界中永悬天中的明月,不但慰藉着千百年前的他们,也同样引导着现在的我,甚至照耀着千百年之后读者。让我们一起努力:典籍不朽,文明永存。